中国城市郊区化动力机制研究

Zhongguo ChengShi JiaoQuHua DongLi JiZhi YanJiu

郑立波 著

经济科学出版社
Economic Science Press

图书在版编目（CIP）数据

中国城市郊区化动力机制研究/郑立波著.—北京：经济科学出版社，2008.3
ISBN 978-7-5058-6885-4

Ⅰ.中… Ⅱ.郑… Ⅲ.郊区—城市化—研究—中国
Ⅳ.F299.23

中国版本图书馆CIP数据核字（2008）第006598号

序　言

伴随着中国城市化水平的不断提高，20世纪80年代我国一些大城市中心区出现了人口密集、地价昂贵、交通拥挤、环境污染等"城市病"，中心区域的人口、企业向外迁移，形成一种相对于城市集中化的离心分散化现象。这实质上代表着我国大城市也开始了城市郊区化进程。

城市郊区化实质上是城市化进程中的一个阶段，它对城市空间结构、产业布局、人口分布、生态环境等方面将产生深远影响，直接关系着未来城市的发展，甚至对国家的兴衰都有很大的影响。从西方发达国家来看，城市郊区化在缓解城市内部人口、交通和住房压力、优化城市产业用地布局、改善城市生态环境质量等方面产生了明显的积极作用，使大城市建成区与郊区之间的地域差异与界限逐渐消除，城乡社会、经济、市场等趋于平衡和统一，最终有效地促进了区域经济的整体协调发展。但不可忽视的是，城市郊区化也带来了许多问题，如老城空心化、城市发展失衡、城市郊区环境污染等问题。

同时，从世界城市发展的历史进程看，虽然城市郊区化是城市发展过程中的必经阶段，是社会经济发展、交通的改善、生活日益富裕等因素综合作用的结果，具有普遍的规律性，但由于各国社会经济发展状况、社会制度、文化历史背景、城市化水平等的不同，城市郊区化发生的原因及造成的结果均有一定差异。特别是中国的城市郊区化是在计划经济向市场经济过渡、经济迅速发展、城市化进程空前加速的过程中出现的。中国独特的国情，决定了中国的城市郊区化在宏观背景、表现特征与动力机制等方面与西方国家存在明显的不同。因此，对于我国特定社会制度、社会经济发展水平、城市化所处阶段下城市郊区化的研究，对如何制定出科学的规划决策，实现城市郊区化的经济、社会、生态效益的最优化，具有重要的理论和现实意义。

该书的作者郑立波，长期从事和负责山东省委机关报——《大众日报》的新闻评论理论工作，对经济社会发展中出现的问题，有很强的新闻敏感性和独到的见解与视角。城市郊区化问题，从他读博士生的那天起，就积极对此进行关注，并不断地与我探讨，丰富和完善他的观点，最终形成此书。此书的出版，可以说是他独立思考、不懈努力的结果。

该书从经济学的视角，揭示了中国城市郊区化的内在机制，从而为未来中国城市及郊区化的发展提供了理论参考。

首先，该书在界定中国城市郊区、提出城市郊区化概念的基础上，对城市郊区化动力机制进行了理论分析，提出了中国城市郊区化动力机制的理论框架。

其次，该书借助于竞标租金模型的机理，动态地说明城市郊区化的形成机理。在上述理论的支撑下，通过对中外城市郊区化起因、发展异同的比较，首次提出中国城市郊区化的动力主要集中在三个方面：制度力，市场力，自然力。

作者认为，制度力是中国城市郊区化的主导力。制度力对中国城市郊区化进程产生全方位的影响，主要体现在政府的直接干预、制度变革和国家宏观发展战略的转变三个方面。这是中国在改革开放和进行体制转轨过程中，每个城市发展所共同面对的一种力量。市场力是中国城市郊区化的内在驱动力。中国城市郊区化是在随着市场经济的初步建立，人民生活水平和工业化水平不断提高、城市交通日益改善等宏观背景下发生的，这是郊区化得以产生、发展的必然基础和内在动力。在市场经济体制下，企业和居民以自身的方式参与经济活动、资源配置和城市开发成为可能。作者通过对企业迁移、居民收入和交通工具对居住郊区化的影响分析，认为市场使城市土地的使用、区位的选择建立在个体决策的基础之上，这是城市郊区化的内生力量。自然力是中国城市郊区化的拉动力。城市郊区化发展的动力出自于人类的需要，而发展的最终归宿也是能满足这种需要。对土地和适宜环境的需求，如同其他物品一样，渴望是随着相对价格和收入的变化而变化。但土地、环境等资源供给往往是缺乏弹性的。为了可持续发展的需要，利益主体对利益的追求应受制于自然要素禀赋，这是靠社会发展自身很难改变的一种力量。

上述的观点无疑是独特和有价值的。

当然，这本书也有遗憾之处，作为一个前沿问题的中国城市郊区化动力机制研究，在许多地方还缺乏相应的实践支持，特别是市场力对城市郊区化的作用功能还有待于进一步深入和完善。该书没有对中国和发展中国家的城市郊区化进行比较，也没有考虑县（市）级城市的发展。随着城市化进程的加快，这些城市与郊区化的关系值得进一步探索。但一本书不可能包罗万象，只要重点解决几个问题，并使读者得到启发，也就具备了它的价值。

刘秉镰

2007年11月于南开园

目 录

第一章 引言 ··· 1

  第一节 研究的背景和意义 ································· 1
    一、研究背景 ··· 1
    二、研究意义 ··· 5
  第二节 有关城市郊区化动力机制理论和研究评述 ············ 11
    一、企业区位理论 ···································· 11
    二、家庭区位理论 ···································· 19
    三、城市空间结构理论 ································ 21
    四、城市郊区化动力机制的研究 ························ 24
  第三节 研究框架设计 ··································· 29
    一、研究思路 ·· 29
    二、研究框架 ·· 34

第二章 中国城市郊区化的分析框架 ······················· 35

  第一节 主要概念界定 ··································· 35
    一、城市化 ·· 35
    二、郊区 ·· 39
    三、郊区化 ·· 43
  第二节 中国城市郊区化的特征及阶段 ····················· 46
    一、中国城市郊区化的特点 ···························· 47

二、中国城市郊区化的阶段划分 …………………………… 53
　　三、中国城市郊区化和城市化的关系 ………………………… 62
　第三节　城市郊区化的经济机理分析 ……………………………… 68
　　一、城市地价的影响因素分析 ………………………………… 68
　　二、冯·杜能竞标租金模型与土地利用结构 ………………… 71
　　三、城市土地利用结构研究 …………………………………… 74
　　四、城市郊区化的形成机理——土地利用结构的动态均衡 … 78
　第四节　中国城市郊区化的动力分析 ……………………………… 80
　　一、中国城市郊区化的影响因素 ……………………………… 80
　　二、中国城市郊区化的动力归纳 ……………………………… 87
　　三、中国城市郊区化动力机制架构 …………………………… 92

第三章　制度力对中国城市郊区化的主导作用分析 …………… 94

　第一节　制度变化对城市郊区化的影响 …………………………… 94
　　一、土地制度变革的推动作用和约束分析 …………………… 95
　　二、住房制度改革的效用分析 ………………………………… 108
　　三、户籍制度演变的影响分析 ………………………………… 113
　　四、社会保障制度不完善的阻碍分析 ………………………… 114
　第二节　开发区建设与城市人口、社会、空间重构 ……………… 115
　　一、开发区的区位类型 ………………………………………… 115
　　二、开发区不同的发展阶段与依托城市的相应关系 ………… 117
　　三、开发区建设催化带动下的城市空间重构效应 …………… 120
　第三节　政府对城市郊区化的作用和偏差性 ……………………… 125
　　一、城市规划与郊区功能和土地利用变化 …………………… 125
　　二、基础设施投资与企业和人口迁移 ………………………… 127
　　三、城市郊区化进程中公共物品的有效供给 ………………… 128
　　四、中国城市郊区化进程中的政府角色定位 ………………… 130

第四章 中国城市郊区化市场力的内在驱动作用 ········· 133

第一节 企业郊迁与城市空间变化 ················· 133
一、我国城市企业郊迁进程的演变 ················· 134
二、企业郊迁的影响要素 ····················· 136
三、城市企业郊迁对城市空间布局的影响分析 ·········· 138
四、企业郊迁对人口郊区化影响的实证分析 ··········· 142

第二节 居民收入变化与居住郊区化 ················ 148
一、我国城乡居民收入水平情况与消费支出结构变化分析 ··· 148
二、收入变化与居住郊区化的内在关系 ·············· 150
三、以上海为例的收入与人口郊区化的实证分析 ········· 153

第三节 交通工具发达与居住郊区化 ················ 157
一、交通方式的演进与城市空间格局 ··············· 158
二、收入变化与轿车进入家庭的关系 ··············· 161
三、以上海为例的汽车与人口郊区化实证分析 ·········· 164

第五章 自然力对中国城市郊区化的拉动作用分析 ········· 167

第一节 郊区土地供给对产业和人口迁移的吸力效应 ········ 167
一、城市发展对郊区土地的依赖 ················· 168
二、城市郊区化中的土地供给和应用分析：以济南市为例 ··· 170

第二节 环境偏好与郊区居住区位选择 ··············· 181
一、引起我国城市居民郊区居住区位选择的因素 ········· 181
二、居住环境价值对居住郊区化的推动 ·············· 184
三、郊区生态环境的脆弱性对居住郊区化的约束 ········· 188

第六章 中国城市郊区化发展的政策建议 ·············· 190

第一节 城市郊区化空间的协调发展 ················ 190
一、城市郊区化的空间扩展形式和规律 ·············· 191
二、城市郊区化空间发展结构模式选择 ·············· 193

三、城市郊区化空间结构优化 ·················· 196
  第二节　城市郊区化的土地路径选择 ················ 199
　　一、郊区化土地利用的生态规划 ·················· 199
　　二、高密度集约开发模式选择 ···················· 201
　　三、建立市场取向下的城市郊区化土地制度 ········ 203
  第三节　城市郊区化进程中的环境保护 ·············· 206
　　一、应对环境问题的措施 ························ 207
　　二、建立经济机制的生态化模式 ·················· 210
  第四节　城市郊区化与统筹城乡发展 ················ 211
　　一、城市郊区化发展与统筹城乡发展目标和内涵的衔接 ··· 211
　　二、发挥城市郊区化对农村的渗透带动效应 ········ 215
　　三、防止城市郊区化的负面效应 ·················· 217

第七章　结论 ·· 220
  第一节　研究总结 ································ 220
  第二节　创新总结 ································ 221
  第三节　本研究的局限和不足之处 ·················· 222

参考文献 ·· 224
后记 ·· 232

第一章 引 言

第一节 研究的背景和意义

一、研究背景

(一) 城市及城市郊区化发展

一个城市的发展受到向心力和离心力的推动,这两种力量互相消长,导致城市发展呈现阶段性。西方发达国家经历了城市化—郊区化—逆城市化—再城市化的发展历程,按照霍尔的城市变动模型,郊区化是城市在经历了中心区绝对集中、相对集中以后的一个离心分散阶段。它表现为人口和经济要素从城市中心区向郊区扩散,从而带动郊区发展。

新中国建立以来的城市化发展速度较快,尤其20世纪80年代以来,因为人口的过度增长,工业的迅速发展,经济的繁荣以及农村剩余劳力大量涌进城市,我国城市化速度明显快于同期的西方发达国家。到80年代末,我国城市人口总人口的比例已超过30%,城市总数增加到570多个,百万人口以上的特大城市超过30个。城市化的高速发展使城市人口结构和土地利用结构发生了巨大的变化。伴随着中国城市化水平的不断提高,20世纪80年代我国一些大城市中心区出现了人口密集、地价昂贵、交通拥挤、环境污染等"城市病",中心区域的人口、企业向外迁移,形成一种相对于城市集中化的离心分散化现象。这实质上代表着我国大城市也开始了城市郊区化进程。

20世纪80年代末和90年代初,在改革开放的背景下,我国的城市郊区化已初露端倪。一方面是旧城改造,大量的城市工业和城市居民从城区迁往郊区。企业在外迁中可以利用城郊级差地租,获得可观的企业再发展的资金,并利用搬迁的机会进行技术改造和产业结构的调整;居民郊迁可以改善原先破旧狭小的住房。另一方面大量引进外资,发展非公有制经济,外资企业在具体选址上因为市中心的地价过高,一般多选择在靠近市区、交通便利、配套基础设施比较齐全的郊区"经济开发区"。这种情况在沿海地区表现得特别明显。另外,20世纪90年代以来我国高速公路建设以每年800~900公里的速度惊人增长,新兴出口加工企业多半以高速公路为动脉呈串珠状分布,在高速公路出入口呈星状分布,大大促进了郊区工业化的进程。

2000年之后,城市郊区化更是出人意料地快速发展。经济比较发达的京津唐地区、长江三角洲地区、珠江三角洲地区,呈现出城区与郊区共同发展、城乡各界共同发展郊区现代经济的繁荣景象。大批在改革开放中先富起来的高收入群体到近郊购买单户住宅"别墅",促进了城市近郊"房地产热",大批设施齐全的高档生活社区出现在郊区;同时,也因为市中心房价过高,促使了一批中等收入包括公职人员、商人把购房的眼光投向了近郊所建的"住宅小区"。

(二)中国城市郊区化的影响

中国的城市郊区化是在计划经济向市场经济过渡、经济迅速发展、城市化进程空前加速的过程中出现的。

21世纪初期,我国城市化水平已达到33%~35%,进入城化中期加速发展阶段。与此同时，随着城市经济的发展，大城市的数量和规模均以势不可挡的速度发展。北京、上海、广州、沈阳等大城市自20世纪80年代中后期以来出现了在城市集聚发展背景下的郊区化现象。这种独特的中国郊区化现象与中国社会、经济、文化、政策等密切相关，引起了人口和产业的重新布局。

郊区化是城市变迁的一个过程，它对城市的经济空间、社会空间和地域空间都产生了很大的影响，主要包括以下几个方面：

第一，郊区化的经济效益。郊区化的经济效益主要表现在促进了城郊经济的发展和城市中心区经济的发展。在城郊经济方面主要是因为产业和人口在城郊的聚集形成聚集经济和规模经济。在城市工业和人口郊区化过程中，原来的一些乡镇企业可以得到重生的机会，加强和郊迁企业的横向联系，促进郊区经济发展。将郊迁的企业在郊区聚集，创办工业园区，形成聚集经济和规模经济，可促进郊区经济的发展。郊区化也给城市中心的再次发展带来了机会。工业的郊区化给城市的发展置换出更多的发展空间，有利于利润高的第三产业发展。

第二，郊区化的社会效益。郊区化的社会效益主要是郊区化对郊区社区组织和城乡关系的正面影响。郊区化以前，郊区主要以自然村为基本单元，社区规模小，结构简单，社区的功能极其有限。随着郊区化，产业和人口的集中，形成社区功能的规模效应。首先，商业和一些盈利的服务行业的进入，可满足郊区居民的需要；其次，一些医疗服务、文化服务等行业的进入，提高了郊区居民的生活需求层次；再次，郊区的管理更加规范化。由于大量的企业和人口进驻郊区，必须加强郊区的社区管理，从而使得原来因为分散而难以管理的郊区成为规范的社区。

郊区化加速了城乡一体化的进程。一个是农村城镇化，另一个是城市郊区化。城市郊区化在地域上与乡村距离更近，城市规划不再是就城论城，而是将城乡纳入一个系统，进行整体的规划建设，这加速了城乡一体化的进程。

第三，郊区化的环境效益。郊区化的环境效益主要是指郊区化过程促进了对环境的治理。环境污染包括生活污染和工业污染。郊区化过程中，大量的工业企业和人口从城市中心迁出，会减少城市中生活和生产的废物排放，从而减少了城市中心的环境污染，缓解了城市中心区的环境压力，提高了城市中心区的环境质量。城郊的乡镇企业由于过于分散，对环境造成的污染难以治理。当工业和人口在郊区聚集，形成一定的规模，虽然污染排放会明显增加，但由于外部规模经济的存在，为城郊的环境治理节约了成本，提供了方便。当一些污染处理工程在郊区建成后，郊区的污染排放会大幅减少，从而也会提高郊区的环境质量。

同时，郊区化过程也带来了不少负面影响。由于我国城市郊区化比西方国家晚了半个世纪多，我国经济的总体水平不够强，郊区化过程出现了不少预见不到的问题。一是郊区化建设过度扩张，土地资源占用和浪费现象严重。郊区化使各城市像"摊大饼"似地向外蔓延、扩张（北京近年的大发展模式可谓典型），不断挤占近郊城市绿化隔离地带的农业用地尤其是耕地，易于造成郊区土地资源的闲置和浪费。另有一些房地产开发项目热衷于建造低密度、独立式的花园别墅和高级度假村，这类高档住宅与我国城市居民的一般收入消费水平差距太大，住宅空置率居高不下，不仅占用了大量的建设资金，而且使城市土地供应日趋紧张和不足。二是郊区规划滞后，土地利用功能分区与布局相对混乱。我国的土地利用总体规划和城市规划、村镇规划等相对独立、自成一体。城市郊区化从空间分布看往往发生在城乡结合部，易于成为城乡规划管制的真空。近年来，一些大城市周围，许多农户已不止一次经历了征地、拆迁、搬了建、建了又搬，政府在城郊投资兴建的"菜篮子"基地、水利设施等，在城市郊区化扩张的影响下被迫缩小、迁移。郊区土地利用规划滞后导致的用地功能分区混乱，土地利用稳定性差等问题日益明显。三是郊区用地开发过程中短期行为突出，郊区生态环境堪忧。一些开发商只顾自身利益和短期利益，在房地产项目的配套基础设施和市政公用设施建设上投资不足，只注重小区内开发却无视小区外部环境的改造，区域道路交通、对外通信、垃圾处理等市政设施建设管理无序。我们经常看到，一些城市街道经常被"开膛破肚"，进行一次又一次的反复拆建施工，在老百姓出行不便的同时，也给国家和企业造成了巨大的损失。一些企业因为规模小、投资风险高，为了追求其自身的经济利益，随意毁林毁草，破坏人文景观，减少公共绿地，采用耗能高、质量低劣的建设施工材料，忽视生产开发过程中的污水和垃圾处理等。这严重影响了郊区居民的生活和工农业生产，阻碍了郊区土地的可持续利用。四是道路交通、公共服务等基础设施建设相对不足和滞后。交通以北京为例，近些年来，许多住在北京的人都深受堵车之苦。几条通向郊区比较成熟的社区如回龙观、天通苑等的道路上，每天上下班都堵车如长龙。五是我国许多城市的郊区在商业、教育、医疗、社区服务等方面与城市市区相比差距较大，同时郊区又缺乏方便的城乡快捷运输系统，不能满足长距离快速出行的要求，因而使大多数城市的郊区化只能局限在近郊区10公里以内发展，而西方国家在离市中心20公里以外的远郊居住也非常普遍。由此发展下去，拥挤、堵塞、污染等"城市病"也将可能会出现在我国未来的城市郊区。

城市郊区化是一个城市地域空间发生变化的复杂的系统过程，对城市经济的发展，甚至国家的兴衰都有很大的影响。因此，在城市郊区化的过程中必须加强研究，制定出科学的规划决策，才能实现城市郊区化的经济、社会、生态效益的最优化。

二、研究意义

虽然城市郊区化是城市发展过程中的必经阶段，是社会经济发展、交通的改善、生活日益富裕等因素综合作用的结果，具有普遍的规律性，但由于各国社会经济发展状况、社会制度、文化历史背景、城市化水平等的不同，城市郊区化发生的原因及造成的结果均有一定差异。因此,对于我国特定社会制度、社会经济发展水平、城市化所处阶段下城市郊区化的研究,具有一定的理论和现实意义。

(一) 现实意义

从西方发达国家来看,城市郊区化在缓解城市内部人口、交通和住房压力,优化城市产业用地布局,改善城市生态环境质量等方面产生了明显的积极作用,使大城市建成区与郊区之间的地域差异与界限逐渐消除,城乡社会、经济、市场等趋于平衡和统一,最终有效地促进了区域经济的整体协调发展。但不可忽视的是城市郊区化也带来了许多问题,如老城空心化、城市发展失衡、城市郊区环境污染等问题。

一种城市发展现象往往都是有利有弊的,郊区化也不例外。我们研究郊区化的目的,就是要利用其积极的方面,避免和控制其消极的方面,为规划和建设可持续发展的城市服务。郊区化的动力作用机制是郊区化发生、发展的根源所在,只有及时了解郊区化内外部因果链的特征,以郊区化发展的各种机制为切入点对其因势利导,才能实现对郊区化切实有效的调控,从而最大限度地减少郊区化发展所带来的弊端,保证郊区化在正确的轨道上健康、快速发展。

中外城市郊区化都是随着生产力水平的提高,人民生活逐步富裕,出现改善居住条件、离心迁移的要求,而城市交通改善、政府政策导向又拉动了这一过程。相对于发达国家的郊区化,中国城市郊区化具有自己的特色。从郊区化开始的时间来看,中国比西方要晚得多,但用经济发展水平和城镇化水平来衡量又比西方超前。从这一点来看,我国大城市的郊区化与西方国家郊区化有不同的发展规律,这种规律造就了"有中国特色的郊区化",并给我国城市发展规划、尤其是政府政策制定带来了巨大的影响。传统的城市规划基本上是城市集聚发展模式下的产物,应该对城市离心扩散或由向心集聚向离心扩散过渡阶段的城市规划模式作新的探索。

对政府而言，宏观调控下的市场经济造成因改造城市中心区而导致的产业、人口疏散是不可避免的，这显然不同于西方纯市场经济模式下的迁移，因而政府在城市的郊区化进程中的角色定位就显得的非常重要。

城市郊区化是不以人的意志为转移的历史必然选择，顺应了社会发展和城市演变的客观规律，在现代各国城市化过程中表现得越来越明显、突出，因而也成为当今世界社会和各国政府日益重视的一个重大问题。但中国独特的国情，决定了中国的城市郊区化不可能走西方国家的路子，因此，借鉴西方国家在城市郊区化过程中的经验和教训，寻找中国特色的城市郊区化道路就成为城市可持续发展的当务之急。

（二）理论意义

我国城市郊区化发展中的经济发展水平、社会体制、城市发展阶段和内部结构与西方国家有巨大差异，这使得我国城市郊区化动力机制的研究具有特殊意义。

1. 现有研究上存在局限。

综观已有的文献，对于中国城市郊区化动力机制还没有系统的研究，大多研究是零碎的，还停留在郊区化动力机制的描述上，研究缺乏理论归纳；只停留在定性分析与解释上，缺乏定量分析；描述性研究居多，定量分析方面显得不足。

另外，现有的研究大多从人文地理学的角度来研究，而从经济学的视角来研究郊区化是非常少的。

2. 对中国城市郊区化在理论上有争议。

有些学者认为，中国的某些城市已经进入了郊区化的阶段，但是不少学者持不同意见。分歧存在的重要原因之一在于对郊区化这一概念的理解不一致，对中国城市郊区化的动力机制存在模糊认识，对城市郊区化的门槛存在争议。有人认为，按照西方的观点，

1982～1990年间我国已经开始郊区化进程。有人认为，某区域城市化水平达到25%～30%、人均收入达到2 000元以上时，城乡一体化就开始起步。① 蒋达强（2002）认为，当城市化率达到70%～75%时，出现郊区化现象。② 也有人指出（张越等，1998）国外郊区化开始的指标是城市化率50%、人均GDP 3 000美元，并断定我国的郊区化进程将从2010年左右开始。③ 石忆邵（2003）判断说，现在上海进入了近域郊区化，尚未进入远域郊区化阶段。④ 很显然，一些说法或是过于绝对，或是没有考虑中国东、西部的发展差距，或是没有考虑东西方都市郊区化的差别，因而观点很难站得住脚。以上案例指出，城市向聚集不经济转变时将出现郊区化。但是，由于国情不同，衡量郊区化的数量标准不易确定，比如，我们看不出究竟东京的郊区化是在城市化率为多少时开始，因为日本并没有类似我们以户籍人口为计算标准的城市化率水平，但是，1965年前后当东京开始大规模郊区化时，人均名义GDP约为1 000美元，⑤而此时东京市区出现了明显的居住和产业分布拥挤。有人认为，南北战争前，美国的城市郊区化就开始了，到1900年，城市中心商业和郊区居住格局已经形成，郊区化表现出不同特点，首先是居住密度很低，而且城市地区和农村之间的界限不明显；其次是自有住房比例较高，1990年约有2/3的美国家庭拥有自己的住房；再次，郊区住户的社会经济地位高于市内；最后，郊区住宅距办公地约9.2英里，或驾车25分钟，大都市可能稍远。显然造成美国城市郊区化的经济成分很大，比如人均拥有财富高、地价便宜、交通成

---

① 江莹：《我国城市郊区化及发展对策研究》，载于《中国软科学》2003年第5期。
② 蒋达强：《大城市人口郊区化与住宅空间分布的效应研究》，载于《人口与经济》2002年第3期。
③ 张越、韩明清等：《对我国城市郊区化的再认识——从城市化阶段谈中国城市发展》，载于《城市规划汇刊》1998年第6期。
④ 石忆邵：《上海郊区城市化问题研究》，载于《财经研究》2003年第3期。
⑤ 参见当时日本的名义GDP总量为34万亿日元，人口为9 803万人，固定汇率360。铃木多加史：《日本经济分析》，载日本《东亚经济新报社》1992年。

本低廉，以木材为原料、造价低廉的所谓"气球框架房屋"（balloon-frame），同时政府在财政补贴和税收优惠方面的干预，也促进了美国都市区的郊区化。① 东京与美国的郊区化方式不同，东京的居住区没有和商业区加以分隔，土地利用模式不存在所谓行业"过滤现象"，而且，各国甚至是不同城市郊区化持续时间、方式也不同，可见，很难找到一个共同的郊区化指标。

如果能够避开一些表面现象的干扰，加强对已有成果的总结归纳使之上升为理论，并且将归纳所得的理论运用到实证研究中，对西方国家有关郊区化理论的分析、借鉴与吸收，引入定量分析方法，如采用相关回归分析、数学模型等对郊区化的流量、流向、形成机制及未来预测等进行深入地定量分析，也许就可以对城市郊区化问题有个新的认识。

实际上，集中城市化发展阶段是可以与郊区化发展阶段并存的，而不是互相矛盾的。众所周知，城市发展的合力在空间变化上表现为集聚效应与扩散效应这一对矛盾的运动过程。这一对矛盾运动贯穿于城市发展的始终，只是在不同的时段，两者的作用程度有所差别而已。在以集聚效应为主的阶段，也可能存在局部的扩散运动；而在以扩散效应为主的阶段，也会产生局部的集聚运动。集中城市化和分散的郊区化统一于城市化的总体运动过程之中，两者并不能孤立存在，或截然割裂开来。一方面，集中城市化阶段是以集聚经济和追求规模效应为突出特征的，但不能由此而否认一些大城市已经出现了郊区化趋势；另一方面，在已经出现郊区化发展态势的大城市，也不能否认其存在一定的集中化趋势。其实，城市化的本质是集聚，作为整个城市化进程中的两个发展阶段——集中城市化阶段和郊区化阶段，都无不受到城市化本质规律的作用和影响，也就是说，郊区化只是在城市化总体集聚态势下的分散化。许多发

---

① Jackson, Kenneth T. Suburbanization. The Reader Companion to American History. college. hmco. com/history/readerscomp/rcah/html/ah_083400_ suburbanizat. 2004，1，30.

达国家在经过了一段长时间的城市分散化和郊区化之后,又出现了再集中化和再城市化的趋势,就是很好的证明。因此,郊区化的发展并不一定与城市中心区的衰落相伴而生,那种认为"郊区化的发展必然导致城市中心区的衰落"的观点,也是对郊区化的一种误解。国外一些大城市郊区化的发展所带来的城市中心区衰落,只是其市场调节机制失灵的表现,而并非城市化发展的普遍规律。系统的城市化研究应将其各个阶段作为有机联系的整体加以分析和研究,既不能以部分来代替整体,也不能以过程来代替目标,否则,难免出现"盲人摸象"的窘态。

郊区化的过程是循序渐进的,各种要素按照一定的规律向郊区转移。西方城市的郊区化过程,首先是人口的郊区化,然后是工业的郊区化、基础设施的郊区化、商业的郊区化。西方城市首先出现人口的郊区化与西方城市发展的背景有关。城市经济高度发达,出现了不可避免的城市问题。城市中心的富裕人口为了远离喧嚣的城市,享受乡村的清新和宁静,逐渐迁移到城市外围,建立城郊型社区。在中国,很多学者研究郊区化都是从人口的郊迁现象开始,认为中国的城市郊区化像西方城市一样,首先出现的是人口郊区化。其实,从中国城市发展的背景来看,首先出现的是工业的郊区化而不是人口郊迁,这是什么原因造成的?

关于城区、郊区的界限问题,也是我国郊区化研究争议最多的一个问题。城区到底应该是确定的还是随着城市的发展而不断扩大?郊区是否是行政的概念?

3. 中西方城市郊区化的差异性。

在研究城市郊区化问题时,不少学者注意到了中国与西方发达国家的显著差异,但仅仅看到这种差异是不够的,更重要的是分析这种差异性是怎样造成的?如果能够通过中国城市郊区化动力机制的研究,来探讨中国城市郊区化的特点、动力机制和约束条件,找到城市郊区化的普遍特征和内在机制,城市郊区化与未来城市发展、城市空间结构、产业布局、人口分布、生态环境等的关系,建立起具有中国特色的郊区化理论及方法，无疑是非常有价值的。

不论中国城市郊区化的发展是政治的还是经济的，是有效益的还是无效益的；产业、人口的外迁是自愿的还是被动的，自发的还是有组织的，作为一种现实，中国城市郊区化正在进行中，产业和人口的外迁已经发生，而且带来了众多的经济、社会问题，理应引起学术界的重视。

第二节 有关城市郊区化动力机制理论和研究评述

西方国家在第二次世界大战后，郊区化发展迅猛，很多学者对郊区化的形成机制进行了分析和研究，学者们由于各自的学术背景不同，对郊区化的形成机制的解释也有很大的不同，真正从经济学角度研究城市郊区化动力机制不是特别多，尤其是从动态角度对城市郊区化形成经济机理进行理论分析更是比较少见。由于城市郊区化是一种人口、产业由城市中心区向郊区转移、集聚的过程，对城市郊区化动力机制的研究必然涉及到企业和家庭的区位选择及迁移，以及城市结构的变动等。

一、企业区位理论

（一）古典区位理论

1. 早期的区位理论。

最早研究企业区位的是龙哈德。[①] 19世纪末，龙哈德用数学方法证明了工业区位，他认为，决定工厂区位的原则是原料地与消费地的关系，除主要的运输关系外，还有不同地区的地质、水利费

---

① 张秀生等：《区域经济理论》，武汉大学出版社2005年版。

用、劳动者的生活状况和工资条件,以及熟练技术工人的雇佣情况。龙哈德为区位理论开辟了一条精密化、计量化的道路。

在龙哈德之后,威廉·劳恩哈特(Wilhelm Launhardt,1882)[①]对工业区位论的形成作出了重要贡献,劳恩哈特首先运用自己创立的"节点原理"[②]中的节点原则和极原则对三个区位怎样连接成一个"V"或"Y"的问题进行几何求解,构建工业三角形区位论的重要模型。他对影响企业区位决策的因素进行分析,认为运输成本最小化是最重要的影响因子。

2. 韦伯工业区位理论。

最早从最小费用角度系统研究企业区位的是韦伯,[③]韦伯在总结前人成果的基础上于1909年撰写《工业区位论》,系统地提出了工业区位论。韦伯理论的基本框架是:首先采用孤立方法,研究运费对工业布局的影响,然后逐步放松条件,研究劳动费用与集聚因素对工业布局的影响,后两个因素的影响是对根据最低运费所确定的最优区位的补充,其对最优区位所产生的影响分别称为第一次变形和第二次变形。

韦伯在分析劳动力费用对企业区位选择影响时,劳动力费用不是指工资的绝对额而是指单位重量产品的工资部分。韦伯认为劳动力费用属于地区差异因子,在空间上不像运输费用那样具有明显的空间变化规律。韦伯指出在考虑劳动力费用之后,企业区位选择是一种权衡选择,到底是在运费最小点还是在劳动力费用低廉的地点布局,主要看两种费用的节约程度。韦伯认为决定劳动力费用指向的条件主要是两个:一是基于特定工业性质的条件;二是人口密度和运费率等环境条件。

---

① Launhardt, W. (1993), Mathematical Principles of Economic (M), translated by Holda Schmidt, Edward Elgar, Brookfield, CT.

② Launhardt, W. (1900—1902), The Principles of Railway Location (M), translated by A. Bewley, Lawrence Asylum Press, Mdras.

③ 韦伯:《工业区位论》(中译本),北京商务印书馆,1997年版,第31~46页。

集聚因素就是一定量的生产集中在某一区位所产生的"利益",使生产或销售的成本降低。集聚因子的作用有两种形态:一是由经营规模的扩大而产生的生产集聚,这种集聚一般是由于大规模经营或大规模生产所带来的成本降低而获得利益;二是由多种企业在空间上集中,产生集聚,通过企业间的协作、分工和基础设施的共同利用带来集聚利益。韦伯认为,集聚节约额比运费(或劳动费)指向带来的生产费用节约额大时便产生了集聚。

尽管韦伯的工业区位研究采用的是微观、静态、均衡的分析方法,其所假设的企业追求最低成本点不一定是最大利润区位,脱离了现实。但是,韦伯是第一个对区位理论进行系统分析的经济学家,提出了一系列的概念、原则、指标等,以后的区位论无不受到其影响。

韦伯的工业区位理论使人们认识到,除了产品运输成本外,其他因素分析在区位分析中的重要意义。特别是"地方性"投入品(面临比较高的流动约束或不具备流动性的投入)在实际的厂商总成本中占据比较大的比重时,它们对厂商的区位选择就会产生明显的"拉力",这使得厂商区位指向性的概念得到了进一步扩宽。影响区位选择的其他因素包括:劳动力成本、能源、土地、资本、中间投入品、税收与其他地方公共服务等。

我们可以借助奥沙利文[①]的研究,对以韦伯理论为基础的企业的空间选址行为作一小结(见表1.1)。

表1.1　　　　　　　　企业的空间选址行为

指向性	特 性	例 子
运输导向	运输成本占厂商总成本的比重较大	
1. 资源指向的情况	原料体积比制成品大,再运输中比较容易损耗和压碎	球拍生产、罐头制造

---

① 阿瑟·奥沙利文:《城市经济学》,中信出版社2002年版。

续表

指向性	特 性	例 子
2. 市场指向的情况	制成品的重量和体积都大于原料,而且原料运输方便	拖拉机制造
其他投入品指向	运输成本占厂商总成本的比重较小	
1. 劳动力指向的情况	劳动密集型行业	纺织厂
地区的适宜程度指向	高技能工人对气候、休闲等的要求而向更适于居住的地区转移	企业的研发部门
2. 能源指向的情况	能源密集型行业	石油加工
3. 中间投入品指向的情况		
本产业的投入品	地方化经济	服装设计
来自其他产业的投入	城市化经济	软件业

3. 市场学派对韦伯工业区位理论的拓展。

韦伯以后的区位论学者认为,生产成本的低下并不意味着利润最大,因此生产成本最低点并不是厂商最优区位的选择点。他们认为市场对生产活动起着越来越大的作用,于是提出了以市场为中心,以取得最大限度利润为目的的区位理论。市场学派的代表是克里斯泰勒和廖什。

克里斯泰勒[①]通过对德国南部的城市和乡村集镇及其与四周的农村服务区之间的空间结构特征的研究,首创了以城市集聚为中心进行市场分析与网络分析的理论。克里斯泰勒认为,组织物质财富的生产与流通的最有效的空间结构是以中心城市为中心,由相应的多级市场区组成的网络体系。克里斯泰勒的中心地理论,突破了传统区位论的羁绊,使区位论研究由农业、工业等生产领域扩展到商业、服务业等领域,由局部小区域的个别企业和微观分析,扩展到大区域范围内的、多个企业或区域的宏观综合分析,成为一种宏观的、静态的、以市场为中心的商业和服务业区位理论。

---

① 沃尔特·克里斯泰勒:《德国南部中心地原理》(中译本),商务印书馆1998年版。

廖什（A. Losche）① 在1945年出版的《区位经济学》一书中，提出了与中心地理论相似的市场区位理论。廖什认为，区位选择正确的方法应是找出最大利润的地方，因此，需要引入需求和成本两个空间函数，同时，廖什也发现最佳区位的问题不能只靠考虑个别厂商来解决。廖什把工业区位趋势解释为转移成本和规模经济相互作用的结果，廖什的中心地理论是将一般均衡理论分析方法运用于区位理论的首次尝试，为经济区的形成和演变、经济区的地域结构和区划方法研究奠定了理论基础。

总的来看，古典区位论重点是对单个企业区位选择进行静态的局部均衡分析，而很少对单个企业的相对静态、动态区位选择进行分析。不过，这段时期的区位论提供了市场经济条件下经济活动主体区位选择的局部均衡分析框架，为新古典区位论的形成和发展奠定了基础。

（二）现代区位理论评述

自20世纪50年代以来，以艾萨德的《区位与空间经济》和贝克曼编辑的《区位理论》的发表为标志，以新古典区位论为代表的现代区位理论随之形成。新古典区位理论不仅继承和发展了古典区位论的研究领域和研究方法，而且在研究内容、研究对象以及研究方法上有了更加深入和更加广阔的拓展。

新古典区位理论主要是沿着两条线路发展：一条是利用新古典微观经济学的基本研究工具对微观经济主体的空间活动进行分析；另一条是在市场区位论、区际贸易理论的基础上，利用凯恩斯的宏观均衡分析方法对区域经济主体的经济活动进行分析。②

1. 新古典微观区位理论。

古典区位理论主要用线性方法研究企业区位选择问题，但是，

---

① 张秀生：《区域经济理论》，武汉大学出版社2005年版，第20~23页。
② 陈文福：《西方现代区位理论述评》，载于《云南社会科学》2004年第2期，第62~66页。

由于地貌特征、河流、道路的影响，网络、均衡等成为新古典区位论研究微观经济主体区位选择的重要工具。

拉伯（Labber）和蒂斯（Thisse，Jacques-Francois）等学者利用拓扑网络构建区位模型，[①] 研究微观经济主体的区位选择问题。哈克密（Hakimi，1964）用拓扑网络方法证明了劳恩哈特模型的结果，称为哈克密原理（Hakimi Theorem）。[②] 该原理指出，网络点集含有一个最小区位点，包含两个特征：一是含有优区位的点集是有限的；二是当这些点集是市场区、原料地或节点时，从这些点集中找出优区位点的效果很显著。但是，企业最后定位在哪个点上，由网络的形状、市场的空间配置和物品（含投入品和产成品）的相对价值决定。拉伯（Labber，1985）在他的博士论文中对哈克密原理的扩展进行了综述。就区域经济学家来说，如何解决使运输成本最小化的多个企业的区位选择是最有价值的问题。由艾伦科特（Erlenkotter，1978）设计的对偶运算规划技术，是一种解决极点集的优区位结构的有效方法。[③] 从研究方法和思路来看，以网络中的企业区位选择为主要研究内容的新古典微观区位论，仍然是在新古典微观经济学和古典区位论的框架下探讨企业的区位选择问题，只是他们从多个方面放宽了古典区位论的假设条件，拓宽了研究视野，使研究更加综合、更系统、更具一般性。

进入20世纪60年代，随着适应经济学（Adaptive Economics）、行为经济学（Behavioral Economics）、演化经济学（Evolutionary Economics）等新的经济理论的兴起，认为经济行为的特征就是有限理性的动态性。区位选择是一种经济行为，严格来讲，区位选择主体，是在非完全竞争和非完全信息条件下作出区位选择

[①] Thisse, Jaques-Fracois Location Theory, Regional Science, And Economics. Journal of Regional Science, 1987 (4).

[②] Hakimi, S. L. Optimum Location of Switching Centers and the Absolute Centers and Medians of a Graph. Operations and Research, 1964 (12). 450–459.

[③] Erlenkotter. A Dual-Based Procedure for Uncapacitated Facility Location. Operations Research, 1978 (16). 992–1009.

的。另外，从数学工具看，处理多目标决策的规划方法也引进了经济学的分析。这样的背景下，麻起（March, J. G.）、弗勒德（Pred, A. R.）和汉密尔顿（Hamilton, F. E.）等学者都没有对微观主体作出完全理性人的假设，而是认为区位选择主体是有限理性，存在多重目标。在这一时期，上述学者将目光还投向了对于组织的研究。

2. 新古典宏观区位论。

第二次世界大战后至20世纪60年代以前，世界资本主义经济进入了繁荣昌盛的时代，各国把大量的物力、财力和人力投入在那些经济发达、技术力量比较雄厚、基础设施良好的地区，以便获得更高的发展速度，解决大量劳动力就业问题。这个时期的区位选择理论更加注重产业区位和宏观结构等问题。艾萨德在《区位与空间经济》一书中，在新古典微观区位论的基础上，利用宏观均衡方法对美国各个地区在人口、产出、收入、资本和增长等方面的差异进行了研究，将局部静态均衡的微观区位论动态化、综合化，根据区域经济综合发展要求，把研究重点由部门的区位决策转向区域综合分析，建立区域的总体空间模型，研究了区域总体均衡及各种要素对区域总体均衡的影响。

艾萨德应用计量经济方法和系统分析方法，将单个部门、单个企业最优规模与最优布局加以扩大，形成企业性综合开发模型，涉及到生产、流通、运输、生态、政策等多个方面的内容，他所独创的区域科学在某种程度上也是对宏观区位论分析的一种拓展。

到20世纪70年代，结构主义经济学开始繁荣，并且渗透、影响到了区位理论的研究。以结构主义为主的区位理论认为，前期的区位理论较侧重于企业本身的区位行为，因此，难以解释宏观经济结构与空间现象之间的关系。有人认为这一时期的区位论研究更像宏观经济学。

新古典宏观区位论一方面使区位研究从单个企业的区位决策发展到对区域总体经济结构及其模型的研究，从抽象的纯理论模型推导，发展为建立接近区域实际的、具有应用性的区域模型。另一方面,使区位决策客体扩大到第三产业,其区位决策目标不仅包括生产者利益最大化,而且包括消费者的效用最大化,从内容到形式扩大了古典区位论的分析框架。具体而言,新古典宏观区位论有如下特点:在古典区位论的基础上,在放宽某些假设条件的基础上,推动对区位选择的研究从局部均衡向一般均衡发展,使其更接近现实经济情况。然而,新古典宏观区位论整个理论框架仍然沿用新古典经济学的完全竞争和规模报酬不变的假设,这极大地影响了其理论对现实区位选择的解释力和实际运用范围。

3. 新经济地理学派的区位理论。

新古典区位论主要是在规模报酬不变和完全竞争的假定条件下来研究微观经济主体的区位选择的。可是,由于生产要素、商品和劳务的不完全流动性以及经济活动的不完全可分性,在考虑空间的条件下会产生规模经济,这和新古典区位论的假设是相矛盾的。

1991年,新贸易理论的杰出代表克鲁格曼(Krugman. P.)发表了具有时代影响的论文《报酬递增与经济地理》(Increasing Returns and Economic Geography),利用S-D垄断竞争模型,借助萨缪尔森的"冰山"成本技术,动态演化以及计算机技术,把区位因素纳入西方主流经济学的分析框架,使区位理论在不完全竞争和规模报酬递增框架下获得新的发展。[①] 克鲁格曼明确地将微观主体定位在消费者和生产厂商,针对这两个微观主体的空间行为进行研究。

在新经济地理最基本的模型之一——核心—外围结构模型中,三种基本效应组成了该模型的基本机制:[②] 市场接近效应,也称本地市场效应,是指垄断企业选择市场规模较大的区位进行生产并在规模较小的市场出售其产品的行为;生活成本效应,也称价格指数

[①] 藤田昌久等:《空间经济学——城市、区域与国际贸易》,中国人民大学出版社2005年版。

[②] 安虎森:《空间经济学原理》,经济科学出版社2005年版。

效应,是指企业的集中对居民生活成本的影响,在企业比较集中的地区,由于很多产品是由本地供应,需要支付的运输成本较少,这些地区的商品价格较低,消费者的生活成本会较低;市场竞争效应,也称市场拥挤效应,指不完全竞争性企业趋向选择竞争者较少的区位。

市场接近效应和生活成本效应构成了集聚力,市场拥挤效应构成了分散力。从微观的角度看,生产者选择市场接近大市场因而较为容易获得各种供给的地点作为生产地。生产者集中的地方,由于生产者和劳动者的需求很大,往往成为大市场,同时又因为存在众多的生产者,往往成为各种产品的供给地。在这种循环因果关系的作用下,产业和人口会进一步集聚。

新经济地理通过对微观主体的区位选择动机的研究,得到的在一般均衡框架下的集聚理论,突破了古典、新古典区位理论的"黑箱"问题。尤其值得一提的是,新经济地理对阿罗—德布鲁模型的描述,以及对"空间不可能定理"的证明,使我们更清楚地认识到要研究区位选择和空间集聚问题,只能放弃完全竞争和报酬递减,启用不完全竞争和报酬递增,并正视交通运输成本的作用。

二、家庭区位理论

在人口郊区化过程中,很重要的一个方面是家庭(住宅)的迁移,我们对家庭区位理论作一简单回顾。

(一) 住宅区位"过滤"论[①]

在20世纪20年代初期,伯吉斯(Burgess)提出了同心圆的城市地域结构理论,在该理论中,用归纳的方法总结和说明了住宅

---

① 周伟林、严冀等:《城市经济学》,复旦大学出版社2004年版,第186~230页;张文忠:《经济区位论》,科学出版社2000年版,第320~325页。

区位模型。伯吉斯在对芝加哥的住宅区位格局进行观察后认为，家庭收入越高，越在远离芝加哥市中心的地方选择住宅；最贫穷的家庭居住在市中心最陈旧的老住宅区。但是，伯吉斯的理论模型具有一定的偶然性，并非包括了所有城市的发展变化，因此，阿隆索（W. Alonso）把它称为是住宅区位的"历史的理论"。

霍伊特（Hoyt）则提出了扇形模型理论。霍伊特认为，高收入者的居住区与城市的地形、社会和历史特征有关，如在面向湖泊的地方以及沿交通线路的地方分布较多。随着城市的发展在这些地方居住的人们不断向外迁移，高收入者将在相邻区域的新住宅区居住，低收入者则迁到高收入者搬出的住宅，如同过滤一样表现出向外侧的迁移倾向。

后来，斯威尼、阿诺特、戴维森等在考虑维修技术和成本、建筑技术和成本等的变化对住宅过滤影响的基础上，将过滤论进行定量化和模型化研究。过滤论主要是在调查基础上通过归纳总结得到的，缺乏从经济角度的分析，尤其是其结论并不具有通用性，与我国的家庭住宅分布格局有很大的不同。

（二）互换理论[①]

现代城市区位模型的先驱是阿隆索的土地市场模型，从 20 世纪 60 年代开始，阿隆索（A. Lonso，1964）和埃文斯（W. Evans）等学者从城市内土地利用与交通系统的关系来研究住宅区位问题，并建立了交换理论。

家庭试图最大化效用 $U(z, q, d)$，d 代表家庭与市中心的距离，q 是土地数量，而 z 是复合商品（用货币表示）。效用函数是递增、连续、二次可微，严格拟凹的，并且是 u 的减函数。其边际效用如下：U_q，$U_z > 0$，$U_d < 0$。效用函数中包含距离因素，这表

---

① 埃德温·S·米尔斯主编，郝寿义等译：《区域和城市经济学手册》，经济科学出版社 2001 年版，第 11~25 页。

明家庭是不喜欢通勤的。家庭到市中心的交通支出 T 随距离的增加而增加，而土地价格 $r(u)$ 则随距离增加而递减。

在这种情况下，家庭的最优效用函数为：
$\max U = U(z, q, d)$
s.t. $Y - z - qr(d) - T(d) \geq 0$，其中 Y 为家庭收入。

家庭将在平衡通勤成本和土地成本的基础上作出接近或远离市中心的区位选择。

家庭收入对住宅区位的决定要从以下两个因素来考虑：一是必需的居住面积，对于希望有宽敞的住宅面积的家庭，选择远离市中心的地点可使每单位面积的土地费用节约达到最大，因此，城市周围地区是最佳的住宅区位点；二是交通费用，它包括两个内容，即直接支付的费用和相对于时间的机会费用。当对住宅面积要求不变、通勤次数增加时，如果住宅向市中心移动就可节约家庭支出。另外，如果一个家庭中通勤者的比率高，选择离市中心近的地方较好，如果只是单个人通勤，选择离市中心较远的地方较好。

互换理论基于理性人的假设，认为家庭基于效用最大化考虑，在权衡通勤成本和土地成本基础上选择家庭住宅区位，为分析家庭区位提供了理论分析工具，在一定程度上克服了"过滤论"的只是说明现象而没有解释现象的弊端，但是，互换理论还是属于静态地说明家庭住宅区位分布。

三、城市空间结构理论

城市的空间结构是由城市自身吸引和集聚的向心力、扩散和分散的离心力和同一区域内的异化力共同作用形成的。许多城市空间结构理论和城市发展理论不能令人满意，是因为它们没有充分考虑郊区化和分散化的趋势、准中心区的发展、技术和交通的完善以及中央和地方政府政策的影响，早期的城市空间结构理论虽然比较简单，在理论上也不是很严密，但长期以来一直非常有效。[①] 城市空间结构模式最具代表性的是城市功能分布结构三大古典模式[②]和密度、梯度变化曲线（在第二章中将详细分析）。

（一）同心圆理论

同心圆理论是杜能农业用地理论在城市土地中的应用，是伯吉斯于1906年通过对芝加哥城市的研究而提出的。该理论认为，任何一个城市都是从中心区向外围的同心圆区进行辐射性的扩张，土地所处的位置离中心区越远，它的便利性就越差，土地的租金越便宜，密集度越低。从中心区向外，土地的使用呈现如下同心圆模式，第一环带是中心商业区，第二环带是过渡区，第三环带是低收入者居住区，第四环带是高收入者居住区，第五环带是通勤带。

同心圆理论考虑了条件变化对城市环带的影响，人口的自然增长、新迁入的移民、经济增长和收入的增加都会使都市里的一个环带向下一个环带演化。同心圆理论指出了一般情况下，便利性、租金和密集度会随着离中心商业区距离的增加而下降，并且这种演变过程会改变土地的利用。但是，同心圆理论只解释了城市增长是如何发生的，而没有解释为什么会发生，同时，认为社会群体必须对应于一定的城市结构也是一种机械论。

（二）扇形理论

扇形模式是由美国城市经济学者霍伊特（H. Hoyt）于1939年提出的。该模式综合考虑了由交通和区位共同影响下的不同程度的可进入性。轻工制造业和批发商业对运输线路有较强的依赖性，所以沿交通主干道延伸。高地价地区位于城市一侧的一个或两个以上的扇形范围内，并且从市中心向外呈放射状延伸在一定的扇形区域

[①][②] 保罗·贝尔琴等著：《全球视角中的城市经济》，吉林人民出版社2003年版。

内，低地价地区也在某一侧或一定扇形区域内从中心向外延伸。据此，他认为城市地域的扩展是扇形，而不是同心圆形，因而提出了城市地域结构的扇形理论（sector theory）。扇形模式是由以中心商业区为中心的许多扇形组成的，每个扇形区都是一个特殊的功能区。和同心圆理论一样，扇形理论认为经济和人口的增长也会使扇形区发生变化，当高收入家庭迁离内城区，那么低收入家庭就会填充这些内城区。对扇形理论的批评和同心圆理论差不多，但是，霍伊特认为扇形理论说明了便利性、土地用途的价值和城市密集度之间的相互依存关系，仍然具有独特性。

（三）多中心理论

多中心理论首先由麦肯齐（R. D. Mckenzie）于1933年提出，后由美国地理学者哈里斯（C. D. Harris）和乌尔曼（E. L. Ullman）在1945年加以发展。这一理论并不排斥土地利用的同心圆和扇形理论的存在，但是，与同心圆理论和扇形理论不同，他并不认为城市的增长是从一个中心开始的，而是认为城市的增长是同时围绕几个不同的中心展开的。中心商务区位于市区交通的焦点；批发和轻工业区靠近市中心对外交通联系方便的地方；居住区也分为三类：低级住宅区靠近中央商务区和批发、轻工业区，中级住宅区和高级住宅区为了寻找好的居住环境而偏向城市的一侧发展，而且它们具有对应的城市次中心；重工业和卫星城镇则分布在城市的郊区。

除了上述三大古典模式外，各国的城市研究工作者结合本国城市的实际情况和现代城市的发展特点，提出了各种理论假说和模式。包括英国的阿福·曼根据英国中等城市土地利用现状提出的同心圆—扇形模式；1947年迪肯森根据对欧洲诸城市的考察提出的三地带学说；埃里克森1945年提出的折中理论等。

城市功能分布结构理论试图去解释城市是如何改变自身形式的，但是，没有一个理论能很好地完成这项任务。同心圆理论认识到过渡区在最终得到新的发展之前会经历一个退化过程,但忽略了这样的趋势在其他区域也同样在发生。没有一个理论对城市各部分的凝聚给予足够的重视,大多数理论忽视了在中心商业区发生的重大变化,更重要的是他们没有考虑到城市分散化的进程。

四、城市郊区化动力机制的研究

(一) 国外城市郊区化的动力机制研究

小托马斯·M·斯坦贝克(Thomas M. Stanback Jr.)和理查德·V·奈特(Richard V. Knight)[①] 在总结影响郊区化步骤和特点时,探讨了高速公路系统、航空运输系统和工业园、办公园、购物中心等的重要促进作用以及郊区住宅限制的影响。

他们将高速公路系统和私人小汽车的迅速发展列为影响郊区化发展的首要因素,认为高速公路网的形成不仅使通勤范围扩大,更重要的是使许多经济活动的区位指向原则发生了巨变,可能接近市场的原则已不再是以接近市中心为标准,而是以接近主要运输动脉为标准。高速公路系统打开了住宅郊区化的道路,同时也形成了郊区对工业、商业开发的吸引力;新一代超大型航空港的发展将各种经济活动和机场的区位关系得到优化,通过高速地面交通系统与中央商务区、住宅区、工业园区紧密联系,改善了距离远的不利因素,新的区域性机场的建设和运行吸引了巨大的直接投资及间接投资,机场、航运、餐饮、旅馆、汽车租赁以及仓储、制造、办公向机场集聚的趋势非常强烈;工业园、办公园和购物中心则促进了郊区工业和商业的发展;同时,20世纪六七十年代,由于资金缺乏、劳动力和原材料价格上涨、土地价格上涨、财产税提

---

① Stanback, T. M. Jr. and R. V. Knight, 1976 Suburbanization and City, Allanheld, Osmun & Co. Publishers, Inc, Montclair, N. J.

高等一系列因素使得郊区住宅成本大幅上升，住宅限制成为抑制郊区发展的因素，特别是使中低收入阶层的家庭向郊区的迁移受到限制。

奥沙利文[①]分别研究了制造业、人口、零售业郊区化的原因。

对制造业郊区化的原因，奥沙利文认为主要与以下几个因素有关：市内卡车、城市间卡车、汽车业的发展，生产技术使用单层车间，城郊机场的发展。市内卡车降低了运输成本，并且降低了投标租金函数的斜率，使制造商为城郊土地出价高，工业区的半径也增加。城市间卡车运输业的发展使制造商可以从火车和轮船运输改用卡车运输，从而摆脱了对港口和铁路的依赖。由于和城市郊区有关的交通运输费用下降，制造商会搬迁到距市郊工人更近的地方。汽车业的发展提高了城市居民的可达性，降低了企业对公交车站点的依赖，使拥有专业劳动力的企业城郊化；生产技术使用单层车间，增加了企业占用土地面积，为了减少土地费用，企业向城郊转移。有很多依赖飞机运输产品的企业会追随机场，布局在城市郊区。

人口的郊区化，奥沙利文认为可能有五个方面的原因：实际收入的增长；通勤成本的下降；中心城市越来越多的种族、犯罪、税收、教育问题；跟随企业迁至城市郊区以及公共政策等的影响。收入增长会产生机会成本效应和消费效应，如果消费效应在机会成本中占支配地位，则收入增长会促进城郊化；但奥沙利文认为，由于土地弹性会接近于通勤成本弹性，因此，这两种效应会相互抵消，收入增长不会极大地促进人口城郊化。通勤成本的下降会使投标租金函数曲线向外移动，使更多的人口居住在城市边界外；城市中心的一些负面因素会使城市居民迁移至郊区；一些公共政策的实施会鼓励家庭的城市郊区区位选择，这些政策包括家庭补贴、通勤外部经济效应、地方政府分片管辖的体系，以及高速公路建设都会促使

---

① 奥沙利文著，苏晓燕等译：《城市经济学》，中信出版社2003年版，第245～279页。

家庭往城市郊区迁移。

　　有的学者认为，① 企业是否将迁移到郊区，是一种权衡问题，因为迁移可能会降低一些成本也可能会提高一些成本，企业迁移到郊区将引起以下成本的变化：企业的迁移能够缩短劳动者的通勤距离，节约劳动者通勤成本，并进而企业可以支付较低工资，占有一部分通勤成本的节约；节约土地费用；减少经常性的交通堵塞，降低货物的运输成本；一些新技术的发展，如计算机、互联网、宽带电话等技术的应用，也可能会削弱城市中心区的优势；但是企业迁往郊区也可能损失在中心区的集聚效应，降低企业劳动生产率。总之，企业郊区化的动力机制相当复杂，不同类型的企业在生产过程中依赖生产要素的程度不同，所受到的影响也不同。

　　国内有些学者对西方一些国家的城市郊区化的动力机制也进行了研究，如孙群郎②对美国城市郊区化进行了研究，认为美国城市郊区化的主要原因包括：交通、通信、能源技术条件的变革对城市的规模、形态、结构和功能的发展演变有重大影响，是城市郊区化的促进力量；美国经济结构的变化特别是生产服务业的集中为其他产业的分散创造了条件；联邦政府住宅政策对郊区化的引导作用；社会隔离机制对美国城市郊区化具有一定的推动作用；20 世纪美国家庭主义和儿童中心主义价值观念的兴起，田园城市运动以及美国白领阶层的扩大和中产阶级地位的追求等，都推动了美国郊区化的发展。高向东认为，③ 西方发达国家人口郊区化的动力机制包括：特定的生命周期和生育周期；交通工具的革新；郊区的地价优势明显；经济技术进步；对居住地选择的偏好；民族、文化的因素；规划和政策因素；生产力布局变动的影响；产业结构调整所

---

① 保罗·切希尔、埃德温·S·米尔斯主编，安虎森等译：《区域和城市经济学手册第 3 卷（应用城市经济学）》，经济科学出版社 2003 年版，第 46～79 页。
② 孙群郎：《美国城市郊区化研究》，商务印书馆 2005 年版，第 121～176 页。
③ 高向东：《中外大城市人口郊区化比较研究》，载于《人口与经济》2004 年第 10 期，第 10～16 页。

致。陈波翀认为,① 西方国家人口郊区化的主要原因包括:收入的增加、通勤成本的减少、中心城市的"城市病"、公共政策等。而制造业郊区化的主要原因是城市内部交通和城间交通的改善。

(二) 中国郊区化动力机制的研究

大部分研究认为,中国的郊区化动力机制与西方国家有相似之处,如社会经济迅速发展、居民生活水平提高、交通条件改善等,但是中国的城市郊区化是在改革开放的条件下,由计划体制向市场体制转轨的环境中展开的。这种实际情况决定中国的郊区化动力机制与西方发达国家有很多不同,中国城市郊区化动力机制主要包括:城市土地使用制度改革;城市住房制度改革;旧城改造;城市交通、通信等基础设施的改善等。

1. 城市土地使用制度改革。

城市土地使用制度改革是推动郊区化的促发因素。20 世纪 80 年代以来的城市土地使用制度改革,土地实行有偿使用,地价的杠杆使土地利用重新配置,中心区较高的地价使土地产出率较低的工厂与住宅建设退出中心区,而土地产出率较高、能支付较高地价的商业、贸易、金融保险业等向中心区集中,从而加速了中心区土地利用的重新调整与工厂、住宅的郊区化,推动了工业与人口郊区化。周一星、孟延春(2000)认为,② 许多大城市通过土地有偿使用,通过城市土地的转让积累了大量建设资金,开展了大规模的基础设施建设与危旧房改造,从另一个侧面推动了我国大城市工业与人口居住的郊区化。其他如陈文娟、蔡人群③(1996)、周敏④

---

① 陈波翀:《对比中美城市郊区化》,载于《小城镇建设》2005 年第 1 期,第 97~99 页。
② 周一星、孟延春:《北京的郊区化及其对策》,科学出版社 2000 年版。
③ 陈文娟、蔡人群:《广州城市郊区化的进程及动力机制》,载于《热带地理》1996 年第 2 期,第 122~128 页。
④ 周敏:《杭州城市郊区化问题初步分析》,载于《经济地理》1997 年第 2 期,第 85~88 页。

(1997)、陈浮①（1997）、刘秉镰②（2004）等也认为，城市土地有偿使用是推动城市工业与人口郊区化的主要因素。

2. 住房制度改革与危旧房改造及郊区新居住区的建设。

住房制度改革以来，我国大城市中心区危旧房改造与郊区新住宅区建设的步伐大大加快，推动了人口居住的郊区化。在危旧房改造中，政府往往采取各种优惠政策，促进原有居民迁往郊外。持这种观点的包括柴彦威、周一星③（2000），曹广忠、柴彦威④（1998），刘秉镰（2004）等。

3. 城市交通、通信条件的改善。

我国城市交通与通信条件的改善，促进了中心区企业和居民的外迁。中心区与各郊区县的放射型干道得到延伸，方便了中心区与郊区的联系，推动了工业与人口居住的郊区化。周一星、孟延春⑤（1997）在研究沈阳郊区化时认为交通、通信条件的改善促进了沈阳工业与人口外迁。高向东、江取珍⑥（2002）指出交通的发展对上海中心区人口和产业的空间转移起到了重大的促进作用。

4. 产业结构与布局的调整。

大城市中心区产业结构的调整是工业郊区化的主要原因。如周一星、孟延春⑦（2000）指出，1990年以来的"退二进三"的产

---

① 陈浮：《苏州市人口郊区化初步研究》，载于《人口研究》1997年第6期，第35～41页。
② 刘秉镰、郑立波：《中国城市郊区化的特点和动力机制》，载于《理论学刊》2004年第10期，第68～70页。
③ 柴彦威、周一星：《大连市居住郊区化的现状机制及趋势》，载于《地理科学》2000年第2期，第127～132页。
④ 曹广忠、柴彦威：《大连市内部地域结构转型与郊区化》，载于《地理科学》1998年第3期，第234～241页。
⑤ 周一星、孟延春：《沈阳的郊区化：兼论中西方郊区化的比较》，载于《地理学报》1997年第4期，第289～299页。
⑥ 高向东、江取珍：《对上海城市人口分布变动与郊区化的探讨》，载于《城市规划》2002年第1期，第66～69页。
⑦ 周一星、孟延春：《北京的郊区化及其对策》，科学出版社2000年版。

业结构调整政策推动了北京工业的郊区化。高向东、江取珍[①]（2002）指出，1990年以来，上海市加速了产业结构调整，对中心城区的工业企业实行"关停、并转"，迫使许多能耗高、物耗高、污染重的工业企业外迁。

除了以上几个因素以外，高向东、江取珍（2002）等还认为人民生活水平的提高和居民居住观念的转变也是大城市人口郊区化的重要原因。

第三节 研究框架设计

一、研究思路

本书研究思路安排如下：

第一章引言部分提出本书研究背景、研究意义，对相关文献进行回顾和整理。通过这部分的内容可以看出中国城市郊区化动力机制是值得研究的问题，引发了越来越多国内外学者的关注，但总的说来，国内这方面的研究还十分少见。由此，界定了本书的主要研究问题为中国城市郊区化动力机制研究。

第二章首先对城市化、郊区、郊区化的概念进行了界定，在分析中国城市郊区化的内涵、特点的基础上，提出了城市郊区化概念。并按照不同的角度，对中国城市郊区化进行了阶段划分，阐述了中国城市郊区化与城市化的关系。通过对城市土地利用结构的静态均衡、城市郊区化的形成机理——土地利用结构的动态均衡以及集聚和分散对土地和城市空间的作用机理的分析，形成了中国城市

---

① 高向东、江取珍：《对上海城市人口分布变动与郊区化的探讨》，载于《城市规划》2002年第1期，第66~69页。

郊区化的理论支持。在理论分析的基础上，通过对中国城市郊区化的主要影响因素的归纳分析，得出了制度力、市场力、自然力的共同作用形成了中国城市郊区化的动力机制。

第三、四、五章是本研究的核心部分。

第三章对制度力集中进行深入分析后认为，制度因素几乎全方位地影响经济、社会发展，因而也必然对城市郊区化进程产生全方位的影响。从中国城市郊区化的发展阶段分析中，可以看出，中国城市郊区化产生的直接主导力来自于制度与政策的变革。制度对城市郊区化进程的影响主要体现在以下三个方面：（1）政府的直接干预。在从计划经济向市场经济的转轨时期，虽然政府已经不再全面干预社会、经济的发展，但在某些领域政府的直接干预仍在起主要的作用。在中国城市郊区化的起始阶段，只有政府对资源配置和经济活动起支配作用，而经济组织和居民这两种城市发展的主导力量不是决定性的因素。城市空间系统的运行所依赖的不是市场经济下个人决策行动的系统结构，而是计划经济下中央集中决策、部门分散行动的系统结构。政府靠行政强力手段的推动作用非常显著。如旧城改造和开发区的设立等，都是政府直接干预社会、经济、生活的表现。这与西方一些国家城市郊区化有明显的区别。杰斐逊曾指出，管得最少的政府是最好的政府，这可以说是美国实行自由放任政策的政治哲学基础。在美国城市郊区化的发展过程中，很少受到联邦政府和州政府的直接干预，因而其发展进程基本上是市场经济的产物。（2）通过制度创新作用于城市郊区化进程，促进城市郊区化的发展。对我国来讲，就是改变了过去在计划经济条件下形成的不利于人口和其他经济要素流动的户籍制度、住房制度、土地制度、社会保障制度、行政管理制度等，打破了过去僵化的城乡二元结构，使市场机制发挥配置资源的基础性作用，根据市场准则和经济规律配置生产要素，让各种经济要素和人口能够随比较利益选择自由的流动和集聚，达到有效的组合，促进经济的规模化与高级化，进而推动城市郊区化的进程。同时，通过优化安排一切作用于工业化的具体制度，促进工业化的发展，从而通过工业化间接地作用于城市郊区化。主要包括形成高效率的企业制度，建立良好的投融资体制和民间资本积累与投资的激励机制，以及加快建立规范、公正的财税制度等。因此，在城市郊区化的进程中，相关制度的创新与变革将对城市郊区化的顺利进行起着至关重要的作用。（3）国家宏观发展战略的转变对城市郊区化产生了深远的影响，尤其是各大城市开发区的设立，大大拉动了工业郊区化的进程。随着开发区生活设施的不断完善，开发区的城市功能显现，这对人口居住的吸引力大大增强，开发区逐渐成为人口郊区化的重要区域。

第四章通过对市场力的分析，认为中国城市郊区化是在随着市场经济的初步建立、人民生活水平和工业化水平不断提高、城市交通日益改善等宏观背景下发生的，这是郊区化得以产生、发展的必然基础和内在动力，这一点与西方国家有类似之处。在市场经济体制下，政府、企业和居民以自身的方式参与经济活动、资源配置和城市开发成为可能。政府是以间接的方式参与的；而企业和居民通过市场直接参与，只不过居民是弱势的。在政府与企业和居民的相互作用中，一般表现为后两者尽可能地扩大自身利益的满足，而政府则从社会发展出发，设法使其行动纳入政府认可的秩序中。但城市的发展最终是由企业和居民来实施，市场使城市土地的使用、区位的选择建立在个体决策的基础之上。随着我国一些中心城市规模的不断扩大和城市交通设施的逐步完善，城市内部的向心力和离心力开始发挥作用。这种向心力和离心力是由于不同的土地利用模式对城市区位的竞争而产生的。由于城市交通工具的发展和改进，城市人口和物资的流动加快，使市中心的可达性增强，辐射范围扩大，市中心成为商家必争之地，于是市中心的地价飞涨，产生级差地租。由于不同产业单位面积的产出率不同，其支付地租的能力也不同。同时，不同的产业对于城市区位的要求也不同，如商业、服务业等第三产业要面向大众，具有较强的向心性，所以在区位选择上倾向于中心区位。而第二产业占地很大，支付地租的能力较差，于是在市场的自由竞争下,使许多工业企业从市中心迁移到城市郊区。同时,税收政策也是工业郊区化的一个重要推动因素。在我国设立的开放区内的企业,往往比在其他城市区域的企业能享受更加优惠的税收政策,因而在吸引大量外资进入的同时,也吸引了大量的城市其他区域的企业的进入和投资。在工业企业初步向郊区迁移的同时,城市中心的居民由于就业的需要,开始了郊迁,形成了人口郊区化的一轮浪潮。尤为重要的是,随着居民收入的增加,轿车开始大量进入家庭,方便的出行为居住郊区化提供了可能。技术发展因素——新的交通设施和通信设施使郊迁的缺点大幅下降,从而消除了郊迁的顾虑,鼓励了郊区化。可见,企业的自由迁移、居民的自主区位选择等,其实质是市场作用的结果,即市场力的拉动。

  第五章是关于自然力的分析。经济活动的一个基本特性就是,从环境中提取物质,在生产和消费中转化物质,以及最终向环境还原物质。无论城市郊区化发展的途径如何,其根本发展动力都出自于人类的需要,而发展的最终归宿也是能满足这种需要。对土地和适宜环境的需求,如同其他物品一样,渴望是随着相对价格和收入的变化而变化。如,随着收入的增加,对户外闲暇的需求增加,且希望居住在更加适宜的、服务设施齐全的环境中。于是,迁移作为对区位相对固定的适宜环境的需求变化的结果而出现。基于这样的分析,区域间土地、环境质量的差异会随着时间的推移导致区域间的资源流动和区域间的政策竞争。居民将会离开那些忽视土地、环境保护和允许污染企业迁入的地区。另一方面,那些极大地提高了环境氛围的区域则会吸引更多的居民。在短期,具有相同的人均环境收入偏好的人会把自己聚集在该区域的一种空间范围内。但土地、环境等资源供给往往是缺乏弹性的。为了可持续发展的需要,利益主体对利益的追求应受制于自然禀赋,这是靠社会发展自身很难改变的一种力量。如土地可供量、环境等是郊区化的动力机制体系中一个不可或缺的重要组成部分。在土地、环境资源有限定的前提下，如果想要维持共享的土地、环境资源的质量，人们就得把土地、环境资源的利用水平控制到其吸收能力以下，或者在以后通过私人或公共部门的活动提高土地、环境质量。传统的研究方法是把它限定为一个外部性问题，就是社会部分地或全部地纠正由于外部性而引起的分配不公的多种可能机制。但是经济分析仍然强调通过价格体系来操纵的政策手段的重要性。因为它们会产生在空间上分布不均的经济租金。如环境资源的租金可以通过不同的形式获得：家庭的非货币化收入（福利设施）或成本节约（较低的保健成本）；在环境质量成为某个特定趣味的特性市的土地价值；商业企业的成本节约（由于受家庭受益而形成的低工资，清洁物质和处理废物的低成本，例如对水的处理）。因为优越的环境质量带来的收入具有较高的弹性，生产要素由于要素收入或环境质量的差异，随着时间的推移在区域之间进行流动。更进一步讲，高收入的大都市区域的居民往往把自然状态的、居住分散的、适于修养的较高的环境质量，看成有弹性的消费物品。因而，一个公认的具有很好的服务设施的郊区，人口的净迁入，会随着人均实际收入的增加而上升。

在我国，对自然力的认识经历了一个复杂的过程。从"人定胜天"的荒谬，不顾土地、环境可承载力的过度索取，到先发展、后治理的被动保护，再到人与自然、社会的协调发展。这其中包含着对自然力的否定、不适应到自觉遵照自然力的约束三个不同的阶段。表现在城市郊区化的发展上，我国也经历了一个从无序到有序，从无规划到有规划，从"拍脑袋"的任意向按照城市发展的客观规律的转变。

第六章提出一些促进郊区可持续发展的政策措施，并根据本研究的一些基本结论对政策的有效性进行讨论。

第七章是对本研究的基本总结，并提出本研究的不足之处以及未来的研究方向和内容。

二、研究框架

本研究的具体结构框架见图 1.1。

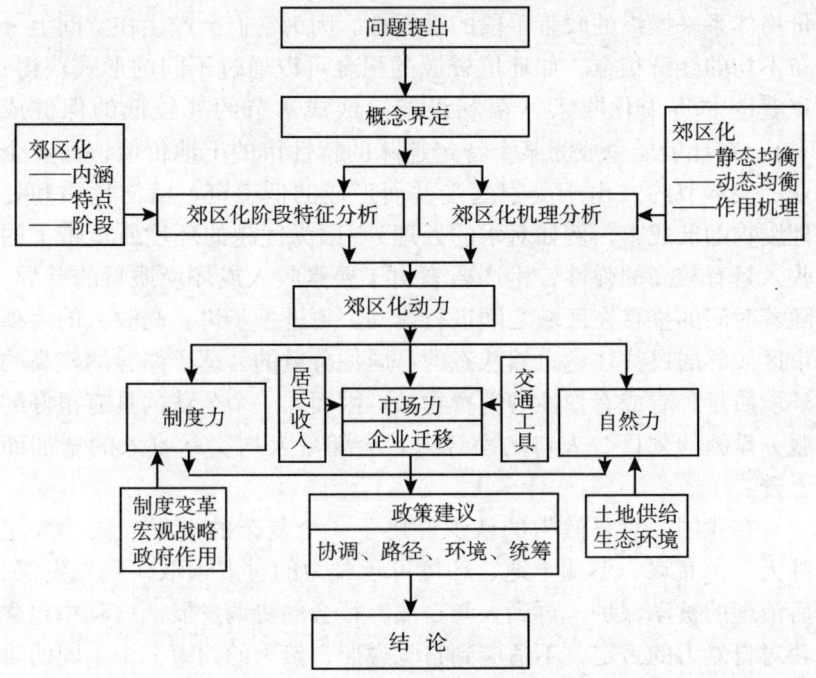

图 1.1 本书研究结构框架

第二章　中国城市郊区化的分析框架

第一节　主要概念界定

一、城市化

"城市化"一词来自英语 urbanization，也有人把它译为都市化、城镇化。对于城市化的内涵、概念界定，由于学科不同，研究角度不同，学术界的认识并不一致，至今也没有形成统一的看法。

关于城市化的定义，学术界众说纷纭、莫衷一是，不同的学科从各自的角度和侧重点出发有着不同的理解。如：人口学者从人口结构变化的角度，认为城市化是农村人口转变为城市人口的过程，或者是农业人口转变为非农业人口的过程；地理学者从地域空间结构变化的角度，认为城市化是农村地区转变为城市地区的过程；社会学者从生活方式变迁的角度，认为城市化是由农村生活方式转变为城市生活方式的过程；经济学者则从经济资源、产业区域聚集的角度，认为城市化是由农村自然经济转化为城市社会化大生产的过程。

综观各学科对城市化的不同理解，概括起来主要有以下几种代

表性的观点:①

(一)"人口城市化"观点

这种观点将城市化定义为农村人口转化为城市(镇)人口或农业人口转化为非农业人口的过程。埃尔德里奇(H. Eldridge)认为"人口的集中过程就是城市化的全部含义"。克拉克(C. G. Clark)则将城市化视为"第一产业人口不断减少,第二、三产业人口不断增加的过程"。诺贝尔经济学奖得主库兹涅茨将城市化定义为:"城市和乡村之间的人口分布方式的变化,即城市化的进程。"② 美国学者沃纳·赫希③在《城市经济学》中下的定义:"城市化是指从以人口稀疏并相当均匀遍布空间、劳动强度很大且个人分散为特征的农村经济,转变成为具有基本对立特征的城市经济的变化过程。"很显然,沃纳·赫希把城市化理解为农村人口向城市转移的过程或城市人口在总人口中的比重不断扩大的过程。

国内也有很多学者持人口城市化的观点,如杨重光、刘维新认为,④ 城市化是指农村人口转变为城市人口的过程,或者说是人口向城市集中的过程。郭书田、刘纯彬等认为,⑤ 城市化通常是指,人口向城市或城市化地带集中,即农业人口向非农业人口、乡村人口向非乡村人口的集中。这种集中既表现为城镇数量的增加,也表现为城镇人口规模的不断扩充。城市化的标志是城镇人口占总人口的比重。蔡孝箴认为,⑥ 城市化是指随着工业化的发展和科学技术的革命,乡村的人口、劳动力和非农经济活动不断地进行空间上的集聚而逐步地转化为城市的经济要素。

---

① 蔡俊豪、陈兴渝:《城市化本质含义的再认识》,载于《城市发展研究》1999年第5期,第22~25页。
② 库兹涅茨:《现代经济增长》,北京经济学院出版社1989年版。
③ 沃纳·赫希,刘世庆等译:《城市经济学》,中国社会科学出版社1990年版。
④ 杨重光、刘维新:《社会主义城市经济学》,中国财政经济出版社1986年版。
⑤ 郭书田、刘纯彬:《失衡的中国》,河北人民出版社1990年版。
⑥ 蔡孝箴:《社会主义城市经济学》,南开大学出版社1988年版。

(二)"乡村城市化"观点

这种观点强调乡村与城市(镇)的对立和差距,认为城市化就是变传统落后的乡村社会为现代先进的城市(镇)社会的自然历史过程。沃思(L. Wirth)认为"城市化意味着农村的生活方式向城市生活方式转变的全过程"。美国新版的《世界城市》一书中认为,城市化是一个过程,包括两个方面的变化:其一是人口从乡村向城市运动,并在都市中从事非农业工作;其二是乡村生活方式向城市生活方式的转变,这包括价值观、态度和行为等方面。第一方面强调人口的密度和经济职能,第二方面强调社会、心理和行为因素,实质上这两方面是互动的。[①] 日本学者山田浩之认为,城市化的内容可分为两个方面:一个是在经济基础领域的城市化现象;另一个是在社会文化过程中的城市化现象,即城市生活的深化和扩大。[②] 前者即我们通常所说的农村人口向城市转移及由此带来的城市人口比重增加的过程,后者是指社会关系变化的过程,即城乡社会关系的格局由农村为主体的社会转变为以城市为主体的社会的过程。

国内持这一观点的学者很多。如,高佩义认为,[③] 城市化是一个改变落后的乡村社会为先进的城市社会的自然历史过程;谢文惠、邓卫认为,[④] 城市化是社会生产力的变革所引起的人类生产方式、生活方式和居住方式改变的过程。

(三)"多维"观点

也有很多学者认为城市化具有多维的本质,单纯从某一方面难

[①] 张贡生:《学术界关于城市化问题的研究综述》,载于《兰州商学院学报》2003年第2期,第19~26页。
[②] 杜文贞:《城市经济学》,中国经济出版社1987年版。
[③] 高佩义:《中外城市化比较研究》,南开大学出版社1991年版。
[④] 谢文惠、邓卫:《城市经济学》,清华大学出版社1996年版。

以把握城市化的真正内涵，正如美国学者弗里德曼（J. Friedmann）这样批评，就像"盲人摸象"，不同的城市学家都会抓住城市化的某一个特征并且宣称是正确的且是唯一的。① 弗里德曼因此也说城市是一个社会的小宇宙，必然是一个展示着物质的、社会的、体制的、人口的以及社会的诸多特征的多维现象。关于城市化具有多维本质这样一个共识也就形成了。

弗里德曼将城市化过程分为城市化Ⅰ和城市化Ⅱ。前者包括人口和非农业活动在规模不同的城市环境中的地域集中过程，非城市型景观转化为城市型景观的地域推进过程；后者包括城市文化、城市生活方式和价值观在农村的地域扩散过程。② 因此，城市化Ⅰ是可见的、物化了的或实体性的城市化过程，城市化Ⅱ是抽象的、意识或精神上的城市化过程。

R·罗西这样给城市化下定义：城市化是城市中心对农村腹地影响的传播过程；是全社会人口逐步接受城市文化的过程；是人口集中的过程，包括集中点的增加和集中点的扩大；是城市人口占全社会人口比例的提高过程。③

侯蕊玲认为，④ 城市化过程既是一个经济发展、经济结构和产业结构演变的过程，又是一个社会进步、社会制度变迁以及观念形成变革的持续发展过程。

笔者认为，城市化是由社会生产力的变革所引起的人类生产方式、生活方式和居住方式发生变迁的自然的历史过程，城市化是一个具有丰富内涵的概念，仅从任何一个侧面都不能准确地反映城市化的本质，因此必须从多维角度来揭示其本质，从动态的、全面的、综合的角度去诠释。

---

① 王红扬：《对新时代背景下中国城市化研究方法的思考》，载于《城市规划》2000年第6期。
② 许学强等：《城市地理学》，高等教育出版社1997年版。
③ 王放：《中国城市化与可持续发展》，科学出版社2000年版。
④ 侯蕊玲：《城市化的历史回顾与未来发展》，载于《云南社会科学》1999年第2期，第56页。

1. 城市化是乡村人口向城市集中的过程。这一过程是城市化进程"量"的增加过程，是城市化的初级阶段。其结果是导致城市人口不断地膨胀、城市数量不断地增加、城市用地规模不断地扩张。

2. 城市化是产业结构城市化的过程。这一过程不仅仅是城市化进程"量"的增加过程，更重要的是城市化进程"质"的提高过程。随着乡村人口向城市的集中，使得原来从事传统的、低效的、第一产业的劳动者转向从事第二、三产业，产业结构逐步升级，城市经济不断发展。同时城市的运营机制、管理手段、服务设施、环境条件不断得到提高与改善。

3. 城市化发展的高级阶段是使生活方式、文明程度城市化。与乡村生活方式相比，城市化生活最突出的特点是生活现代化和服务社会化水平较高，生活更加舒适、便利，快节奏、高效率，文化娱乐活动丰富，对外联络紧密，并且拥有较高的消费和较多的社会福利保障。在城市化进程中，进入城市的人口慢慢接受、学习城市生活方式，同时，是城市影响的扩散使得周围乡村生活方式改变的过程。随着人们生活方式的城市化，城市文明也会逐步向乡村扩散，使人们的素质逐渐提高，实现文明程度城市化。

4. 城市化的终极目标是实现城市现代化、乡村一体化。这是城市化的高级阶段。在实现高度发达的城市社会的同时，消除城乡二元结构，实现城乡一体化。

二、郊 区

（一）国外对郊区的界定

概念是任何一种学科研究的基石，概念上的细微差异都会导致迥然不同的结论。西方郊区化研究的郊区定义是争论的焦点之一。大家之所以对郊区的概念出现分歧，一是各个学科的视角不同，二是在于郊区常呈现出多样性、复杂性和不确定性。①

从郊区与中心城市的空间位置方面来进行界定。新韦伯斯特学院辞典的定义是:"处于城市通勤范围内的小社区"。《中国大百科全书》对郊区的定义是:城市市区以外,市界以内的环状地区。②肯尼思·杰克逊认为,"郊区是一种居民社区,是散布于城墙以外的居民点和商业点,其历史与人类文明一样古老,是古代、中世纪和近代早期传统城市的重要组成部分。"③ 历史上曾一度广泛使用的郊区概念是:"近邻城市、依赖城市,但与城市有一定距离的社区"。即郊区在空间形态上与中心市分离,但是在就业上、生活上依赖城市。该定义强调了郊区在经济上对中心市的依赖,并且指出了郊区与中心市行政上的分离,郊区超出了中心市的界限。这个定义符合19世纪和20世纪早期的郊区实际。

从郊区的法律地位上来界定。比如《美国大百科全书》对郊区的定义是:郊区是指某个大城市附近、拥有或者没有法人地位的、并且已经城市化或部分城市化的地区,这一地区与大城市拥有密切的社会和经济联系,但它与该大城市在政治上却是分立的。④美国政府管理和预算署对郊区的定义客观上是对上面定义的简化,即"都市区内,中心市以外的区域,统称为郊区"。美国许多学者采用这一概念。

从郊区的政治、经济、地理、生活方式等综合因素来界定。库尔茨(R. A. Kurtz)和艾彻(J. B. Eicher)认为,郊区是"法定城市界限以外、拥有连续的非农业居住用地模式的地方。其居民主要从事城市产业,而且大多在中心城市就业。该地区也许拥有法人地位也许没有这种地位,这一点要依照所考察的郊区的类型而定。然

---

① 孙群郎:《美国城市郊区化研究》,商务印书馆2005年版。
② 《中国大百科全书(地理学)》,大百科全书出版社1990年版,第244页。
③ Kenneth T. Jackson, Crabgrass Frontier. 13.
④ The Encyclopedia Americana, international edition, Americana Corporation, 1980, 25: 829.

而，即使在没有法人资格的郊区也拥有某些市政服务设施；这是应该有不动产利益集团承担的一种责任。人口的增长可能发生在边沿地带，人口密度介于城市和外围地区之间。"① 奥尔特·T·马丁（Walter T. Martin）对郊区特征进行了最全面的概括，他将郊区特征分为本质性和派生性特征。本质性特征主要有：（1）生态位。郊区比城市社区距市中心更远，而比周围农村社区较近，它们处于中心城的界限以外，但在必要的商品和服务方面却对中心城有很大的依赖性。（2）通勤。郊区居民一般要通勤到中心城或其他地方就业。那些邻近大城市却能为当地居民和其他人口提供就业的社区，则被称为卫星城。（3）规模与密度。关于这点特征，并不像前两者那样重要，但一般而言，郊区规模较小且密度较低。（4）关于郊区的派生性特征，马丁将其归结为四点。一是人口特征，由年轻夫妇和子女组成的核心家庭占主导地位，未成家的单身个人比例较低。二是社会经济特征，郊区人口多为中产阶级。三是社会心理特征，郊区居民对居住环境和邻里活动一般有共同的态度和价值观念。四是同质性特征，郊区居民在种族、民族、阶级、年龄等方面具有相似性。②

（二）中国城市郊区的边界和概念

在中国研究郊区化一定要对样本城市划分中心区、近郊区和远郊区，这是因为西方的"city"和中国的"城市"在地域上有着明显的差别。中国城市的行政地域远远大于城市的实体地域，而西方城市的实体地域却远远大于城市的行政地域。以美国为例，美国的城市实体地域即相当于城市建成区的"城市化地区"（urbanizedarea），它由两部分组成，其核心是 central city/cities（中心市），其外围叫 urban fringe（外围密集居住区），合起来包含了若干个行政上的

---

① William M. Dobriner, The Suburban Community, New York: G. P. Putnnam's Sons, 1958: 97-103.
② Dsvid. C. Thoms: Suburbia. 32.

city（or town，towmship），在空间尺度上远远大于城市的行政地域。比 urbanized area 尺度再大的城市地域概念是城市的功能地域 MA（都市区）。西方的郊区化概念就是站在中心市观察人口和其他要素向外围密集居住区和都市区的离心迁移。[①]

另外，我国缺少与西方国家中心区相对应的稳定的地域概念。在 20 世纪 70 年代以前，我国许多城市将城市划分市区和郊区，市区又划分为多个行政区，同时又单独划分出郊区，郊区作为一种行政区域概念，如有"郊区区政府"的设置。20 世纪 70 年代后期到 80 年代城市化步伐加快，城市数量增加，城市管辖区域也随之扩大。在全国许多地区实行市管县的体制，大量的县撤县建市，这样就出现了新的情况，原来郊区的行政区概念不再存在，在空间范围上出现了多个层次的概念，即"市域"、"市区"、"建成区"、"中心城区"、"中心市区"等。市域是指城市行政上所管辖的区域，市区是指实际的城市区域，包括城市郊区和建成区，但不包括所辖的外围县、乡。近年来我国频繁的城市行政区划调整，不少城市的"区"的划分已经打乱了原来的中心区、近郊区和远郊区的圈层结构，变成了"瓜分式"结构。因此，一些研究者对郊区的界限划分便产生了争议。如周一星认为，城市中心区的划分可与当地人们概念里的旧城区，或解放前夕的城市建成区，或原城墙加关厢以及解放前夕建成区，或原城墙包围的地域相当为好，[②] 中心区以外一定范围则为郊区。而张晓鸣则认为，与城市存在紧密功能联系的城市实体地域之外的周边地域，就是城市的郊区。[③]

科学的郊区定义，应该依据中国的实际情况和发展状况，并能做到与国外的郊区具有可比性。应该肯定的是，随着城市的发展，

[①] 周一星：《就城市郊区化的几个问题与张晓鸣讨论》，载于《现代城市研究》2004 年第 6 期，第 22 页。
[②] 周一星：《沿海城市密集地区经济人口聚集和扩散的机制和调控研究》（2000）。
[③] 张晓鸣：《从区域的角度来理解城市郊区化》，载于《现代城市研究》2003 年第 5 期，第 6 页。

城市的辐射源会逐渐扩大。但这并不妨碍确定城市中心区,因为城市中心区是研究中的一个地域概念,即为了方便研究而建立起来的,它不会也无法妨碍城市的发展和其他各种相关研究的进行,但只有稳定的中心区概念,才能对未来城市要素从中心区向外的离心扩散进行跟踪研究。同时应该引起注意的是,中心区的概念并不是随意确定的,它与城市老城区范围有极高的吻合性。其实,每个行政意义上的中国城市都具有自己的原始建成区——中心区,这一部分与当地人们概念里的旧城区,即1978年改革开放前的城市建成区相当。在这个范围内,城市景观明显,居民绝大多数从事非农行业。在它之外的周边地域(可能在城市行政地域之内,也可能在其外),田园景观明显(当然,可能也分布有一些为城市服务的设施),居民绝大多数从事农业。在这些周边地域中,有一部分位于城市功能范围之内,而且在社会、经济方面与城市实体联系密切,或者依赖于城市实体或者为它服务。因此,笔者认为,郊区是与市区相对的概念,是指附属于城市、在城市中心区以外与城市有密切经济功能联系的地区。

三、郊区化

郊区化一般被认为起源于20世纪初期的欧洲;郊区化与城市化的进展相适应,首先在欧洲南部和英国大都市的近郊,城市的因素不断增加,农村的因素逐渐衰减。其后,郊区化浪潮席卷美国,日益突出;郊区化生活成为美国城市文化的基本特征。20世纪70年代,这一趋势在日本出现,随着日本经济进入高速发展时期,城市人口急剧增加的住宅需求压力使得居住用地向郊区扩展。近年来,许多发展中国家的大城市也出现了郊区化现象。

对于郊区化的概念,国内外学者有着不同的理解,主要有以下几种观点。

（一）城市由内向外的离心运动

石忆邵（2003）将郊区化定义为人口、就业岗位和服务业从大城市中心向郊区迁移的一种离心分散化过程。[①] 周一星（1996）认为，郊区化是指人口、就业岗位和服务业在大城市由内向外迁移的一种分散化过程。[②] 顾朝林认为，郊区化是由于中心区地租昂贵、人口稠密、交通拥挤、环境恶劣，形成巨大的推动力，促使市中心人口、就业岗位和服务业形成相对中心区而言的城市离心化现象。[③] 以上各种观点基本上都把郊区化看作是一种城市中心区资源和城市功能向郊区的迁移和分散。首先，上述观点均将郊区化置于城市空间发展集中与分散相互对立的背景中，着力强调郊区化"离心"、"分散"的特征，掩盖了中国很多城市的集中化发展阶段与郊区化发展同时存在的事实，不利于对中国城市发展阶段的正确认识；其次，上述描述均以"分散"为视角，视郊区为被动的容纳者。

（二）等同于郊区城市化

《中国大百科全书·地理学》对郊区化的定义是：郊区化就是郊区的城市化，主要发生在特大城市周围，城乡交错地带的土地利用性质发生了变化，一般经历农作物的商品化、劳动力的商品化和土地的商品化三个阶段，有时可形成卫星城镇。[④]

对这种观点，有些学者认为郊区城市化和郊区化是两种不同的过程，考察它们的立足点不同，不能混淆。"郊区城镇化"泛指城市郊区的乡村地域向城镇地域转化的过程，这种郊区发展可以包括

[①] 石忆邵：《上海郊区城市化问题研究》，载于《财经研究》2003年第3期，第37页。
[②] 周一星、孟延春：《中国大城市的郊区化趋势》，载于《城市规划汇刊》1998年第3期，第22页。
[③] 顾朝林等：《聚集与扩散——城市空间结构新论》，东南大学出版社2000年版，第139页。
[④] 《中国大百科全书·地理学》，中国大百科全书出版社1990年版，第37页。

来自向心的、离心的以及本乡、本土的各种力量；而郊区化的实质则是人口与经济要素由城市中心向郊区的离心扩散，它构成郊区发展中来自城市内部的离心力量。人们在研究这两种过程时的立足点和重点也是不同的。郊区化是站在城市中心，考察由内向外的扩散力量；郊区城镇化是站在郊区，考察各种力量在郊区集聚所导致的发展。它们分别代表了离心扩散和向心集聚两种城镇化力量。郊区化只是城镇化总进程中的一个阶段，即城市由高密度集中向低密度扩张转变的阶段。①

（三）城市离心扩散和向心增长相互作用的结果

日本的《地理学辞典》中对郊区化这样定义：郊区化是城市周围的农村地域，受到城市膨胀的影响，向城市性因素和农村性因素相互混合的近郊地域变化的过程。这个定义包含了两方面的内涵：市中心区和建成区的住宅、工厂、学校和办公楼等外迁以及农地的住宅用地转化为景观上的郊区化，向中心区的通勤者增加和购物的发生变化等为功能上的郊区化。这种郊区化的定义属于广义的郊区化，和狭义的郊区化不同，狭义的郊区化认为中心城市会出现衰退。柴彦威采用上述郊区化定义，指出郊区化的指标主要有人口、土地利用、城市性功能和农村性功能因素四个方面。从人口方面讲，郊区化就是城市周围的农村地区人口的增加和人口密度的提高，从事第二和第三产业的人口数量和比率的上升以及第一产业人口数量和比率的下降等；从土地利用模式来看，郊区化作为农村土地利用模式向城市土地利用模式转换的结果，表现为农地和山林的减少和居住地的增加；从城市性因素的增强来看，郊区化主要表现为郊区住宅建设，工厂、学校、通勤者、商店和服务网点的增加，交通流量的增大和地价的上涨等；从农村性功能因素的衰退来看，

---

① 周一星：《北京的郊区化及其对策》，科学出版社 2000 年版，第 34 页。

郊区化则是农家和农地减少、兼业农家比率增加、农家解体和外移等。①

吴国兵认为上述广义郊区化包括两个含义：一个含义是，它是广义城市化的一部分，是城市离心扩散的结果，可理解为"城市的郊区化"，是城市离心扩散的结果；另一含义是"郊区的城市"，即郊区转化为城市地区，包括农业用地向非农业用地转化，纯农户向兼农户或非农户转化，农村经济由以第一产业为主向以第二、第三产业为主转化，农村生活方式向城市生活方式转化，它是城市向心增长的结果。并且认为这种不考虑中心区是否衰退的城市化与西方发达国家的郊区化有显著区别，可以称之为中国特色的城市郊区化。②

笔者认为，城市郊区化是一个复杂的过程，引力和斥力并存，集聚与扩散交融。城市郊区化是在城市规模扩张过程中，出现的一种人口、产业由城市中心区向郊区转移、集聚的过程。从表象上看，郊区化是一种分散化趋势，但若以"集中"为视角，其实质则是一种在分散背景下的小地域（郊区）再集聚现象。从空间结构变化角度来看，城市郊区化实质上是城市土地利用结构的一种变动，是随着城市的扩张，城市用地（如商务用地、工业用地、住宅用地等）逐渐由原来的城市中心区向郊区转移的一种过程。

第二节 中国城市郊区化的特征及阶段

在研究城市郊区化问题时，不少学者注意到了中国与西方发达国家的显著差异，甚至有学者提出了"中国特色的城市郊区化"概念。这主要是由于中国城市郊区边界的不确定性、诱导因素、动

---

① 柴彦威：《郊区化及其研究》，载于《经济地理》1995 年第 2 期，第 48 页。
② 吴国兵：《中外城市郊区化的比较》，载于《城市问题》1999 年第 6 期，第 39～42 页。

力机制、发展阶段与西方国家存在明显区别。下面将分别展开论述。

一、中国城市郊区化的特点

中外城市郊区化都是随着生产力水平的提高、人民生活逐步富裕，出现改善居住条件、离心迁移的要求，而城市交通改善、政府政策导向又拉动了这一过程。但相对于发达国家的郊区化，中国城市郊区化具有自己的特色，主要表现为：被动性，基础差，双向性，步伐快。

（一）被动性

郊区化在西方是一个自发的过程，而在我国主要是在政府的强制推动下，有组织的、被动的过程和行为。

首先，发展空间的设定。我国郊区化的发展空间、路径都由政府设定，如城市中心的区居民往哪里迁，企业往哪里迁，迁移的规模和时间都有严格的限定。在空间迁移的过程中，迁移主体本身很难作出自由的选择。

上海市第五次人口普查的10%抽样调查显示，1995~2000年上海市迁居人口的迁移原因主要包括拆迁搬家、随迁家属、学习培训、务工经商、婚姻迁入等，各种迁居原因的迁居人口所占比例如图2.1所示。在各种迁移原因中，拆迁搬家是上海市在此期间最主要的迁移原因，并且由于拆迁所带来的随迁家属也占有相当部分的比重。而拆迁地段主要分布在城市的中心城区，拆迁出去的居民很大一部分迁往城市边缘区及近郊区，由此可以看出，上海市市内人口迁移已经逐渐活跃起来，并且郊迁在市内人口迁移中占有重要地位，造成上海市人口大规模郊迁的一大原因是拆迁搬家。这主要是由于上海市旧区改造促使居民的被动式郊迁。

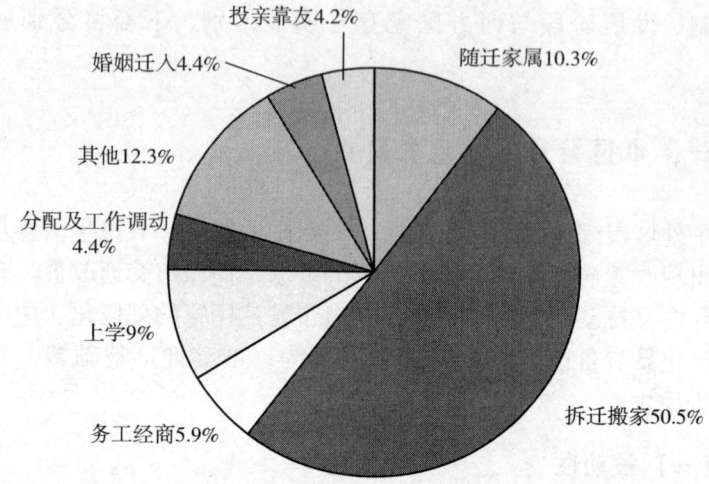

图 2.1 1995~2000 年上海市迁居人口的迁居原因
资料来源：上海市人口普查办公室、上海市统计局的《上海人口发展报告（2001）》。

其次，制度革新的强制推动。中国城市郊区化是城市排斥力对城市中心区的人口、产业等要素作用的结果。城市排斥力产生于以旧城区人口疏散、经济社会结构调整、实施更新、环境改善等为主要内容的旧城改造活动。具体而言，人口郊区化的动力主要是城市住房制度改革与老城区的大规模危旧房改造，人口外迁的主要去向为近郊区。20世纪80年代的城市工业郊区化，表现出限制城市规模扩张的一种直接后果。即在市区范围内不再安排大中型新建项目，而把那些用地大、运量大、工业"三废"较严重的新建、迁建项目安排到小城镇去。这主要表现为两种情况：一是以污染扰民企业的搬迁为主，它们往往是被城市环境要求的压力所迫而外迁；二是以经济结构调整、城市产业布局调整为目的的企业外迁。大量位于城市中心区的工业、仓库用地被收益率更高的商业、贸易、金融、保险、写字楼等第三产业所替代。虽然这种策略并未能阻挡城市规模扩张及工业的集聚发展，但还是对市区工业的疏散起到一定作用。[①] 由于工业外迁,北京市中心区的工业产值比重逐年下降(见表2.1),[②] 1987~1995年市区工业用地比重下降了近4个百分点。表明市区工业扩张速度趋缓。北京建成区的主体部分,包括了中心区和部分近郊区,城市建设用地已相当饱满,在总体用地数量一定的情况下,工业用地比重的下降也就意味着工业用地面积的减少。所以,即使着眼于大于中心区的范围(四环以内),也能表明近年北京工业郊区化已达到较大的发展幅度。

表2.1　　　　　北京工业企业产值和用地变化情况　　　　　　%

时间	市区工业产值占全市的比重	市区工业用地占全市的比重
1978年	70.01	42.40
1987年	72.06	47.34
1989年	68.88	45.20
1995年	64.61	43.63
1978~1987年增长情况	1.05	4.94
1987~1995年增长情况	-7.39	-3.71

资料来源:于彤舟的《北京工业结构与用地布局调整之我见》,载于《北京规划建设》1999年第3期。

(二) 基础差

我国郊区化是在经济发展水平较低基础之上的郊区化。虽然郊区化的发生与经济发展密切相关,但我国郊区化的社会经济基础远不及西方。西方开始郊区化的时候,城市化水平就已经很高,经济已经发展到相当高的水平,市场经济日臻成熟。而我国的城市底子薄、基础差,市场经济不完善,城市化水平低。

[①] 冯健:《杭州城市工业的空间扩散与郊区化研究》,载于《城市规划汇刊》2002年第2期,第42页。
[②] 于彤舟:《北京工业结构与用地布局调整之我见》,载于《北京规划建设》1999年第3期,第48页。

我国1982年的城镇化水平为20.8%，1990年为26.2%，2001年为37.7%。而美国20世纪50年代的城市化水平为70%以上，2001年为90%以上。我国最发达的城市上海1993年人均GDP为9 000元，合1 050美元，只相当于美国20世纪40年代的水平（1941年美国人均GDP 934美元）。即使到2003年，上海人均GDP也只有5 000美元。其次是郊区化的水平和程度也远不及西方。[①]西方城市郊区独立性日益增强，最终成为城市新的经济活动集聚的中心，甚至成为郊区核或边缘城市，如美国俄亥俄州的德顿、华盛顿州的斯波堪兰，从而使城市发展成多核心结构。我国城市显然没有达到此水平。

（三）双向性

从宏观总体上看，我国目前大多数城市仍然处于集聚为主的城市化发展阶段，但这并不排除北京、上海、广州、天津等国内大城市郊区化现象的产生，只不过这些城市的郊区化与西方发达国家有所不同，表现为产业和人口的集聚和扩散效应同时并存。

1. 产业发展双向性。

西方国家发展到后工业化社会，城市由集聚发展变为扩散发展，扩散作用强于集聚作用，结果中心市吸引力越来越小，最后出现经济停滞、衰退，即大城市"空心化"或"轮胎化"现象。到20世纪70年代末，郊区已经成为新的主要的产业和就业中心。

我国一些大城市却出现了产业发展双向性现象。一方面，中心区不但没有"空心化"，反而更加繁荣。由于我国城市发展处在集聚发展阶段，中心区仍保持着强大的吸引力，依然是城市经济活动的核心。经过产业结构调整，城市原有的中心区工业特别是劳动密集型、污染较重的工业迁至郊区，而向心性很强的商业、金融业、办公业等第三产业集聚中心区，加强了中心区的城市现代化功能。

---

① 吴国兵：《中外城市郊区化的比较》，载于《城市问题》1999年第6期，第42页。

同时，大量资金投入旧城改造，且推行土地有偿使用制度，城区特别是市中心的各项建设获得了生机。另一方面，由于产业的外迁，以及开发区等的建设，我国城郊地区获得了飞快的发展，出现了一些新的产业带。

2. 人口发展的双向性。

人口的郊区化是郊区化最主要的表现之一。无论西方城市还是我国城市，如果出现了郊区化，则必定都有中心区人口向郊区迁移，郊区人口增多，市中心人口相对或绝对减少的过程。但是，我国人口郊区化明显不同于西方国家而具有自己的特色。

就迁移的人口阶层和目的来看，西方国家最早是富有阶级从城市中心迁移到郊区，在郊区建立别墅。后来，随着交通、通信等的迅速发展，大批中产阶级为追求良好的生活环境也迁移郊区。我国郊区化起始过程中迁移的大多是一般市民和外来流动人口，由于旧房改造、到城市打工等原因，或想增加住宅面积、改善基本的居住环境，但为了减少成本而迁移。

随着我国对人口迁移政策的放松，城市化进程进一步加快，富裕起来的私营企业家和个体工商从业人员从郊区、乡镇和农村迁往大城市，在城区从事工商业活动；为了方便就业和子女上学等原因，他们或聚集在城市的近郊区，如北京的浙江村现象；或迁往中心城区，这部分人主要以富裕阶层为主。从而形成了我国独特的人口双向流动现象。甚至在某些大城市，中心的城市的人口聚集力还非常强大。如南京市从外来人口的总量上来说，从 1990～2000 年，无论是城区还是郊区都有明显的增长。

（四）步伐快

中国城市郊区化从起步到现在只有不到二十年的时间，但伴随着中国经济的迅猛发展，郊区化的发展速度是非常快的。

以北京为例，1990 年以来，北京市的城市空间形态发生了翻天覆地的变化。到 2000 年，北京市区建成区的面积已由 1990 年的

395.4平方公里增加到491平方公里,增加了近百平方公里。城市中心区的范围由原来的老城区(二环以内的旧城及关厢,面积87平方公里)扩展到现在的四环路内外(面积近300平方公里),面积扩展了3倍还多,其范围包括了东城、西城、崇文、宣武四区及朝阳、海淀、丰台三区的部分区域。从1990~2000年,北京近郊区是人口的主要导入区域,也是北京市人口增长的主要承载地。这一期间,近郊区人口增长显著,人口密度迅速提高。2000年近郊区总人口比1990年增加了240万人,年平均增长率为4.2%,高出全市人口年平均增长率1.8个百分点,人口密度的增长幅度也远高于远郊区(见表2.3)。1990年以来的北京城市新建住宅的空间分布表明,北京市新建住宅在空间分布上以近郊区增加为主,而核心区的住宅增长速度明显低于近郊区(见表2.2)。这说明北京市的住宅空间布局(相应地反映了居住用地的空间分布)正在发生深刻的变化,住宅建设的重点已经由中心区转移到近郊区,并沿交通干线呈轴状突出扩展。分析上述数据可以看出,这一时期北京近郊区人口增长显著,承载了约80%的人口增长。[①]根据人口普查表抽样数据,这一时期由市外迁移到本市的人口中,63.6%的人迁移到近郊区,在城区迁移其他区县的人口中,78.4%的人口迁入到近郊区。

其他大城市也出现类似的情况,如上海浦东新区、天津滨海新区的形成,应该说都是我国城市郊区化快速发展的明证。

表2.2　　　　　　北京市新建住宅竣工面积分布情况　　　　　　万平方米

年份 地区	1990	1992	1994	1996	1998	2000
中心区	98.2	129.8	108.1	106.6	141.8	214.5
近郊区	412.5	453.3	543.9	562.8	703.5	864.2
远郊区	62.3	98.1	180.1	201.0	247.8	421.0

资料来源:北京市建委内部资料。

---

① 参见《北京市总体规划(1991~2000)》。

表 2.3　　　　　　　北京城市人口及住房变化情况

地区	总人口/万人		人口密度人/平方公里		人口居住面积平方米（2000年）
	1990年	2000年	1990年	2000年	
全　市	1 081.9	1 356.9	642	805	10.43
中心区	233.7	211.5	26 607	24 079	—
东城区	60.6	53.6	24 543	21 708	14.97
西城区	75.6	70.7	25 194	23 561	16.77
崇文区	41.8	34.6	26 267	21 743	12.86
宣武区	55.7	52.6	32 592	30 778	15.78
近郊区	398.8	638.8	3 101	4 967	—
朝阳区	144.8	229.0	3 077	4 866	21.29
海淀区	144.2	224.0	3 387	5 261	21.40
丰台区	78.9	136.9	2 594	4 501	19.84
石景山区	30.9	48.9	3 639	5 759	17.62

资料来源：第四、五次人口普查资料。

二、中国城市郊区化的阶段划分

我国城市郊区化仅仅走过二十年的时间，但在不同时间阶段呈现出显著的差异特征。

（一）从郊区化的内推力划分

从郊区化的内推力看，中国城市郊区化具体表现为政府强制推动、政策引导、市场主导三个阶段。

1. 政府强制推动阶段。

西方国家的郊区化发生在城市内部结构完全成熟的阶段。已经基本成形的城市地域，逐渐无法承受越来越繁重的居住、工业、商业、服务业等活动对空间的要求时，这些城市的功能就开始向城市之外尚存的非城市中心区域疏散，出现城市的郊区化现象。西方国家城市郊区化是市场选择和市场作用的结果。同西方国家城市郊区化的自然演进过程不同，在中国城市郊区化初期阶段，主要推动力来自于政府，是完全被动式的郊区化。

我国从20世纪50年代起实行了近三十年的计划经济，80年代改革之后，"双轨"并存也十余年。在这个时期，市场经济的初级性非常明显，社会主义国有资产在城市集中和分散等实际条件下都直接造成了我国城市发展的政府推动型模式。所以，我国的城市郊区化起始异于西方的一个重要特征，就是"政府推动"的因素大于"自然演变"的因素，即政府行为在城市郊区化进程中起着关键性的、不可替代的作用。

这主要表现在：

（1）旧城改造的直接推动。在计划经济时期，我国城市居民的住房供应是作为一种福利，通过国家提供这一条途径实现的。由于旧城区中人口稠密、基础条件差等问题，一般地方政府都没有能力独立解决这些问题，造成很多旧城区尽管居住条件恶劣却一直存在。进入20世纪70年代后期至80年代中期，是城市建设的新时期，面对问题成堆的旧城区，政府采取了一系列措施：如对城市现有住房加强维修养护，并新建住宅解决住房紧张问题；同时，在旧城市改造中，搬迁旧区中的居民，改善城市环境，并逐步开展了历史文化名城保护工作，提高城市人均居住面积。

在旧城改造初期，由于住房分配的非市场化，住房产权大多属于国家所有，个人没有选择权。拆迁的强制性是当时旧城改造的显著特征。一是开发商与业主关于拆迁补偿的谈判，往往由于政府的介入，带有极强的行政色彩，而政府本着土地公有的原则，与业主的谈判实际上不是一种平等的对话。一旦有拆迁户因为开发商没有开出足够的补偿条件而拒绝搬迁，拆迁方往往将其冠以"钉子户"之名，并施加压力，强制其拆迁。二是动迁和回迁居民利益未能得到充分保证。区位是房产重要组成部分，不可轻易剥夺。为了保障居民利益，很多城市的旧城改造都要求实现一部分的人口回迁。回迁是指在包含居住功能的开发项目完成以后,将拆迁的居民再回迁到原来所居住的地区,通常是以比较便宜的价格购买该项目的住宅产品。但是在实际开发过程中,往往是因事而异,协商解决。由于当时的大多数郊区生活设施条件不完善,与城市中心区差距较大,考虑到交通费用,带来上下班、上下学的不方便,出现了富人住进旧城,穷人迁往郊区的现象。从实际调查结果来看,动迁户迁到较为偏远的城市边缘地区确实也给居民生活带来了很多不便,并且导致了家庭支出的增加。所以在当时的情况下,居民多数是不愿意由城区迁往城郊的。

(2) 城区企业的强制性搬迁。改革开放以前,我国城市工业空间分布的一个最大特点是中心城区工业密集。过度集中于市中心的工业布局不仅限制了工业企业自身的发展,同时也导致了中心城市环境问题的恶化。再者,这些散布在市中心的工厂企业占据了大量高地价的中心土地,造成土地利用的不经济。为了解决这一问题,从20世纪80年代初,我国结合城市的旧城改造,实施了城市工业空间布局调整。

开始于20世纪80年代的中国城市企业迁移计划,起初是完全计划经济体制下依靠行政干预强制执行的。工业企业的搬迁,是以巨额资金投入为实施前提的。作为中国最大工业城市的上海,投入了上百亿元实施企业布局的调整战略。仅1983年一年内共外迁内环线内企业七百多家,腾出约3平方公里的市中心土地专用于第三产业发展。大约一半的企业在郊区重新投资建设,其中约10%集中在新的工业区内。

2. 政策引导阶段。

1992~2000年是社会主义市场经济体制的确立和完善推动城市化发展的阶段。以1992年春天邓小平"南巡"谈话和当年10月中共召开十四大为标志,我国进入了全面建立社会主义市场经济体制的时期。市场经济体制的建立激发了原本压抑在经济体内部的创造力,使中国经济开始了新一轮的高速增长,全国各地经济建设的热情高涨。

产业结构转换中的工业企业外迁。20 世纪 90 年代中期以来，我国城市逐步实行土地有偿使用制度。城市土地实行有偿使用，加速了城市中心区的产业结构转换。由于城市中心区地价最高，单位土地面积产出率高，能够支付较高地价与地租的商业、服务业等逐步占领城市中心区，而单位土地面积产出率低的工业企业，不能够承受中心区高地价与地租，只好退出城市中心区，迁到地价较低的近郊区甚至远郊区。土地有偿使用使企业区位发生重组，商业、服务业等第三产业向城市中心区集聚，工业向郊区迁移，促进了工业郊区化。开发区是这一时期经济建设的主要形式。为加快工业企业的外迁过程，上海市政府实行了级差地租政策。中心城区的企业将由于不同区位的地价差而获得丰厚的经济收益。同时，置换出来的土地也为第三产业提供了发展空间。据统计，1992～1998 年，内环线内有 713 户工业企业、891 户工业企业生产点被调整疏散。于是，新的工业空间分布格局出现。以工业生产总值为指标，1984 年，上海名列前五位的均在中心城区，而到了 1996 年，中心城区的工业经济地位明显落在了周边郊县之后。由此，城区工业开始向城市外围梯度转移，随之也在上海市郊区形成了一系列以工业区为主的新工业空间。

开发区作为中国对外开放整体格局、梯度开放的重要组成部分，首先表现在实行某些特殊政策上，即创造仿真的国际投资环境，既可以建起连接中国市场和世界市场的纽带和桥梁，又可以在开发区进行市场经济的超前性改革，在体制上率先与世界接轨，通过它们示范全国、带动区域乃至全国的经济发展。开发区是经济特区政策在沿海开放城市的延伸和发展，与其他开放性区域相比较，更突出了一个"带"字：开发区作为中国政府重点支持发展的区域，是吸收外商投资最集中的区域，是经济发展最快的区域，是资金密集型企业和高新技术产业占主导地位的区域，是发展潜力大、区位优势明显的区域。因此，开发区在发挥"窗口"、"先行区"、

"试验田"功能的基础上，更侧重对所在城市和区域发挥示范、带动与辐射作用。为了吸引外资和人才，各地开发区相继出台了各种优惠政策和条件，政府也在金融、税收等方面给予大力扶持。在各种因素的合力下，开发区快速发展，不但吸引了大量的投资，而且吸引、容纳了大批流动人员。

这时期的开发区建设基本上是以城市基础设施和房地产开发起步的，它的实质是在原有城市周围建设新城区或对旧城区进行更新改造。这一时期的城市建设呈现出原有城市改造、开发区建设和建立国际大都市并行的趋势。在这个阶段，从运行机制看，城市郊区化受市场机制和政府政策力量的双重驱动，前者的影响力开始显现。

3. 市场主导阶段。

依据城市郊区化发展的一般规律，从中国的实际国情出发，我国未来的城市郊区化是向市场主导型发展。

所谓市场主导是指以社会、经济的可持续发展为基本宗旨，充分发挥市场机制在人口迁移、产业集聚、城市内部结构调整和外部扩张、城市之间的竞争与协调，以及城乡关系调整等方面的基础性和主导性作用，通过多种具体方式推进城市郊区化的进程。

从理论上说，城市郊区化不仅仅是城市社区结构的一场变革，也是社会经济资源由低效率向高效率的转变过程，其实质是资源的优化配置。在市场经济条件下，市场机制是资源配置的基础，是促进要素资源发挥最大潜能的基础性机制。市场机制直接推动城市郊区化的进程，是城市郊区化的直接动力与内生变量。具体表现在：

市场机制能够顺利、快速实现城市郊区化所需的要素流动和整合。城市郊区化的快速推进需要微观主体没有任何的人身、土地或政治依附关系存在，自主地决定自己的经济活动和迁移。高度集中的计划经济，存在种种人身依附关系，阻碍着人口和经济的流动，也就阻碍着城市郊区化的快速推进。市场经济创造了人口自由流动的制度，完善了劳动力市场，摒弃了各种劳动力的阻碍性制度，并通过利益机制促进人口向效益比较高的地方流动。与此同时，带来了庞大的资金、商品、信息在城市与郊区、郊区与农村间的双向流动。市场机制通过对要素的聚集、扩散、分异和组合，无声无息地、轻而易举地解决了城市郊区化所需的要素整合。

市场机制是选择空间区位的最佳机制。在市场机制的引导下，只有把竞争机制引入经济活动的空间区位选择中，才能充分发挥城市的效能和潜力，在竞争中最大限度地使各种空间区位与最适宜的经济活动结合，并通过经济活动促进地区的发展和城市的繁荣，进而推进城市的发展。

市场体制天然的具有信息优势。在市场经济中，各种决策分别由当事人自己分散作出，处在某一特定位置针对某一具体问题的决策者只需考虑很有限的信息，而当事人或市场主体就可以得到相对较多的具体信息，作出相对准确的判断。这比由政府判断发展的问题和调整的方向、收集和处理大量信息的体制更利于城市郊区化的推进。

2000年以后，随着经济体制的改革，市场机制在我国社会经济生活中的影响力越来越强。在城市化和城市郊区化进程中，它也充分显示了其"威力"，城市空间区位确定机制、城市主导产业选择机制、企业的投融资机制、城乡间的要素流动机制、城市基础设施建设机制等运营机制中，无不存在市场的力量。同时政府政策的作用也不可轻视，但与改革开放之前不同的是，政策顺应了市场机制调节的方向，它主要为市场机制发挥"威力"扫除障碍、提供保障、铺平道路，以"顺水推舟"和"催化加速"喻之其作用，较为贴切。我国今后一段时间内，尤其"十五"期间是我国社会主义市场经济体制加快完善的时期，市场在社会资源配置中的基础性作用比以往任何时候都要突出，因此有充足的条件实施"市场主导"的城市郊区化模式。

我们强调城市郊区化进程中市场的主导作用，但并不否定和排斥政府的重要作用，只不过政府的角色、地位和管理方式与计划经济相比应有所改变。过去，政府是城市化模式的设计者和执行者，诸如人口迁移与就业、城市职能定位、城市发展规模、城乡之间的联系等都是由政府决定。在新的城市化模式中，政府要从许多领域退出来，让位于市场机制。在城市化进程中，政府与市场应明确分工、各司其职、互相协调、共同促进城市郊区化的发展。

（二）从郊区化进程的时序特征划分

从郊区化进程的时序特征看，具体可分为：工业郊区化为先导、工业与人口郊区化并存、同步郊区化三个阶段。

1. 工业郊区化为先导。

一般而言，国外大城市的郊区化基本上是沿着人口居住郊区化、工业郊区化、商业郊区化与办公业郊区化的过程发展的。郊区化进程中前一阶段的流动要素人口对后一阶段的工业、商业等流动要素产生了明显的拉动作用，即存在着紧密的因果链效应。

同国外郊区化以人口外迁为先导不同的是，我国城市郊区化则基本上是以工业外迁为先导的，即城区工业大规模的郊迁。这一浪潮从 20 世纪 80 年代初我国大城市边缘区及近郊区广泛布置的各类开发区、高新技术产业园区以及乡镇工业园区等就可以略见一斑。制造业虽大量向郊区迁移，但郊区生活基础设施与便民服务业未能同步跟上，以及居民尚未具备长距离通勤的条件，多数居民不愿意向郊区迁移，从而在郊区化初期形成了与国外截然不同的工作、居住现象：在郊区工作，在中心区居住。这就导致了我国郊区化进程中时序因果链的颠倒和断裂，即工业郊区化未能有效地拉动人口向郊区迁移，而人口郊区化的滞后又进一步阻碍了商业郊区化的发展。

2. 工业与人口郊区化并存。

正如前面所分析的，中国城市郊区化与西方发达国家有所不同，表现为产业和人口的集聚和扩散效应同时并存。

在郊区化初期，我国政府的制度和政策起了比西方国家大得多的拉动作用。在政策制度的拉动下,居民虽然并不愿意郊迁,但在制度的强大压力下,实施了几乎和工业企业同时段的大规模的郊迁。从表象上看,在郊区化初始阶段,我国是工业和人口郊区化并存发展。但这种人口的郊迁完全是外力推动的结果,与就业、经济收入等内推力没有因果关系。在我国郊区化的初始阶段,迁出去的主要是普通工薪阶层,中心区仍然是他们的首选区位(见图2.2)。

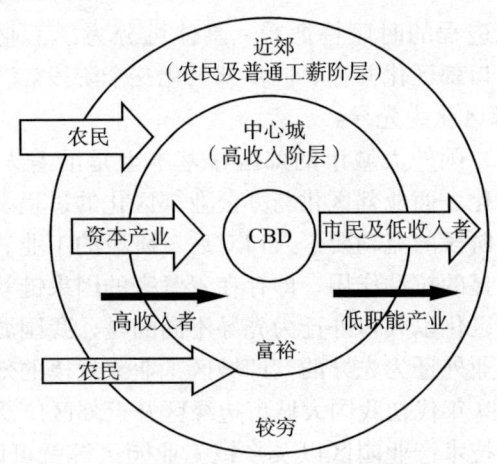

图 2.2 中国城市郊区化初期的人口郊区化

资料来源:高向东的《中外大城市人口郊区化比较研究》,载于《人口与经济》2004年第10期,第15页。

20世纪90年代以后,随着郊区产业规模的不断扩大和基础设施的不断完善,同时住房制度的市场化改革,使郊区住房具有明显的价格优势,这一系列因素开始吸引越来越多的中心区居民到郊区就业、居住和生活。城市由集聚发展转变为集聚和扩散同时发展,结果市中心吸引力越来越小。我国一些沿海大城市发展进入了真正意义上的人口和工业扩散阶段。

从长期来看,郊迁过程中迁移行为主体的自主性选择在未来居住郊区化过程中将占有越来越重要的地位。

3. 同步郊区化阶段。

随着市场经济的发展，我国城市的郊区化将进入一种以人口的自愿迁移为先导的郊区化，即根据郊区化进程中各种要素流动间的因果关系及其相互作用的内在机制进行运转。

分析我国郊区化时序特征的形成机制可知，郊区化现象主要表现为人口郊区化和工业郊区化，而人口郊区化相对滞后于工业郊区化，郊区第三产业（尤其是商业）发展严重滞后。当代中国的郊区化基本上以产业郊区化为先导，出现了一大批开发区与工业园区。随着产业的先行郊区化，人口、商业与办公业等逐渐向郊区迁移。目前产业郊区化方兴未艾而人口郊区化势头强劲，随之而来的商业、服务业及办公业虽表现出较快的郊区化趋势，但是郊区的各类生活配套设施却未能同步发展，尚难以较好地满足郊区生活的需要，所以仍有相当一批人选择居住在城区，而乘车去郊区工作。因而，城区与郊区之间既存在着内通勤现象（居住在郊区，向市中心通勤），同时也存在着逆通勤现象（居住在城区，向郊区通勤）。

郊区化所形成的郊区单一产业结构使郊区未能形成持久的人口引力，这既延缓了城市中心区人口的疏散与外迁，也不利于吸引周围农民进城，进而加快郊区城市化进程。郊区化是一种分散背景下的再集聚过程，这种"再集聚"不仅仅是人口或某种产业的单要素的集聚，同时也是各种要素相互协调、相互配套的同步发展过程。因此，我国应采取同步郊区化模式，即人口、工业、商业和服务业等同步发展的郊区化模式，实现所谓的"多中心城市模式"。政府要充分利用市场机制，通过采取积极有效的公共政策，引导和鼓励第三产业（主要是商业、饮食、个人服务为代表的传统第三产业）在郊区的合理配置，实现郊区各种经济活动的"内部区域化"。只有这样，才能使人们购物、医疗、文化、教育、娱乐等需要在郊区得到满足，从而变被动的郊区化为主动的郊区化。

三、中国城市郊区化和城市化的关系

（一）中国城市郊区化是中国城市化加速发展的一个阶段

从时间进程看，中国城市化的加速发展阶段是从改革开放开始的，而城市郊区化正是在这样的背景下产生的。

1979年以来的改革开放时期，城市化进入了持续稳定的快速发展阶段。从经济上说，中国开始持续快速发展。我国经济领域的这些变化，对于作为世界贸易中的枢纽站——城市的大发展产生极大的推动作用。从社会制度来讲，束缚城市发展的一些制度被废除，人口、产业、资金等要素加速流动，得到了合理配置。20世纪80年代以来，我国城市郊区化就是在这样的背景下开始进行的。

从20世纪80年代初起，城市的各类住宅建设得到了迅速发展，住宅建设投资从1993年起每年超过千亿元以上，2000年投入达4 900多亿元人民币，市政公用基础设施投入为2 000亿元人民币；同住宅建设相配套的学校、商店以及其他服务业也得到了迅速发展；相对集中的购物中心、大型百货商场、银行服务机构等应运而生；城市交通、通信、电力等各项基础设施也得到前所未有的发展与完善，大大改善了人民的生活环境。这个阶段并没有放弃生产，只不过是把有些工厂，尤其是污染严重的工厂进行治理或逐渐搬迁出去。这个阶段一直延续到20世纪90年代末，其特点是突出生活，兼顾生产。进入21世纪，人口、资源、环境协调发展的问题已引起世界各国的关注，城市建设要突出生态环境逐渐成为热门话题。加快城市生态建设与环境保护，提高城市环境品质，优化城市生产、生活环境，使城市能持续发展，成为广大人民群众小康以后的共同要求。在这个阶段，城市的经济活动出现了城区和郊区都活跃的时期。但从城市经济活动的实质内容看，城市中心区产业的更新换代和郊区的承接密切相关，从中国城市中心区企业迁移开始的工业郊化区，实质上是为了城市化的质的提升而服务的。

郊区化发展是城市基础设施，如道路、交通、公共物品等要素向郊区延伸的结果。交通工具的机动化是城市空间布局发生变化的决定性因素。城区公路的延伸，城市公共交通事业的发展，公共汽车和私人汽车的使用，大大扩大了人类的居住范围，城市正在向一个越来越大的地域内延伸，中心城市与周围的郊区在功能上实现统一。城市的这些发展适应了人们在住房、消遣、医疗和商业等方面的普遍需求，为城市化的进一步发展产生了积极的效果。这种城市化形态并不意味着城市化水平的下降，而是一种更高形态的城市化现象，即人们追求的是一种无形的城市化，是生产、生活方式的城市化、现代化，而现代科学技术的发展、信息网络技术的普及和应用，已大大缩小了人们在地域上和时空上的界限，城市与郊区的差别只是由于它们是两大不同的地理单元、具有不同的分工而存在。因此，无论居住在城市或郊区，都能享受现代城市的文明才是城市化的真正内涵和应追求的目标，才是城市化的最高发展阶段。

（二）中国城市郊区化是发生在大中城市的一种独特现象

从世界城市化进程的一般规律看，我国城市化发展的路径和模式无疑是独特的。这种独特性，决定了城市郊区化的发展与西方国家具有极大的差异性。

1. 城市化发展的非渐进性过程决定了城市郊区化的非渐进。

中国城市化是一个非渐进性过程。众所周知，近代以来，大规模的城市化现象发端于工业革命。工业革命所带来的大规模的使用机器的生产活动，要求劳动要素的相对集中，再加上工业区域劳动市场价格的吸引作用，造成了农村人口向某些中心区域的迅速集中。人群的集中也带来了市场活动、商业经营以及服务业的发展，人群集中本身也创造就业机会。上述诸种因素的相互影响，使得工业化、城市化、市场化，以及所谓"现代化"成为同样的一个历史进程。观察发达国家城市化的演进过程，可以看到，发达国家的城市化进程大体上可分为前后相继的两个阶段。第一个阶段以"集中化"为特征,从工业革命开始,到20世纪50年代前后,表现为工业和人口的持续、大规模的集中,城市数目不断增加,规模不断扩大,大城市不断增多。第二阶段则以"分散化"为特征。20世纪60年代以后,西方发达国家城市化中出现了所谓郊区化以及后来的逆城市化现象,即大批居民从城市的中心地迁往城市的郊区地带。这一方面是因为城市的中心地带环境污染问题严峻,另一方面,发达的现代交通工具,也为人们从城市移居到郊区提供了可能。于是,这一阶段的区域发展模式表现为城市中心区域人口增长停滞,城市周边区域不断扩增,卫星城式的居民区发展迅速。于是,以大城市为中心的"都市圈"或"城市群"、"城市带"发展较快。

然而中国城市发展的进程,走的是一条十分曲折、复杂的道路。中华人民共和国成立以后,城市布局有了比较明确的规划。但是,自20世纪50年代中期以后建立了城乡二元分割的社会结构,使得城市化长期处于停滞状态,更有甚者,在较长的一段时间里,实行的是"反城市化"战略,也就是说,大规模地将城市人口迁往农村,比较典型的如:知识青年上山下乡,市民返乡,干部下放等。此种逆历史潮流的做法,非但不能真正解决城市人口聚集问题,反而使我国的城市化问题积蓄、矛盾累积。由于我国的城市化长期处于停滞状态,这样,到了改革开放以后,人口从农村向城市的流动就呈现出一种突然爆发的局面。但这种爆发,又受到政府关于城市发展战略和政策的影响,如在发展大城市和小城镇之间的权衡,投资和税收政策的牵制等,在这个阶段的发展也呈现出了一定波动。

2. 中国城市郊区化的起因与城市规模的临界点无关。

城市的规模主要表现为城市人口规模和城市空间规模。由于人口规模较易计量(在这里不考虑人口存在个体素质差异),人们往往以人口规模来衡量城市的规模。

1979年,美国城市地理学家诺瑟姆研究各国城市化过程所经历的轨迹,将其概括为生长理论曲线,即著名的逻辑斯谛曲线(Logistic Curve)。这一曲线形状上是一条稍被拉平的 S 形曲线。在起步阶段,人口规模成长较缓慢,成长曲线较平缓;到起飞阶段,则人口规模成长的速度越来越快,成长曲线越来越陡峭;经过 S 拐点后,成长渐渐减缓,成长曲线渐渐变平缓,最后进入了起伏阶段,在这一阶段,人口规模时而下降,时而上升,其下降一般不会一直持续下去,而其上升则有可能超过以往的最高值。

城市的人口规模成长经济,以借鉴微观经济学的分析方法进行边际分析。假定城市人口即是城市产出的投入要素,城市产出受人口规模的影响,并且不考虑其他因素,则城市的产出效果和效益及其与人口规模的相互关系一般如图 2.3 所示。

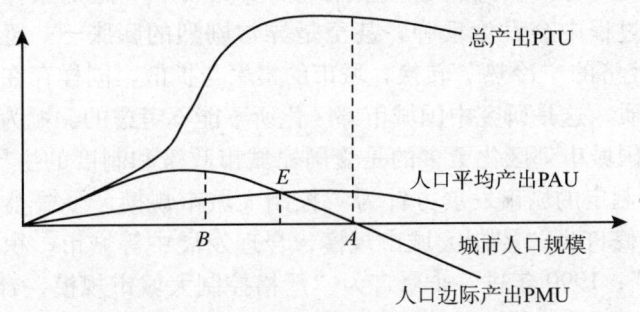

图 2.3 城市人口规模与城市产出关系

资料来源:梁兴辉的《城市规模成长经济的边际分析》,载于《人口与经济》2004 年第 5 期,第 31 页。

从图 2.3 中可见,平均产出曲线与边际产出曲线相交于 E 点,这表明当人口规模在 A 点的左边时,则人口规模的成长会使产出效益即人均产出增长。而当人口规模在 A 点的右边时,人口规模的增长会使人口平均产出减少。因此,从效益的角度而不是效果的角度即总产出来看,当人口规模小于 A 时,城市人口规模的成长对城市来说是经济的,即存在成长经济;当人口规模大于 A 点时,人口规模的成长对城市来说是不经济的，即存在成长不经济。正是由于成长不经济，城市要素开始了扩散。

但中国城市的成长和郊区化的发展与城市规模的临界点是无关的。中国城市的成长和郊区化的发展，虽然集聚和扩散贯穿其中，但集聚与扩散过程从来就不是线性过程，甚至因为其不稳定性使我们往往不容易界定一个城市所处的演化阶段。这就如同物理上讲的，仅仅存在一种扩散力和一种集聚力的系统是可以实现随时间的渐进演化的，比如说用手轻轻地按扁一个人造棉的枕头，它会慢慢地缩小体积，放开手后又会慢慢地膨胀起来。可是在很多情况下，这种渐进的演化难以实现，取而代之的是反复地或是阶跃式地变化。例如在恒星晚期，恒星物质因引力集聚，压力（包括气压、电子简并压等）则抵抗这种集聚；只要具备了一定的条件，在这种收缩过程中会发生反弹，甚至是异常剧烈的膨胀——超新星爆发。① 经济的"冷热"转换，城市的集聚与扩散，同样存在这种非线性性质，这是研究中国城市郊区化所不能不考虑的。尤为重要的是，中国城市郊区化更多的是受国家城市政策和制度的主导。如，1978年制定的城市发展方针为"控制大城市规模，多搞小城镇"；1980年修订为"控制大城市规模，合理发展中等城市，积极发展小城市"；1990年进一步修订为"严格控制大城市规模，合理发展中等城市和小城市"，并将其写入《城市规划法》。又如，城市的旧城改造等。这些政策都对城市的成长发展起到了重要的作用。因此，中国城市郊区化是中国大中城市在城市化过程中出现的一个独特现象。关于制度和政策的主导作用这个问题，将在第四章中作专门论述。

3. 我国城市化发展的非均衡，决定了城市郊区化在不同区域、不同城市之间发展的差异。

从现状看，我国城市化总体水平是较低的，为何在城市化发展的这一阶段里，却出现了类似于"超城市化"的现象——城市化

---

① Hawking. A Brief Histroy of Time. Toronto：Bantam Books.

郊区化？这是我国城市化发展的非均衡性结果。

迄今为止，中国社会是一个差异性极大的社会。同处在一个历史时期，既有非常原始的农耕社区，也有达到欧美水平的后工业化发达社区，比如上海的浦东社区。由于地区之间的差异性大，发达地区与落后地区的城市化就处于不同的阶段。一些发达地区，比如北京、上海、广州，已出现了生活富裕起来的阶层从城里向郊区迁移的趋势，也就是说，进入了城市化发展的第二阶段——郊区化阶段。然而，西部大多数城市，却仍处在第一阶段，即人口由农村向城市集中的阶段。

一些发达的大中城市与它周围的非农化的外围县之间已经形成类似于西方都市区的城市功能地域空间。珠江三角洲和长江三角洲，都市区的发育比较完善，都市区已经连成一体，组成了规模巨大的都市连绵区的空间形态。包括香港、澳门在内的珠江三角洲是中国目前经济发展水平最高的都市连绵区；长江三角洲是我国规模最大的都市连绵区；而北方的京津唐地区的发育程度还不够高，都市区的连接还相当勉强；但它们具有向都市连绵区发展的基础条件，处在形成过程之中。

（三）中国城市郊区化和城市化互为促进条件

城区和郊区要素的集聚与扩散交替进行，郊区发展到一定程度开始向城市新区发展。这是中国城市郊区化过程中的一个独特现象。

城市开始郊区化后完全可能再次进入集聚过程，在城市的不同局部，两种过程又可以同时发生。只不过，在郊区化阶段，要素从城区转向郊区，郊区成为要素集聚的主要场所，城市的要素活动主要在郊区，而不是在城区。如，依托城市搞开发区，建立新的经济增长点，是推动城市调整结构、加快发展的重要举措。东部沿海各省的发展，以建立经济特区和城市开发区为先导，实行对外开放，对内实施市场机制为主的改革。开发区已成为推动城市经济、投资、房地产迅速增长的新的中心。特区与开发区是形式，实质是依托特区、开发区发展建立城市新区,在一个特定地段进行城市环境建设、城市基础设施建设以及生产要素的集聚和产业的升级扩张,与此同时,又依托各中心城市形成不同层次、规模不等、各具特色的经济网络。再如,20世纪80年代前期的北京,城区的范围限于二环;然后,城区不断地向三环方向扩展,新的商业、住宅在中心城外大量生成,城市表现出扩散的特征;几年以后,北京城区的范围已抵达三环附近。这时,一方面城市在继续向外扩展,新的边缘集团在生成、长大,城市表现出扩散的趋势;另一方面,三环以内的城市"空隙"在被填充,三环附近的地区城市化水平(基础设施、文化景观等)继续提高,城市又表现出集聚的趋势。今天,这种集聚与扩散并存的现象在北京四环、五环附近依然存在着。

第三节 城市郊区化的经济机理分析

土地为经济活动提供了空间,对于城市经济活动来说,土地的空间位置具有非常重要的意义。对于生产企业,位置的差异可以影响运输、管理费用,进而影响企业的盈利水平;对于商业企业来说,土地位置差异带来客流量的差异,直接影响企业的商品销售状况;对于居民来说,由于住宅土地位置的差异,会影响通勤运输费用和居民的休闲、购物等日常生活。可以说,土地位置的差异是产生地租的根本原因,也是由于地租的存在,使得企业和居民在地租和其他费用之间作均衡选择,从而形成城市的土地利用结构。

一、城市地价的影响因素分析

(一)地价和地租的关系分析

按政治经济学的说法,地租是土地生产力的代名词,一块土地的生产力越高，地租就越高。地租从本质上看相当于一定期间土地服务的价格，是土地使用者为了取得土地使用权而向土地所有者缴纳的租赁费。而地价是作为资产或资本的土地价格，是土地所有者在出售该所有权时能取得的合法收入。地价和地租具有经济上的同一性，地租和地价都是土地所有权在经济上的表现形式，"不论地租有什么独特的形式，它的一切类型有一个共同的特点——地租的占有是土地使用权借以实现的经济形式。"① 所不同的是，地价是土地所有权在经济上的直接表现，地租是土地所有权在经济上的间接表现，是土地使用权在经济上的表现。

对于土地价格和地租之间的关系，马克思认为"土地价格不过是地租资本化的另一种表现。实际上这个购买价格不是土地的购买价格，而是土地所提供的地租的购买价格。"② 西方现代经济学的土地收益理论认为，土地价格是土地未来所能提供的收益的购买价格。这两者的思想基本是一致的，这两者关系一般可写成：$R=P/i$。其中，P 为土地价格；R 为土地年租金；i 为年利息率。

地租和地价本质上的同一性，要求我们分析地租和地价时既不能割裂开来分析，同时也不能将两者等同，要考虑两者之间的区别。

(二) 影响城市地价的因素

城市土地是城市生产和经营活动不可缺少的基本条件，是重要的生产要素，影响城市土地价格的因素众多且复杂，有很多学者对城市土地价格影响因素进行了分析。

美国学者查尔斯·H·温茨巴奇等比较系统地总结了影响城市土地价格的一般因素，将影响土地价格的一般因素分为行政因素、人口因素、社会因素、心理因素和经济因素，如图2.4所示。

---

① 《马克思恩格斯全集》第25卷，人民出版社1972年版，第714页。
② 《马克思恩格斯全集》第25卷，人民出版社1972年版，第703页。

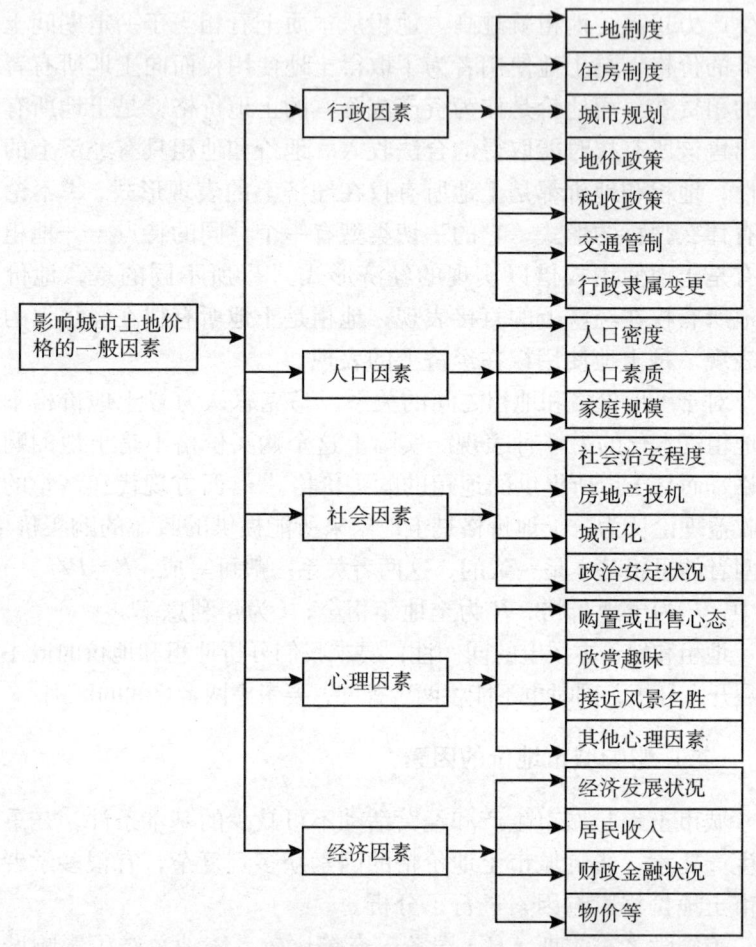

图 2.4 影响城市地价的一般因素分类

资料来源：根据查尔斯·H·温茨巴奇的《现代不动产》，中国人民大学出版社 2001 年版整理。

日本学者野口悠纪雄认为,[①] 影响土地价格的因素大致可以分

---

① 野口悠纪雄：《土地经济学》，商务印书馆 1997 年版。

为两类：一类为需求方面的因素，另一类为供应方面的因素。这两大类因素还可以进一步细分，需求方面的因素包括人口、家庭结构、收入、产业结构、建筑技术以及其他等与实际需求有关的因素，以及心理预期、税收政策等与投机需求有关的因素；供应方面的因素有公共设施、土地规划、容积率、税收制度以及其他因素。

R.T.伊利等认为，工商业、交通运输业的发展状况，公共基础设施的数量和质量，人口的不断增加和可利用土地的有限性等影响土地价格的上涨。[①] 周诚认为，土地的类型不同，影响地价的因素也不相同，若按照影响地价因素的性质来分，可划分为投资因素、供求因素、收益因素和土地本身的因素；若按照影响地价因素的空间来分，可划分为对地价具有普遍影响的一般因素、区域因素和个别因素；按照地价因素的影响时间还可划分为持久性因素和短暂性因素等。

可见，影响城市土地价格的因素很多。笔者认为，从根本上来说，城市土地价格是由供求关系决定的，城市土地价格的影响因素通过影响城市土地市场的供求关系，从而影响城市土地价格。应用供求原理来把握土地价格并进而对土地结构变动作解释，无疑是从理论上揭示城市郊区化形成机理的根本。

二、冯·杜能竞标租金模型与土地利用结构

在市场经济条件下，土地在经济活动空间中的配置是通过价格机制来进行的，因此，土地的使用问题等同于在竞争经济中如何决定地价的问题。杜能最早提出了强调区位运输差异的地租理论，并且在生产理论和城市经济学中得到了广泛的研究。

杜能研究的是在城镇周围农作物的分布问题，但并没有将其数

[①] R·T·伊利等：《土地经济学原理》，商务印书馆1982年版，第238页。

学化，通过劳恩哈特、廖什和邓恩等三人的研究，杜能的思想才有了正式的表述。

杜能竞标租金模型①是在阿罗－德布鲁框架下进行的，认为土地市场、运输市场、产品市场都是完全竞争的，所有人都是价格接受者；生产规模收益不变，经济活动进入是自由的。在这一框架下，杜能模型通过孤立国的假设来研究城市周围的农业分布。

假定有 n 种生产活动，每一种活动都生产不同的农产品，每生产一单位第 i 种产品需要使用 a_i 单位的土地，a_i 是一个固定的常数，与区位无关，因此，如果距离 r 处的一单位土地用来从事第 i 种生产活动，则相应的第 i 种产品的产量为：

$$q_i(r) = 1/a_i \tag{2.1}$$

由于农产品市场和运输市场是完全竞争市场，第 i 种产品的价格 p_i、第 i 种产品的单位产品单位距离的运输成本 t_i 都是给定的一个常数。由于土地是唯一的投资品，并且产品都需要运送到城市中去，每一生产活动 i 的土地竞标租金都由产品销售额减去运输成本后的剩余给出。因此，距离城市中心 r 处的第 i 种生产活动的竞标租金由式（2.2）决定：

$$\psi_i(r) = (p_i - t_i r)/a_i \tag{2.2}$$

作为价格接受者，农民在区位 r 的单位土地上从事第 i 种生产活动所获得收益 $\pi_i(r)$ 由式（2.3）给定：

$$\pi_i(r) = (p_i - t_i r) q_i(r) - R(r) = \psi_i(r) - R(r) \tag{2.3}$$

由于农民是理性的，农民会选择产品种类最大化其收益，并且由于经济活动的进入是自由的，农民的收益会等于零。

因此，在土地市场竞争均衡时将满足：

$$\max[\pi_i(r)] = \max[\psi_i(r) - R(r)] = 0 \tag{2.4}$$

因此，在竞争均衡时地租 $R^* = \max[\max_{i=1,\cdots,n} \psi_i(r), 0]$ (2.5)

---

① 藤田昌久等著，刘峰等译：《集聚经济学》，西南财经大学出版社 2004 年版，第 80~121 页。

也就是说，均衡地租是竞标地租曲线的上包络线，当竞标活动结束时，每一地点都被能够给出最高标价的行为人所占有。

由式（2.2）可以看出，竞标租金曲线的斜率为：

$$\partial \psi_i / \partial r = -(t_i/a_i)$$

也就是竞标租金曲线斜率的绝对值与单位土地所生产产品的运费成正比。

最终，在竞争均衡状态下，农业用地会以市场城市为中心形成圆形分布，如图2.5所示。

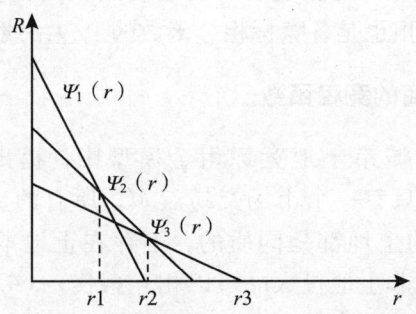

图 2.5　杜能模型下的土地利用结构

资料来源：藤田长久等的《集聚经济学》，西南财经大学出版社2004年版。

其中，在城市中心到 $r1$ 的圆环内将种植作物 1，单位土地面积所生产作物 1 所需的运费最高；从 $r1\sim r2$ 的圆环将种植作物 2，单位土地面积所生产作物 2 所需的运费次之；从 $r2\sim r3$ 的圆环将种植作物 3，单位土地面积所生产作物 3 所需的运费最低。

杜能模型通过竞租函数来分析土地使用的均衡，使得其对土地使用的分析具有原则性和说服力，从经济机理上比较清晰地解释了土地利用结构形成的原因，在杜能之后，一些学者将之扩展用来分析城市土地使用的结构。

三、城市土地利用结构研究

阿隆索1964年在杜能土地租金模型的基础上进一步拓展,提出了城市土地竞标租金模型,其后得到了一系列学者的拓展,如米尔斯(Mills,1969,1970)、穆斯(Muth,1969)和伊文思(Evans,1973)。

城市土地竞标租金模型和杜能模型的基本思路基本一致,假定产品市场、土地市场完全竞争,土地使用权由支付最高租金者获得,城市均衡地租也是各竞标租金函数的上包络线。

(一)制造商的竞租函数

在阿隆索的城市土地竞标租金模型中,提出了几个假设条件:①(1)城市只有一个市场交易点M,所有的交易都在M点完成;(2)所有的土地都是同质的,不存在土地本身质量的差别;(3)土地和其他非土地投入品可以相互替代;(4)运输成本是距离d的线性函数;此外,还包括对不同的土地使用者不存在歧视、市场是完全竞争的和农用地的产出为零等隐含假设。

假定制造商位于离市场交易点(市中心)距离为r,用土地和非土地投入品(用资本替代非土地投入品)投入生产,产量为Q;产品价格为P,由于完全竞争市场的假设,因此P是常数;投入资本量为K,单位资本的利息率为i;该制造商占用土地面积为T,单位面积的租金为$R(r)$;单位产量单位距离的运输成本为t。因此,该制造商在城市中的区位选择是使得最大化利润,也即是:

$$\max \pi(r) = PQ - iK - R(r)T - Qrt \qquad (2.6)$$

由完全竞争所导致的零利润条件有:

---

① 周伟林、严冀等:《城市经济学》,复旦大学出版社2004年版,第156页。

$$R(r) = (PQ - iK)/T - Qrt/T \tag{2.7}$$

由式（2.7）可得：

$$\partial R/\partial r = -Qt/T < 0 \tag{2.8}$$

式（2.8）意味着：(1) 距离市中心越近，租金就越高，反之则越低，即竞租函数曲线向左下倾斜，如图 2.6 中的曲线 AB 所示；(2) 随着单位运输成本 t 的下降，$\partial R/\partial r$ 的绝对值会下降，即竞租函数曲线会更平缓，如 2.6 图中的 AC；(3) 由于要素之间的相互替代性，竞租函数是凸函数，竞租曲线凸向原点。

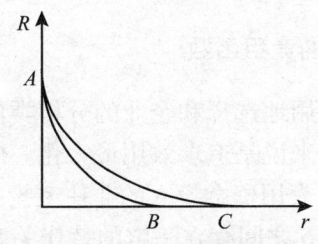

图 2.6 制造商竞租函数

资料来源：赵红军的《城市化、交易效率、经济发展》，复旦大学出版社 2005 年版。

（二）商用办公公司的竞租函数

商用办公公司对区位的选择不同于制造商，由于商业公司主要从事商业和交易活动，信息的收集、处理和发布是他们的主要活动，信息对他们十分关键；同时，他们更看重面对面的交流，因此，商用办公地点更倾向于分布在距商业中心更近的地区。

假设商用办公公司离市中心的距离为 r；非土地投入品（用资本品代替）为 K，单位资本的年利息为 i；公司每提供一次服务都要前往市中心一次，单位距离所需交通成本为 t；每年提供 n 次服务，每次服务收费为 P；公司占地面积为 T，单位面积租金为 R。

在上述假定条件下，公司的利润最大化的区位选择满足：

$$\max \pi(r) = nP - iK - R(r)T - nrt \qquad (2.9)$$

由竞争产生的零利润条件可得商业办公公司的竞租函数：

$$R(r) = (nP - iK)/T - nrt/T \qquad (2.10)$$

从式（2.10）我们可以得到和图 2.6 类似的商业办公公司的竞租曲线。

由式（2.10）可得：

$$\partial R/\partial r = -nt/T < 0$$

这也意味着，随着交通条件的改善，交通成本下降，公司将愿意布局在离市中心更远的地方。

（三）家庭住宅的竞租函数

家庭住宅区位、用地选择和企业的分析类似，基本假设条件也类似，只不过对家庭来说是追求效用最大化。假设家庭的效用函数 $U = U(K, S)$，K 代表用资金投入的非住宅投入品，S 表示住宅占用的土地面积，K 和 S 之间存在一定的替代关系，K 和 S 都是住宅到市中心 M 距离 r 的函数，同时 S 也是土地租金 R 的函数；非住宅投入品价格为 i；家庭收入为 Y；单位距离的通勤成本为 t。在上述假设下，家庭的最优效用函数表示为：

$$\max U = U[K(r), S(r,R)] \qquad (2.11)$$

约束条件为：$Y - iK(r) - R(r)S(r,R) - tr \geq 0 \qquad (2.12)$

每个家庭实现效用最大化时，式（2.12）将取等式。

经过推导，利用包络定理可得：

$$\partial R/\partial r = -t/S \qquad (2.13)$$

这也就是说，家庭的投标租金曲线和制造商的基本类似。

（四）城市土地利用结构的形成：一个静态的均衡

城市土地在不同用途的使用者中间分配时，遵循"最高租金原则"，即由愿意支付最高租金者使用。不同用途的使用者，对于城市土地不同位置的最高租金是不同的。根据经济均衡的基本原理，在一个竞争性市场上，厂商或经济人相互竞争的结果是，将出现与杜能环式的城市土地利用模式（如图 2.7 所示）。

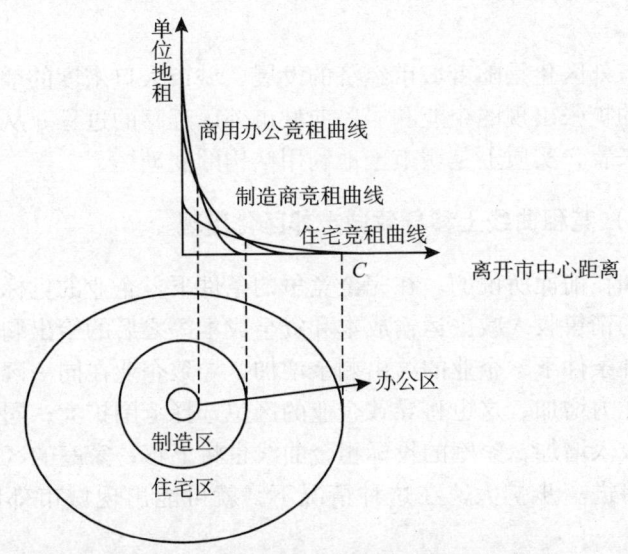

图 2.7　城市中的竞租曲线与土地利用结构

一般来说，商业由于对位置的敏感性最强，对租金的敏感性较弱，其竞标租金曲线最为陡峭；再向外侧是那些用地规模较大、租金比较敏感的制造商，其竞标租金曲线相对缓和一些；然后将是对空间要求更为敏感的居住区；前三个部分，在静态上组成城市的市区部分；在最外侧是土地密集型，对租金特别敏感、收益相对较少的农业区，这从静态上也即是城市的郊区。

以上从静态角度研究了城市土地利用结构的形成机理，通过以上的分析，我们知道，由于不同用途的使用者对土地租金的敏感度不同，遵循利润最大化或者效用最大化的原则，会在一般均衡条件下，形成静态均衡的城市土地利用结构，并且形成城市郊区。

四、城市郊区化的形成机理——土地利用结构的动态均衡

城市郊区化是随着城市经济的发展、城市人口密度的增加、城市规模的扩张出现的企业和居民向城市郊区迁移的过程,从空间结构变动来看,实质上是城市土地利用结构的变动。

(一)竞租曲线上移导致城市郊区化出现

正如在前面所说的,在完全竞争的条件下,企业的竞标地租等于企业的销售收入减去运输成本和资金成本等之后的给出剩余,如果在某种条件下,企业的给出剩余增加,导致企业在同一区位的租金支付能力增加,这也将导致企业的区位选择范围扩大;同时,如果家庭收入增加,家庭的投标租金曲线也将上移,家庭的区位选择范围也将进一步扩大,在这种情况下,就可能出现城市郊区化的现象。

从图2.8可以看出,如果由于某些因素的影响,导致企业和家

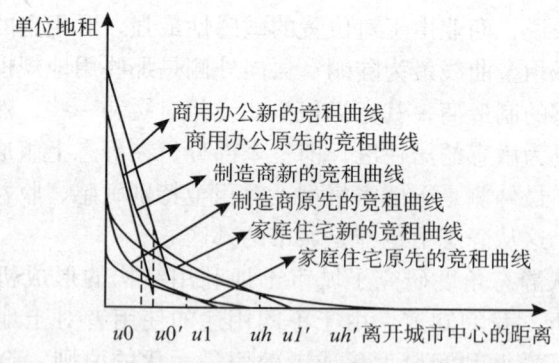

图2.8 城市竞租曲线上移导致的城市郊区化的出现

庭竞租曲线上移,那么,城市土地利用的均衡结构会发生变化,并导致城市郊区化现象的出现。最初的城市市区的边界在 uh,商务中心区的半径为 $u0$,制造业的区位净半径为 $u1 \sim u0$;在竞标租金曲线上移以后,城市市区的半径扩大为 uh',商务中心的半径为 $u0'$,制造业的半径区位净半径为 $u1' \sim u0'$。在新的土地利用结构均衡中,原来的部分城市郊区农业用地将变更为制造业用地和住宅用地,也即是制造业和人口从市区向郊区迁移,此时,即出现了城市郊区化现象。

(二) 竞租曲线斜率变平缓导致的城市郊区化出现

如果由于一些因素的影响,导致企业(特别是制造业)和家庭的竞租曲线斜率变小,竞租曲线变得更平缓,那么土地市场竞争均衡的结果会导致制造业和家庭的区位选择范围扩大,使得制造业和家庭住宅向原城市郊区转移,从而出现城市郊区化现象。

从图 2.9 中可以看出,如果由于某些因素,制造业和家庭的竞租曲线斜率变缓,那么城市土地利用均衡结构将发生变化。在原来的企业和家庭竞租条件下,城市市区的边界在 uh,商业办公区位分布在距城市中心 $u0$ 的半径范围内,制造业在 $u0 \sim u1$ 的半径范围内。随着竞租曲线变得平缓,城市市区边界将向外移动,到达 uh';商业办公区分布在 $u0'$ 半径范围内;而制造业的选择范围将扩大为 $u0' \sim u1'$ 半径范围内,并且有部分制造业的区位选择已经在城市原郊区,即表现为企业的郊区化现象;家庭住宅的分布也将向郊区移动,分布在 $u1' \sim uh'$ 的半径范围内,即表现为人口的郊区化现象。

以上我们用土地利用的动态模型简要地分别从竞租曲线上移和斜率变小两个角度分析了城市郊区化现象出现的机理,实际上,竞租曲线上移和变平缓可能同时出现,这也将导致城市郊区化现象的出现,在此不再分析。

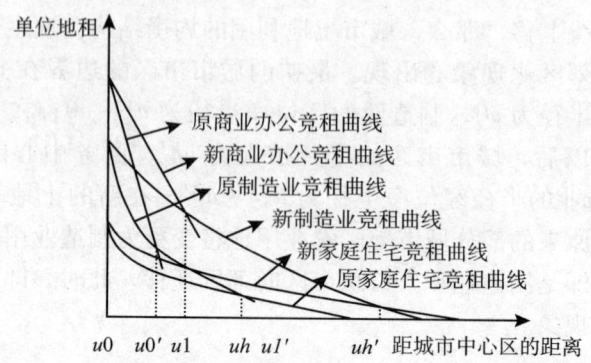

图 2.9 城市竞租曲线斜率变小导致的城市郊区化现象

第四节 中国城市郊区化的动力分析

郊区化从本质上来说是城市扩散发展效应的结果。因而,无论我国还是西方国家,郊区化的动力机制有许多类似之处。如社会、经济迅速发展,居民生活水平日益提高,交通条件得到改善以及郊区优越区位的吸引。但我国的实际情况又决定了我国郊区化与西方国家有许多不同,表现在动力机制上也会有显著差别。

一、中国城市郊区化的影响因素

影响中国城市郊区化的因素是多元的,具体分析来看,主要有制度因素、土地因素、市场因素、政府因素、基础设施因素、生态因素、交通因素、信息技术因素等。

（一）土地因素

改革开放以前,我国城市土地实行行政划拨、无偿使用的制度,由于城市中心区具有优越的区位条件与较好的基础设施条件,工厂、商店、住宅、办公等均向城市中心区集聚，导致我国大城市中心区工厂、住宅混杂，人口密度过高，环境质量很差。

20世纪80年代中期，我国对原有的无偿划拨土地变为土地有偿使用，最繁华的城市核心区段的地价往往是近郊与远郊同类用地地价的10倍甚至百倍以上。地价的不同导致土地功能的空间置换。① 中心区较高的地价使土地产出率较低的工厂与住宅退出中心区，而土地产出率较高、能支付较高地价的商业、贸易、办公业、金融保险业等向中心区集中，从而加速了中心区土地利用的重新调整，而郊区吸引了用地较大、收益较低的工业和与之相关的人口。

（二）住房制度因素

长期以来，我国在城镇实行的是福利分房制度，这一制度限制了房产商品化，不利于房产作为一种商品在市场上的流转。福利分房制度连同户籍制度、土地划拨制度，成为我国的城市化进程的一大障碍。

20世纪80年代末，我国陆续出台了许多新的住房改革政策：城市住房分配制度的改革，即住房商品化，采取补贴出售住房、提高房租、实施房租现金补贴、居民集资建房、建立住房公积金等措施鼓励个人购房，打破了以往住房附属于工作单位，住房不能在市场上流通的局面，使得非城镇居民也可以到市区、郊区购房。

到1999年底，国家取消了福利分房制度，开始实行住房货币化制度。从福利性的住房分配制度到住房商品化制度，房价因素成了不得不考虑的重要因素。普通市民为了获得较宽敞的住房，只好作出去郊区买房的选择。这无疑推动了居住郊区化。另外，城市住房投资渠道从单一走向多元化。房地产业已成为城市的主要支柱产业之一。城市住房投资从政府预算为主发展到四级投资结构：即中

---

① 周一星、孟延春：《中国大城市的郊区化趋势》，载于《城市规划汇刊》1998年第3期，第22页。

央政府、地方政府、企事业单位和个人,把企业、机关和个人的储蓄投资于新房建设。城市住宅成片建设规模不断扩大,既为城区人口迁往郊区提供了物质基础,也推动了郊区的开发与繁荣。上海在"九五"期间(1996~2000年),在内外环线的广阔地带建成近5 000万平方米的住房,吸引了市中心区近50万人口前往居住。1979~1998年,广州市开发建设了建筑面积5万平方米以上的住宅小区九十多个,这些住宅小区大部分集中在城市中心区外缘的北部、东部与南部。

(三) 户籍管理制度因素

由于农民的乡城迁移从理论上讲是利益驱动的结果,在二元社会结构明显的国家,城市的收益机会总是多于农村的,因而农民具有进入城市的强烈动机,这种动机如果不加以控制,听任其自发发展,必然会导致城市人口的急剧膨胀,出现"城市病"。在集中计划经济体制下,政府为了防止人口向城市的过度迁移,往往安排一系列的制度来实现有序的城市化。例如在中国,改革开放以前,中国的高层决策者把城乡二元结构作为大前提,谋划了以户籍制度为主的各种城乡差别制度。这些制度成为城乡分割的一道牢不可破的壁垒,对中国的城市化进程产生了极为深刻的影响。

我国1984年放宽了户籍管理对农村人口自由流动的控制,特别是近几年,许多城市已经在某些方面取消了城市"门槛",致使大量农村人口拥入城市,这些流动人口由于住房、打工等方面的考虑,大多集中在城市边缘区,使郊区人口增长很快,同时也促进了郊区化发展。

(四) 政府因素

在城市郊区化进程中,我国政府的推动作用非常显著。主要表现在如下几个方面:

旧城改造。在计划经济体制下,我国城市居民居住水平很低,城区有许多危险、破旧、狭小、杂乱的房屋，居民迫切要求改善居住状况。改革开放后，旧城改造发展迅速，在危旧房改造中，政府往往采取强制手段和各种优惠政策相结合，促进原有居民迁往郊外，推动了人口居住的郊区化。

城区企业外迁。在旧城改造的同时，针对城市中心区产生的排斥力（地价上涨、交通拥挤、环境恶化等），在政府的引导下，大量的企业从城市中心区迁出。如济南市的工业企业以前80%以上集中分布在市中心城区，经过十多年的外迁，2000年后中心区工业企业已减少到原来总数10%，大约有二十多万居民则不得不随外迁企业到郊区安家。

（五）居民收入因素

人民生活水平的提高和居民居住观念的转变，也是城市郊区化快速发展的动力之一。改革开放以来，我国经济持续快速增长，人民生活水平不断提高。国际经验数据表明，当一个城市的人均国内生产总值达到2 000美元时便出现人口居住郊区化现象，达到3 000美元时，人口居住的郊区化现象会比较明显。2000年我国主要城市的人均GDP大都超过了3 000美元。大城市中一部分富裕起来的人群，为了提高生活质量，将住房搬到郊区。

（六）地租成本因素

在工业化的持续发展过程中，我国一些发达地区和城市的产业结构变动表现为明显的制造业和服务业同时推进，出现以第二、三产业为主导的双主导型产业结构。然而，产业的发展需要以空间为载体，第二、三产业的同步推进必然产生空间竞争。我国建立土地有偿使用制度后，土地价值充分显现，城市地价高峰值区用地功能从第二产业向第三产业转换的要求强烈，占地大但支付能力相对较弱的产业，特别是制造业开始转向地价较低的适宜地区——郊区；郊区产生的吸引力（低廉地价、有利区位、广阔空间等），使企业在郊区发展更合算。

传统制造业郊区化集聚是城市空间结构整合的重要趋势，也是郊区化发展的一种重要模式。产业创新是传统制造业从整体上提升核心竞争力、延伸产业生命周期的基本战略，运用高新技术和组织变革成果变革现有产业结构或创造全新产业的过程，主要是拓展产业链和强化产业关联度。然而，随着生产性服务业在城市中心区的不断集聚，传统制造业集聚在城市中心区已无理想区位可寻，而地价低廉、环境优美、劳动力丰富的城市边缘区及近郊区是其集聚形成的最佳空间载体。近年来一些大城市高等学校郊迁的趋势也大大增强了郊区对城区工业企业的吸引力。

（七）园区建设因素

从对中国城市开发区的区位效益规律的研究可以得出这样的结论：城市近郊区是各类开发区最密集的区域。形成这种规律的原因，可以用城市郊区土地价格、区位因素等的分析来解释，郊区的土地处于高值低价状态，又处于吸收城市先进技术的门户位置以及区域性干道和城市道路的接合部，理所当然成为城市新产业空间的集聚区位。郊区园区的开发建设，有力地带动了中心区人口的郊区化。

改革开放以来，我国在各地设立了各种类型的开发区，主要有经济技术开发区、高新技术开发区、保税区、出口加工区等，截止到2004年初总数已达3 600多个。这些开发区以其特殊的魅力吸引了大量的外来资本，成为各地区域经济发展的一个亮点。正因为如此，各地政府也投入大量的人力、物力对开发区进行大规模的规划建设，并使之成为城市一部分。据不完全统计，全国各类开发区的规划面积已达3.6万平方公里，超过了全国现有城镇建设用地面积的总和。[①] 如上海浦东现有人口二百多万，很大部分来自原来的旧城区。开发区的微观区位分异体现在距离都市区中心的距离上，

---

① 参见2004年8月31日《中国建设报》。

它和土地开发成本、与城市的交易成本相关，与大都市区中心保持合适的距离，可以取得最佳的土地开发成本与享受城市孵化功能的有机结合。

（八）生态环境因素

伴随着经济的快速发展，我国城市化的速度大大加快，城市人口激增，城市的发展也呈现出其典型的早期模式，城市规模不断膨胀（甚至是无序的恶性膨胀），城市的建筑密度、人口密度加大，城市环境质量下降，空气、水体受到污染，道路的机动交通量大增，造成交通堵塞。另外，城市中自然环境所占的比例也不断下降，城市公园、学校等的用地不断受到蚕食，人与自然的距离越来越远。逃避日趋严重的大城市问题，人们渴望在郊区找到一块净地作为自身的庇护所，以躲避工业化所带来的危害的侵袭。

郊区与市区相比，有更好的条件来改善居住环境，近年来还出现以较大的人工湖、集中绿化为主要环境特征的实例（有些人工湖面达到几十公顷的规模），这在城市中心区是无法实现的。在外围环境方面，由于城市郊区一般均是较新的建成区，与老城区相比，通常更为整洁，视野也更加开阔，给人以良好的视觉感受。在居住环境质量方面，郊区居住区具有更大的优势：空气清新，噪声小，灰尘小，阳光明媚，夏季环境温度低，通风条件好等，更接近于居民理想中的居住环境。一个经济富裕的社会，多数居民对生活的追求，不仅将超越生存阶段并进入享受阶段。因此，在中国未来的社会中，优美的自然环境、浓郁的文化氛围和宽敞舒适的住房，无疑将成为一种重要的生活时尚。

（九）基础设施因素

郊区基础设施建设的内容十分广泛，主要包括交通与道路、供水与排水以及电力与邮电、通信设施。

对外交通和道路设施建设。郊区的发展状况是与对外交通紧密相连的。随着国民经济的快速发展，我国城市建设资金大幅度增加，对城市交通设施的投资也大幅度提高，城市交通得到改善，缩短了城市中心区与郊区的距离，扩大了二者之间的联系，降低了城市中心区对企业与居民的吸引力，促进了中心区企业和居民的外迁。城市到乡村公路交通的发展为居民的出行带来了极大的方便，对城市中心区人口和职能的空间转移起到了重大的促进作用。供水与排水设施建设，电力和邮电、通信设施建设的完善，为郊区化的进程营造了良好的环境。

（十）交通因素

通过发达国家郊区化的过程可以看出，汽车和郊区化的关系是相辅相成互相促进的。在西方国家的郊区化过程中，家庭汽车起到了关键作用。1971年美国城市史学家约翰·B·雷评价道："当代郊区是汽车的产物，如果没有汽车，郊区就不可能存在。"① 从西方国家的情况看，交通的发展对城市的演变具有重大影响，我国也不例外。

从20世纪90年代中期，轿车开始进入我国的城市家庭，1993年中国私人轿车只有5万辆，近十多年来，年均增长20%以上。随着家庭收入的不断增加，私人汽车大量地进入家庭。由于有了汽车这种便捷的大众交通工具，人们的活动半径大大增加，人口流动更加便利，城市功能的扩散效应开始得到强化，不仅是人口迁移到郊区生活和工作，而且商业、服务业、机关、教育等人类活动也开始向郊区扩散，城市结构得以彻底改变。

（十一）信息技术因素

以"信息高速公路"、互联网为先导的信息化浪潮形成的冲击

---

① 美国商业部人口普查局：《美国历史统计——从殖民地时代至1950年》，华盛顿1957年版，第456页。

波,不仅极大地改变了传统的生产、生活方式,而且极大地影响了城市的形态和功能结构。

到 2003 年底,全国固定及移动电话用户总数达 53 200 万户,电话普及率达到 42 部/百人;全国互联网上网计算机数 3 089 万台,上网用户数 7 950 万,居世界第二位。[①] 由于通信技术的发展和信息流动的加快,企业获取信息在一定程度上已不受时间和空间区位的限制,企业之间、企业的经营部门与生产部门之间可以在空间上相分离。这样就造成了两种趋势,即企业的经营部门日益向中心商业区聚集,以便及时获取各种信息和服务,而生产和后勤部门则可以分散在郊区进行生产,以节约地租。信息网络使城市居民的工作、教育、生活、购物、就医、娱乐等打破时空限制,人们对办公室、学校、购物中心、医院、交通工具等的依赖大大减弱;部分工业生产对资源、对高度集中的生产规模的依赖性亦降低,削弱了聚集的动力。这就大大拓宽了城市的活动空间,甚至一些偏远的山区也可以产生像"硅谷"这样的高科技园区。

由于信息技术使人们摆脱了距离和时间的限制,人们能够摆脱城市各种污染,走向广阔的农村、海边、山区,形成山乡、海滨特色的村落形态,享受田园生活的乐趣和现代别墅生活的舒适,形成诗意化的人居环境。另外,收音机、电视机等现代化的大众传播媒介,使人们可以从更广泛的领域里获取更多的信息。郊区和乡下那种封闭和半封闭的状态已被打破,在郊区生活也可以在一定程度上享受城市文明的乐趣。

二、中国城市郊区化的动力归纳

郊区化的动力机制是指推动郊区化产生和发展所必需的动力和机理,以及约束、维持和改善这种作用机理的各种经济关系、组织

---

① 国务院新闻办公室:《中国人权事业的进展白皮书(2003)》,2004 年。

制度等构成的一个综合作用力。

分析中国城市郊区化的动力机制，必须把上面所述的城市土地使用制度改革，住房制度改革与危旧房改造，城市交通、通信条件的改善，生态等城市郊区化的影响因素，放在中国在进行经济体制改革过程中每座城市所共同面对的宏观经济社会背景下，进行系统地归纳和分析，给出一个全面、系统而又逻辑一贯的解释。笔者认为，中国城市郊区化的动力主要集中在三个方面：制度力，市场力，自然力。

（一）制度力

经济学把制度理解为抽象的无法表述的外部安排，即制度是对社会、人们行为的规定，社会中的行为将服从制度的安排。因此，制度因素几乎全方位地影响经济、社会发展，因而也必然对城市郊区化进程产生全方位的影响。从前面中国城市郊区化的发展阶段分析中，可以看出，中国城市郊区化产生的直接主导力来自于制度与政策的变革。

制度对城市郊区化进程的影响主要体现在以下三个方面：

1. 政府的直接干预。

在从计划经济向市场经济的转轨时期，虽然政府已经不再全面干预社会经济的发展，但在某些领域政府的直接干预仍在起主要的作用。在中国城市郊区化的起始阶段，只有政府对资源配置和经济活动起支配作用，而企业和居民这两种城市发展的力量不是决定性的因素。城市空间系统的运行所依赖的不是市场经济下个人决策行动的系统结构，而是计划经济下中央集中决策、部门分散行动的系统结构。政府靠行政强力手段的推动作用非常显著。如旧城改造和开发区的设立等，都是政府直接干预社会经济生活的表现。这与西方一些国家城市郊区化有明显的区别。杰斐逊曾指出，管得最少的政府是最好的政府，这可以说是美国实行自由放任政策的政治哲学基础。在美国城市郊区化的发展过程中，很少受到联邦政府和州政府的直接干预,因而其发展进程基本上是市场经济的产物。

2. 通过制度创新作用于城市郊区化进程,促进城市郊区化的发展。

对我国来讲,就是改变了过去在计划经济条件下形成的不利于人口和其他经济要素流动的户籍制度、住房制度、土地制度、社会保障制度、行政管理制度等,打破了过去僵化的城乡二元结构,使市场机制发挥配置资源的基础性作用,根据市场准则和经济规律配置生产要素,让各种经济要素和人口能够随比较利益选择自由的流动和集聚,达到有效的组合,促进经济的规模化与高级化,进而推动城市郊区化的进程。同时,通过优化安排一切作用于工业化的具体制度,促进工业化的发展,从而通过工业化间接地作用于城市郊区化。主要包括形成高效率的企业制度,建立良好的投融资体制和民间资本积累与投资的激励机制,以及加快建立规范公正的财税制度等。因此,在城市郊区化的进程中,相关制度的创新与变革将对城市郊区化的顺利进行起着至关重要的作用。[①]

3. 国家宏观发展战略的转变对城市郊区化产生了深远的影响,尤其是各大城市开发区的设立,大大拉动了工业郊区化的进程。

随着开发区生活设施的不断完善,开发区的城市功能显现,这对人口居住的吸引力大大增强,开发区逐渐成为人口郊区化的重要区域。

(二)市场力

中国城市郊区化是在随着市场经济的初步建立、人民生活水平和工业化水平不断提高、城市交通日益改善等宏观背景下发生的,这是郊区化得以产生、发展的必然基础和内在动力,这一点与西方国家有类似之处。

[①] 陈甬军、徐强等:《政府在城市化进程中的作用分析》,载于《福建论坛》第228期,第23页。

在市场经济体制下，政府、企业和居民以自身的方式参与经济活动、资源配置和城市开发成为可能。政府是以间接的方式参与的，而企业和居民通过市场直接参与，只不过居民是弱势的。在政府与企业和居民的相互作用中，一般表现为后两者尽可能地扩大自身利益的满足，而政府则从社会发展出发，设法使其行动纳入政府认可的秩序中。但城市的发展最终是由企业和居民来实施，市场使城市土地的使用、区位的选择建立在个体决策的基础之上。

随着我国一些中心城市规模的不断扩大，城市交通设施的逐步完善，城市内部的向心力和离心力开始发挥作用。这种向心力和离心力是由于不同的土地利用模式对城市区位的竞争而产生的。由于城市交通工具的发展和改进，城市人口和物资的流动加快，使市中心的可达性增强，辐射范围扩大，市中心成为商家必争之地，于是市中心的地价飞涨，产生级差地租。由于不同产业单位面积的产出率不同，其支付地租的能力也不同。同时，不同的产业对于城市区位的要求也不同，如商业、服务业等第三产业要面向大众，具有较强的向心性，所以在区位选择上倾向于中心区位。而第二产业占地很大，支付地租的能力较差，于是在市场的自由竞争下，使许多工业企业从市中心迁移到城市郊区。

同时，税收政策也是工业郊区化的一个重要推动因素。在我国设立的开发区内的企业，往往比在其他城市区域的企业能享受更加优惠的税收政策，因而在吸引大量外资进入的同时，也吸引了大量的城市其他区域企业的进入和投资。

在工业企业初步向郊区迁移的同时，城市中心的居民由于就业的需要，开始了郊迁，形成了人口郊区化的一轮浪潮。尤为重要的是，随着居民收入的增加，轿车开始大量进入家庭，方便的出行为居住郊区化提供了可能。技术发展因素——新的交通设施和通信设施使郊迁的缺点大幅下降，从而消除了郊迁的顾虑，鼓励了郊区化。

可见，企业的自由迁移、居民的自主区位选择等，其实质是市场作用的结果,即市场力的拉动。

(三) 自然力

经济活动的一个基本特性就是,从环境中提取物质,在生产和消费中转化物质,以及最终向环境还原物质。无论城市郊区化发展的途径如何,其根本发展动力都出自于人类的需要,而发展的最终归宿也是能满足这种需要。

对土地和适宜环境的需求,如同其他物品一样,渴望是随着相对价格和收入的变化而变化。如,随着收入的增加,对户外闲暇的需求增加,且希望居住在更加适宜的、服务设施齐全的环境中。于是,迁移作为对区位相对固定的适宜环境的需求变化的结果而出现。基于这样的分析,区域间土地、环境质量的差异会随着时间的推移导致区域间的资源流动和区域间的政策竞争。居民将会离开那些忽视土地、环境保护和允许污染企业迁入的地区。另一方面,那些极大地提高了环境氛围的区域则会吸引更多的居民。在短期,具有相同的人均环境收入偏好的人会把他们聚集在该区域的一种空间范围内。

但土地、环境等资源供给往往是缺乏弹性的。为了可持续发展的需要,利益主体对利益的追求应受制于自然禀赋,这是靠社会发展自身很难改变的一种力量。如土地可供量、环境等是郊区化的动力机制体系中一个不可或缺的重要组成部分。

在土地、环境资源现行的前提下,如果想要维持共享的土地、环境资源的质量,人们就得把土地、环境资源的利用水平控制到其吸收能力以下,或者在以后通过私人或公共部门的活动提高土地、环境质量。传统的研究方法是把它限定为一个外部性问题,也就是社会部分地或全部地纠正由于外部性而引起的分配不公的多种可能机制。但是经济分析仍然强调通过价格体系来操纵的政策手段的重要性。因为它们会产生在空间上分布不均的经济租金。如环境资源的租金可以通过不同的形式获得:家庭的非货币化收入(福利设施）或成本节约（较低的保健成本）；在环境质量成为某个特定趣味的特性市的土地价值；商业企业的成本节约（由于受家庭收益而形成的低工资，清洁物质和处理废物的低成本，例如对水的处理）。[①] 因为优越的环境质量带来的收入具有较高的弹性，生产要素由于要素收入或环境质量的差异，随着时间的推移在区域之间进行流动。更进一步讲，高收入的大都市区域的居民往往把自然状态的、居住分散的、适于修养的较高的环境质量，看成有弹性的消费物品。因而，一个公认的具有很好的服务设施的郊区，人口的净迁入，会随着人均实际收入的增加而上升。

在我国，对自然力的认识经历了一个复杂的过程。从"人定胜天"的荒谬，不顾土地、环境可承载力的过度索取，到先发展、后治理的被动保护，再到人与自然、社会的协调发展，这其中包含着对自然力的否定、不适应到自觉遵照自然力的约束三个不同的阶段。表现在城市郊区化的发展上，我国也经历了一个从无序到有序，从无规划到有规划，从"拍脑袋"的任意向按照城市发展的客观规律的转变。

三、中国城市郊区化动力机制架构

通过以上分析可以看出，郊区化是在改革开放的大背景下，由于制度的变革、市场经济的完善，促使企业和居民在城市快速发展进程中重新进行了空间区位的选择，在这一过程中土地供给和环境因素也影响了选择。

需要指出的是，虽然企业和居民也参与了城市郊区化的过程，但是他们是在政策制度的变革下进行的适应性调整，尤其是居民。这与国外的居民主动参与郊区化过程是不同的，但这也许可以理解

---

① 彼得·尼茨坎普主编，安虎森等译：《区域和经济学手册》第1卷，经济科学出版社2002年版，第539页。

为市场经济发展阶段不同而造成的。这有两层含义：一是我国刚刚由计划经济向市场经济过渡，变革的社会发展阶段使郊区化发展表现出特殊性；二是欧美发达国家的市场经济发展时间较长，社会基础雄厚，基础设施发达，市民自我意识强烈，使其发展的主动性和可能性较强。

同时，我国巨大的人口规模，促使城市空间的急剧扩展，而这种扩展短时期内是难以改变的。正是我国独特的国情，造成了我国不同于西方国家的城市郊区化动力机制（见图2.10）。

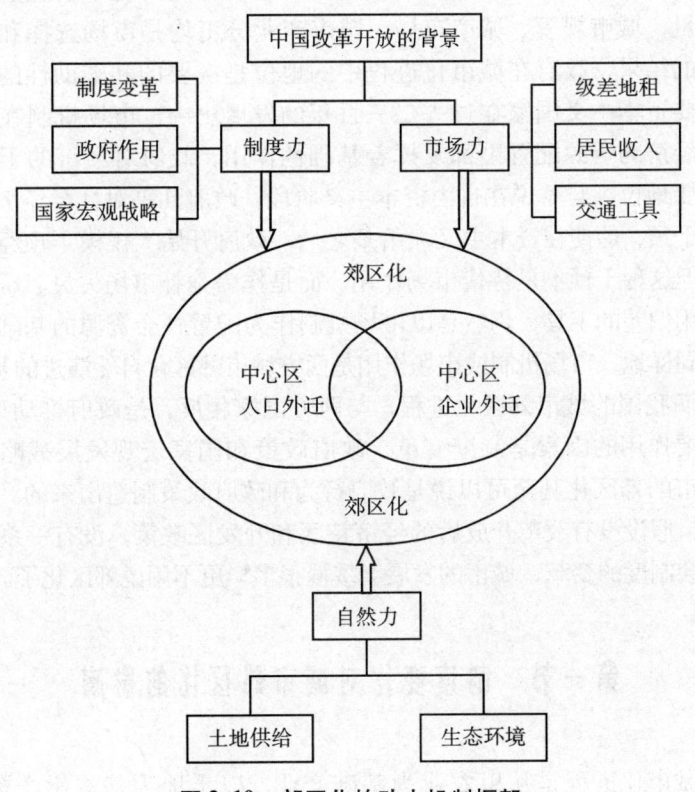

图2.10　郊区化的动力机制框架

第三章 制度力对中国城市郊区化的主导作用分析

在西方国家的城市郊区化进程中起基础作用的是市场经济的推动力量,城市规模、城市布局、城市产业分工均是市场选择和市场作用的结果,政府在城市化进程中的地位是次要的和辅助性的。西方主要资本主义国家在过去二三百年的发展史中,市场机制在整个社会经济的资源配置中都发挥着基础性作用,政府对经济的干预处于次要地位。且不说在自由资本主义阶段,政府几乎对社会经济运行不加干预,即使在资本主义大萧条之后,政府开始大规模干预经济运行,但这种干预不是替代市场作用,而是作为弥补市场失灵、矫正市场作用偏差的工具,仍然是以市场机制作为配置社会资源的基础性力量。同样地,市场机制或市场作用是西方城市郊区化自然演进的基础。

而我国的城市郊区化进程,与西方国家相反,是政府推动型的,起主要作用的因素是制度变革、政府政策和国家宏观发展战略。有些城市的郊区化甚至可以说是政府行为和政府政策制造出来的。可以想象,假设没有改革开放后的经济特区和开发区政策,没有一系列经济社会制度的变革,城市的发展会缓慢很多,更不用说郊区化了。

第一节 制度变化对城市郊区化的影响

城市化进程是从以农业为基础产业,以土地为基本生产资料,以个体劳动为基本劳动生产方式,以血缘关系为纽带的相对封闭、分散的、传统的村落聚居制度向以非农产业为基础产业，以非土地经济要素为基本生产资料，以组织性的集体劳动为主要劳动形式，以业缘关系为纽带的相对开放、集中的现代的城市聚居制度变迁的过程。从制度经济学派的观点来看，城市化进程即是人类社会经济活动组织及其生存社区制度安排由传统的制度安排向新型的制度安排转变的过程。对于一个正处于制度变革的国家来说，制度安排与制度创新会作为一种最为重要和最为强烈的要素，影响着社会经济的发展和城市化的进程。郊区化作为城市化发展的一个阶段，自然也受到影响。

一、土地制度变革的推动作用和约束分析

正像笔者在前面论述的那样，土地制度是影响我国城市郊区化进程的一个突出而重大的问题。

（一）土地征用制度的变革

城市郊区化的进程必然伴随着土地使用权和所有权的大量转移。大规模的经济开发和城市基础设施建设，要求原有的城区向郊区乃至农村地区大范围地扩张。这种扩张，根据我国法律规定，必须首先进行土地征用。

我国的土地征用制度，是在20世纪50年代为了适应大规模的国家建设需要而建立起来的，只不过当时征地的对象，除农业生产合作社的集体土地以外，还有农民私人土地。随着人民公社大集体格局的形成，农民私人所有的包括土地在内的重要生产资料的集体化，土地的私人所有状况最终被消灭，土地的集体所有与国家所有并存的制度得以确立。改革开放以后，国家不仅在立法上，而且在实践上，对20世纪50年代的征地制度进行了确认，并在新形势下进一步发展并予以完善。

1950～1992年是基于计划经济时期的土地征用制度。这一时

期的共同特点是土地征用的国家强制性。我国最早在1950年政务院通过的《城市郊区土地改革条例》中就出现了土地征用的概念，其后1954年的宪法规定了土地征用的条款，而且1975年、1978年以及现行的1982年宪法中都有关于土地征用的具体条款。从历次宪法关于土地征用的条款本身来说，土地征用的宪法概念基本包含以下几个要件：为了公共利益的需要；依照法律规定进行征用；征用主体是国家；征用的对象是城乡私人的土地或农村集体经济组织所有的土地。计划经济条件下，国家通过农村土地的集体所有制，把当时极为落后、分散的小农经济组织起来，并由此将农业生产纳入到了计划经济体制之中；国家通过限制土地出租、买卖，通过计划安排农业生产，事实上把农村土地的集体所有权限制在从事农业生产、获取农业收益上，也实现了对农业土地的控制。国家通过城市土地行政划拨使用制度实行了对城市土地的计划控制。而通过国家建设征用土地制度，则既分别控制了农业用地和城市用地的总量，又控制了农业用地向非农产业用地转化的进程和成本。同时，它还将用地类别与土地所有制性质结合起来：一旦农业土地转为非农用地，土地所有权即转变为国有。可以认为，就服务于计划经济而言，这种土地制度是简明而周密的。所以，就制度变迁的性质而言，总体上应该属于"帕累托改进"性质的。[①] 就制度变迁的类型而言，由于这一时期的征地制度变迁主要是中央政府基于为经济建设服务而主动调整，所以，如果按新制度经济学的理论分析，这一时期的征地制度变迁应属于供给强制性制度变迁。在计划经济条件下，从中央到地方、到公民法制观念普遍较差，尤其是中央，对于行政强制性极强的征地制度并不以法律、法规形式规范，而多以"通知"、"办法"、"条例"等约束，造成征地权滥用，从而大量耕地被乱占、滥用。

---

① 张慧芳：《土地征用研究——基于效率与公平框架下的解释与制度设计》（博士学位论文），南开大学2005年。

1992年至今是基于市场经济时期的土地征用制度。这一阶段的主要特点是依据土地利用规划实行以用途管制为核心内容的农用地转用和土地征用审批制度,征地批后实施实行"两公告一登记"制度。从1992年初,确立了我国建设社会主义市场经济的目标,经济快速发展,"国家建设"土地需求量猛增。但作为集体土地(基本为耕地)转为"国家建设"用地的唯一合法途径——土地征用制度在这一期间基本未变,从1992~1998年新土地管理法颁布之前,我国土地征用补偿仍沿用1986年土地管理法规定的标准。土地征用制度变迁滞后,带来了诸多问题,突出、直接地表现在地方政府越权批地、乱占耕地上:从1992年下半年起,各级地方政府盲目上马各类规模名称各异的开发区,乱占耕地现象空前严重。国务院于1992年11月18日发出《国务院关于严格制止乱占、滥用耕地的紧急通知》,① 该通知主要强调要严格依法审批土地,加强对各类开发区审批、建设的管理,坚持资源管理和资产管理并重及进一步规范地产市场等。1992年,国务院批准国家土地局和农业部建立"基本农田保护制度"的请示,"基本农田保护制度"建立。1994年,国务院发布《基本农田保护条例》,但由于土地征用制度立法滞后,土地违法占用、转让的狂潮虽三令五申仍不能禁止,中共中央、国务院于1997年4月15日又发布《关于进一步加强土地管理切实保护耕地的通知》(中发〔1997〕11号文)。这一期间国家有关法规的建立和经济发展战略的调整,既暴露了土地征用制度的缺陷,又为土地征用制度的变迁奠定了某种基础,主要的

---

① 该通知指出:"中共中央、国务院《关于加强土地管理制止乱占耕地的通知》(中发〔1986〕7号)和《中华人民共和国土地管理法》(以下简称《土地管理法》)发布以后,我国耕地面积锐减的势头初步得到控制,耕地减少和净减少数,从1985年的160万公顷(2400万亩)和100万公顷(1500万亩),下降到1990年的46万多公顷(700万亩)和6万多公顷(100多万亩)。但是,近两年来,乱占、滥用耕地及违法用地、批地的现象又重新抬头,1991年全国净减少耕地又回升到23万多公顷(350万亩),预计今年(1986年)将大大超过去年的水平。随着经济的发展不可避免要占用部分耕地,但要坚决制止乱占、滥用的行为。否则,势必影响农业的发展,从而制约国民经济的健康发展。"

有：1994年7月5日《中华人民共和国城市房地产管理法》①（自1995年1月1日起施行）的颁布将城市土地管理纳入了依法规范的轨道；1995年9月，党的第十四届五中全会指出，要实现我国国民经济和社会发展的第三步战略目标，基本实现现代化，关键是要"实行两个具有全局意义的根本性转变，一是经济体制从传统的计划经济体制向社会主义市场经济体制转变，二是经济增长方式从粗放型向集约型转变"；1997年9月，党的第十五次代表大会更是明确要求"进一步发挥市场对资源配置的基础性作用"。

　　根据中央的上述总的路线和方针，1998年8月29日，经第九届全国人大常委会第四次会议审议通过，新修订的《土地管理法》于1999年1月1日起正式施行。新《土地管理法》在立法指导思想上，从保障建设用地供应为主转到切实保护耕地为主；在土地管理方式上，从分级限额审批制度转到用途管制制度；在土地利用方式上，从外延粗放型转到内涵集约型；在各级政府土地管理职权分配上，从土地管理权主要集中在市、县转到按社会主义市场经济和土地用途管制要求合理划分；在调整范围上，从单纯调整行政管理关系转到既调整行政管理关系又调整财产关系。尤其是明确规定了"用途管制"和"耕地占补平衡"等制度，突出对耕地的保护。在土地征用制度方面则作出了重大的调整（主要是上收了征地批准权限，提高了征地补偿标准。但征地补偿继续沿用按亩产值的倍数确定征地标准的做法，只是提高了补偿标准的倍数），逐步形成了一套全新的、系统的土地征用制度体系。在征地审批制度上，将过去的分级限额审批制度变革为依据土地利用规划，实行以用途管制为核心内容的农用地转用和土地征用审批制度，取消了市、县一级人民政府的征地审批权，但将存量土地供地的审批权下放。这样既体现了对耕地的严格保护，又鼓励市、县政府充分盘活存量土地。

---

① 《城市房地产管理法》第8条规定，"城市规划区内的集体所有的土地经依法征用转为国有土地后，该幅国有土地的使用权方可有偿出让。"进一步确立了征地制度为集体所有土地转为国有土地的唯一合法途径。

征地报批，严格区分城市分批次建设征用土地和单独选址项目征用土地，并按不同的要求填写"一书四方案"（指建设用地呈报说明书、征用土地方案、补偿安置方案、补充耕地方案、供地方案）等征地报批材料。征地的批后实施，明确要实行"两公告一登记"（指征用土地方案公告、补偿安置方案公告和补偿登记）制度，强调要依法保护农民利益。在征地补偿标准上，大幅度上调了各项补偿安置标准，将原《土地管理法》规定的各项补偿费用之和不得超过"被征用土地前三年平均年产值的二十倍"调整为"三十倍"。在征地主体上，要求必须实行政府统一征地，并实行政事分开，不允许用地单位直接与被征地的集体经济组织讨价还价。另外，还规定市、县人民政府因城市发展建设，需要将农用地转化为建设用地的，应缴纳"新增建设用地土地有偿使用费"，此举试图通过经济手段来调控城市用地的扩张规模与速度等。新《土地管理法》确立的一些基本条款较为充分地体现了遵照市场规律"公开、公平、公正"地保护和科学合理配置土地资源的总原则，具有鲜明的市场经济特征。在建设用地取向上，严格控制增量扩展，积极推行内涵挖潜，从而实现有利于促进资源的集约利用，有利于保护农用地土地产权主体的经济利益，有利于国民经济的高效与可持续发展的土地资源管理目标，逐步适应社会主义市场经济发展的要求。

土地使用制度的改革是我国经济体制改革的一项重大措施。在坚持社会主义土地公有制的基础上，遵循土地使用权同所有权相分离的原则，变过去的无偿、无限期、无流动的土地划拨为有偿、有限期、有流动的土地使用，为生产力的合理布局和地域组合结构优化提供了可靠的政策保证，对城市的郊区化进程起到了较大的促进作用。具体表现为：

增大生产力布局结构优化的空间，有力地促进各种生产要素由城市中心区向郊区的流动，推动郊区土地资源的重新配置过程。为优化城市中心区内土地利用结构布局，各地先后颁布了一系列的条款和法令，通过各种优惠的土地使用政策，鼓励城区内的工业企业搬迁至中心城区以外的地域，实行第二产业用地向第三产业用地的结构性调整。土地使用制度改革，强调了土地财产性，赋予了土地权属价值。土地作为一种商品，可以按照等价交换的原则开展交易，使之同其他生产要素（如资本、技术、劳动力等）的自由组合和合理配置成为可能。

增强城市作为经济中心区的辐射带动作用，使城市的生产力布局向郊区辐射转移。土地使用制度改革，提高了人们对土地价格形成机制的认识，逐步发挥土地价格的市场形成机制，尤其是加强了土地区位因素在土地整体价格形成中的作用。这为土地开发中优位优用、优地高价创造了条件。在土地使用结构中，土地的等级越高，越是吸引经济效益高、对城市土地的综合经济环境要求高的产业部门，如商业、金融等。而城区内土地等级高，收取的费用越高，直接限制了一些行业的发展，如工业、仓储等。使它们不得不寻求更加廉价的地段来降低成本，以求更好地发展和生存。这便更加突出了城市占有的有利地理位置，空间经济集聚作用显著，使土地成为了极其宝贵的财富。土地使用制度的改革有力地强化了城市经济中心的功能，增强了城市中心区的辐射作用，使城市郊区受到强有力的带动，使生产力布局更加合理，区域经济增长具有更强的活力。

带动城乡工业的协调发展，优化城郊地区的经济结构，推动郊区土地利用的非农化进程。过去城市土地的无偿使用，导致了城市工业盲目发展，土地利用结构畸形。土地使用制度的改革，使地租或地价对城市土地需求的调节作用得以充分发挥。工业在大城市中的主导地位相对弱化，第三产业发展迅速，并逐渐成为主导产业。城市工业区一方面由传统工业向高新技术和智力型的新兴产业转移，企业组织结构向股份化、大型化、集团化、国际化方面发展；另一方面，一些劳动密集型，适用于中小规模经营或占地多的企业不得不迁离闹市，向郊区或其他乡村转移，广大城郊地区由于土地面积广、地价低、靠近农副产品原料生产地，劳动力资源丰富，日益显现出对工业布局的吸引力。城市大工业的扩散与乡村乡镇企业的发展,有力地促进了城市郊区化和现代化的进程。

(二)现行土地制度供给结构与城市郊区化需求的矛盾和冲突

以上内容为核心要素的土地制度供给,虽然对郊区化的发展起到了很大的推动和诱导作用,但是与目前和将来城市郊区化的发展,以及总经济体制向市场经济模式转变对土地制度的需求,发生了尖锐冲突,陷入了现行土地制度运行的困境。

1. 土地制度滞后于市场化。

经过二十多年的努力,中国经济的市场化进程已经取得了举世瞩目的成就:从整体上已是市场经济国家了。也就是说,土地征用的制度环境已经发生根本性变化。

市场化是指经济资源由计划配置为主体向由市场配置为主体的根本转变,以及由此所引起的企业行为、政府职能等一系列经济关系与上述转变相适应的过程。[①] 许多学者对我国的市场化进度与程度进行了定性与定量研究,这里给出几种有代表性的成果,如表3.1、表3.2所示,以帮助我们理解土地征用的制度环境所发生的巨大变化。

表3.1　　　　　对中国市场化进程的各种测度指数　　　　　%

研究者 \ 年份	1980	1990	1992	1994	1995	1996	1997	1999	2001
卢中原、胡鞍钢			62						
江晓薇、宋红旭					38				
国家计委课题组					65				
顾海兵	5	35				40		50	
陈宗胜等							60		
常修泽							50		
李晓西									69

资料来源:根据王全斌的《关于我国市场化进程的研究》,载于《中国经济时报》2002年7月20日及原资料整理。

---

① 常修泽、高明华:《我国国民经济市场化的发展》,载于《经济研究》1998年第12期,第71页。

对表 3.1 的说明：对于是否达到市场经济标准，学者们认为 60% 应是一个临界水准。超过 60% 就达到了市场经济标准的最低线，就成为了市场经济国家。如果承认 80%～100% 之间都是成熟市场经济的区间，那么，69% 的市场经济水准，更应承认是市场经济国家了。

表 3.2　　　　房地产及土地市场化程度测度指数　　　　　　　%

年　份	1978	1986	1990	1992	1995	1997
房地产市场化	0	21.12	22.83	21.86	39.33	40.00
土地市场化	0	0	0.5	3.78	19.75	22.5

资料来源：曹振良、高晓慧的《中国房地产业发展与管理研究》，北京大学出版社 2002 年版，第 135 页。（1997 年房地产市场化数字来自中国网 2003 年 4 月 3 日发布数据，1997 年土地市场化数据来自常修泽 1998 年测算数据）

对表 3.2 的说明：房地产市场的主要测度指标包括：城镇住房私有率；住房消费支出比重；房价收入比；房地产金融深化过程；房地产投资多样化、土地出让市场化程度；住房价格市场化程度 7 个指标，房地产市场化指标为这 7 个指标的加权平均数。土地市场化，准确地说是土地出让的市场化，一般用土地市场交易量与全部土地出让量（包括划拨和有偿出让）之比来反映。

在中国，市场经济的法律体系已基本建立。这些年来，通过三次修改宪法，已明确了"国家实行社会主义市场经济"，确立了各种市场经济主体的平等地位。根据市场经济发展的需要，制定了一系列法律，确立了市场规则，规范了市场主体行为，明确了国家管理经济的职能。

由上可知，经过二十多年的改革开放，我国社会主义市场经济体制的基本框架已经基本确立，土地征用的制度环境已经发生根本性变化——从传统计划经济到"整体上已是市场经济国家"。

在市场化取向的改革中，我国各个领域、各个层面都经历了一个改革开放的过程，一个快速市场化的过程，而各个领域、各个层面的改革又是相互影响、相互促进的，可以说，每一项改革的外部环境（制度环境）都在发生变化，每一项改革也都在影响着外部环境（制度环境）。如果说整个制度环境 Y 是因变量的话，那么，每一项如农产品、工业品、服务产品、劳动力、金融资本化、土地、经济国际化等的市场化改革 X_1，X_2，…，X_L，…，X_n 就都是自变量（其中 X_L 表示土地市场化程度），以公式表示为：

$$Y = f(X_1, X_2, \cdots, X_L, \cdots, X_n) \qquad (6-1)$$

当 1992 年 $Y=62\%$（如表 3.1 卢中原、胡鞍钢测算数字）时，$X_L=3.78\%$，说明土地市场化程度远远落后于国民经济市场化；到 2001 年，$Y=69\%$，$X_L=40\%$，土地市场化程度已有显著提高，但还是远落后于国民经济市场化程度。究其原因还是在于征地制度：我国的法律制度限制农用地转化为国家建设用地的自由交易，农用地转化为国家建设用地只有一个渠道——土地征用。土地征用既具有强制性，又具有高度垄断性，在土地征用过程中，只有一个需求者——地方政府，与此相适应，我国的城镇建设用地一级市场也是一个高度垄断的市场，只有一个供给者——地方政府，这样，土地市场的源头——初始可作为商品交易的土地的"生产"和"供给"（即土地一级市场）都被政府"一家企业"通过征用制度高度垄断。

这种高度的垄断性同时决定了农用地征用价格较低和建设用地的供给价格相对较高。从而，较低的征用价格和较高的建设用地价格决定了农用地非农化过程中有一个较大的增值，政府凭借其行政征用的权力，实现了对这部分财富的攫取，从而成了土地征用的既得利益集团。作为现行制度的既得利益者，地方政府显然缺乏推动土地征用制度改革的激励。此外，由于征地价格较低和政府官员的寻租行为，一级市场上"相对较高的供给价格"相比于真实的市场价格（如拍卖价格）而言就会很低，这使得政府官员和土地需求者（如房地产公司）都成了土地征用制度的既得利益集团。这些利益集团形成了征地制度改革的"阻力集团"。

根据新制度经济学理论,制度变迁决定于受制度变迁影响的不同利益集团之间的力量对比。由于这些既得利益集团在既存的权力结构中占据优势地位,就使得它们出于自身利益的需要会尽力也有可能使现时和将来的征地制度变迁按符合自己利益发展的方式进行下去,而极力阻挠那些对自己的既得利益的发生非增益性的变动的制度变革的产生,这样一来,在其他条件不变的情况下,制度变迁在一个较长的时间段内都会按同一既定的变迁模式继续下去,从而形成改革的"路径依赖"(path-dependence)性(其根源则在于制度行为主体既得利益改变的困难性)。从现实中征地制度变迁看,几次所谓改革(如提高补偿费用)都只不过是制度的边际演化而非制度的彻底改革。这充分表明我国的征地制度变迁已在某种程度上形成"路径依赖",除非既定制度变迁模式下的既得利益集团的利益偏好和权力对比发生变化,否则即使社会有改变征地制度的制度变革需求,实际的制度供给也难以推进到这一步。这部分地解释了我国的征地制度在二十多年的经济转轨过程中成为改革最慢的领域之一,同时,上述的土地市场化程度低且难以提高也当在情理之中了。

而郊区化进程对土地的大量需求,只有在土地市场化的基础上才能实现帕累托最优,否则,就会大大增加制度成本和制度阻力。

2. 土地管制过度和管制失效并存。

政府对土地分配、使用和交易管制过度与管制失效并存。过去土地管理组织和各种法律、法规体现和内含了这样一些假设和精神:一是以为放任由市场为主配置土地资源,肯定会混乱,因此,要集中分配和管理土地。其建立在这样的假设之上,假定分配和管理土地的机构和人员能预测千千万万种土地需求并及时地组织供给,假定这种土地纵向集中管理和分配的信息成本和运行的交易成本为零,或者比市场配置低;假定各种与土地有关的机构和工作人员没有自己的私利,他们的利益与国家和社会的利益是高度一致的。二是各种与土地管理有关的法律、法规中,其立法的严格保护耕地、确保粮食安全、平均农户土地、制约农民进城等意图很强，而对二元结构转换趋势、农村剩余劳动力向城镇的转移、总人口中城市化水平的提高等考虑不够，甚至许多立法意图与之尖锐冲突。三是各种与土地有关的立法中，强化行政审批，强化审批权上收和集中，强化政府对土地的垄断，强化各种收费，强化行政管制的意图很浓，而对土地市场的放开搞活、居民的涉地民主权利、公共管理和公共服务性政府、政府土地管理立法行政监督三分离等精神体现的不够，甚至与之尖锐冲突。①

　　政府目前高度集中和僵化的土地制度供给，极不适应经济发展和城市郊区化的制度需求，并且阻碍农村耕地向规模、专业化家庭农场集中，阻碍土地向城市化和工业化分配，也阻碍了城镇土地和房产的流动和再配置，加大了交易成本。在涉地的许多法律和法规中，切实保护耕地、严格控制农地转为非农地的导向非常强烈；农民对承包的土地，不得改变作其他用途，宅基地不得转让；为了公平用地利益和防止土地兼并，对农户拥有土地的最高面积进行限制。在这样重农思想的制度安排下，土地被用作城市建设和企业场地受到严格的控制，土地制度中渗透着耕地为本、农业为本、限制城市和工商企业发展的立法意识；而随着农民城镇化的进程，如果不让土地流转，不让转让宅基地，耕地撂荒和空巢住宅将越来越多；现代化农场的发展也将受到最高土地面积规定的限制。

　　前面已述，土地征用的权力被国务院和省政府高度集中。实际上可以想象，城市都处于较好的地形位置上，也是一个整体地理形式，我们不可能为了不占耕地，而将其分散地建设在山坡、荒漠等处；也可能现有的城市所辖行政区地理面积较小，没有山坡等非耕地可用，城市扩大只能占用耕地面积。实际的土地资源分配中，随着农业经济向城市经济和工商业经济的转型，大量的违"法"将

---

① 周天勇：《土地制度的供求冲突与其改革的框架性安排》，载于《管理世界》2003年第10期，第37页。

农村土地转变为城市、住宅、工商业和服务业用地的情况比比皆是，到处可见，这到底是农业社会向城市和工商社会转型的不可抗拒的趋势，还是乱占耕地、土地管理失控的混乱呢？

从土地资源流动和配置看，现行土地管理中的分配和控制制度不适应于市场经济配置资源的需要，土地要素配置时间长、效率低、交易成本过高，并且土地闲置、浪费和稀缺并存。由于征地审批权力的高度集中和涉地行政管理部门较多，一个项目用地从审批到开工建设，往往从基层上报到国务院和省政府批复，并由各规划、计划、土地、建设、外经贸、房地产、国资、环保等许多涉地行政管理部门认可后实施，需要盖章少则几十，多则二百多个公章，需要少则一年，多则三年，甚至更长的时间才能盖完。改变土地用途的报告、转让土地使用权的申请等等，审批环节也很多，需要报批的部门也不少，各部门管理的规定时有冲突。投资者、建设者和其他土地变更事宜，需要支付打通各种关系的协商和谈判成本，如果贷款还要支付贷款闲置时的利息成本，还要承受因时间太长而市场变化造成项目建成后亏损报废的风险。

在政府管制过度的同时，也存在着政府土地管理失效。由于土地征用、土地用途改变、土地和房产转让等受到政府集中和管制过度的制约，而城市化和市场经济对土地要素配置和高效率流动有着内在强劲的要求，于是集体土地联建、化整为零审批、私下出租和交易房地、私自改变土地和房产用途等情况防不胜防，管不胜管，最后法不责众，不了了之。而就土地利用情况来看，在这样的既管不了又管不好，应该管的没有管，不应该管的管了不少的土地集中和管制体制下，有的单位土地闲置，利用率不高，有的单位迫切需要土地，而得不到土地；土地审批中的腐败久治不绝，而且日趋严重；有的开发商从土地倒卖、土地优惠中获得暴利；一部分土地收益通过各种渠道流入审批、不法中介、私人开发商等人的手中；而且一些城市中的建设并没有按照规划严格得以实施，乱占乱建、容积率太高、城市功能分区混乱，农、工、商、居、政、兵、学等杂处的现象也不少见。

(三) 郊区土地用途转换对城市郊区化的约束

中国城市郊区化与人口居住用地、产业用地以及基础设施用地等的空间扩展过程应该是互动的，这就会引起土地用途的不断转换。而这些转换，受到现行土地制度约束。

1. 土地功能约束。

土地依据其类型可分为农用地、建设用地和未利用地。农用地是指直接用于农业生产的土地，包括耕地、林地、草地、农田水利用地、养殖水面等；建设用地是指建造建筑物、构筑物的土地，包括城乡住宅和公共设施用地，工矿用地，交通水利设施用地，旅游用地，军事设施用地等；未利用地是指农用地和建设用地以外的土地。土地按照用途，也可划分为住宅区，休闲区、公园、商业、政府区域，工业区，农田、荒地、水面湖区，矿区，自然保护区等。国家为保证土地资源的合理利用，经济、社会和环境资源的协调发展，通过编制土地利用总体规划划定土地用途区，确定土地使用限制条件，土地的所有者、使用者要严格依照国家规定的用途利用土地。

无论是在发达国家，还是在发展中国家，城市郊区化过程中的农地流转问题一直是一个颇受关注的问题。几乎每一个国家的土地法为了保护宝贵的土地资源，都严格限制农用地转为建设用地，控制建设用地总量，对耕地实行特殊保护。这样做无非出于三种目的：(1) 粮食安全；(2) 城市郊区化对公共财政的压力，迫使通过更严格的土地利用控制，如城市服务设施边界等手段，控制城市无限制蔓延；(3) 环境原因。农地转移后，可能会造成空气污染、土壤侵蚀、生物多样性减少、生物栖息地丧失等严重生态和环境问题。这种情况特别是对于人多地少的我国来说，保护农田，首先是保证了人口的粮食供给，其次，间接保证了淡水的供应，而农田的丧失，就会对人口的粮食供给和淡水供应产生严重的威胁。正因为如此，我国对城市化进程中的土地功能转换也严格控制。

2. 土地权力高度集中的约束。

前面已述，土地征用的权力被国务院和省政府高度集中。但实际的土地资源分配中，随着郊区农业经济向城市经济和工商业经济的转型，大量违"法"将农村土地转变为城市、住宅、工商业和服务业用地的情况比比皆是、到处可见，从表象上看，这是乱占耕地、土地管理失控的混乱，从深层次讲是农业社会向城市和工商社会转型的不可抗拒的趋势造成的。

从土地资源流动和配置看，现行土地管理的分配和控制制度不适应于市场经济配置资源的需要。由于土地征用、土地用途改变、土地和房产转让等受到政府集中和管制过度的制约，这与城市郊区化和市场经济对土地要素配置和高效率流动有着内在强劲的要求相悖。从这个角度看，土地制度的进一步变革，必将大大推动城市郊区化进程的步伐。

二、住房制度改革的效用分析

（一）我国住房制度的变化

长期以来，我国在城镇实行的是福利分房制度，这一制度限制了房产商品化，不利于房产作为一种商品在市场上的流转。福利分房制度连同户籍制度、土地划拨制度，成为我国的城市化进程的一大障碍。

20世纪80年代末，我国陆续出台了许多新的住房改革政策：一是城市住房分配制度的改革，即住房商品化，采取补贴出售住房、提高房租、实施房租现金补贴、居民集资建房、建立住房公积金等措施鼓励个人购房。打破了以往住房附属于工作单位，住房不能在市场上流通的局面，使得非城镇居民也可以到市区、郊区购房。

到1999年底,国家取消了福利分房制度,开始实行住房货币化制度。从福利性的住房分配制度到住房商品化制度,房价因素成了不得不考虑的重要因素。市民为了获得较宽敞的住房,只好作出郊区买房的选择,这无疑推动了居住的郊区化。

北京市50年来新建住宅的分布说明了这一点(见图3.1)。北京郊区住宅从开发上看,近郊区占很大比重,远郊区比重较低。从图3.1中可以看出,从20世纪80年代开始,北京近郊区又进入了为期约十年的高速发展期,同期城区和远郊区都呈下降状态,视为城市郊区化的一种表现;进入90年代,城区进入平衡状态,远郊区开始发展起来,近郊区则进入了下降状态,远郊区住宅开始进入发展阶段。

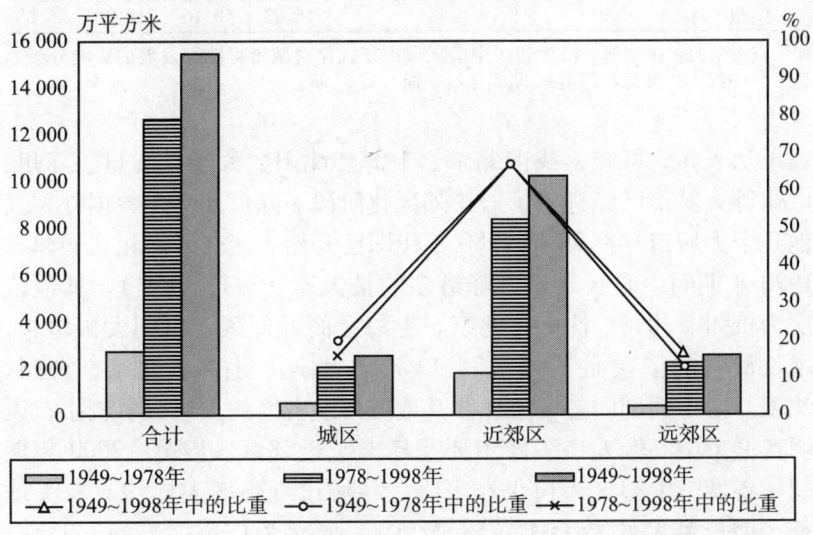

图3.1 北京50年分时期分区新建筑住宅面积及比重

资料来源:张应运的《北京城市化进程中郊区住宅发展现状及趋势研究》(硕士学位论文),首都师范大学2005年。

根据全国第三、四、五次人口普查资料及户籍人口统计资料，北京与我国一些大城市的居住郊区化发展进程的状况（见表3.3）基本吻合。

表3.3　　　　我国部分大城市居住郊区化情况

城市	人口增长（%）							
	1982~1990年				1990~2000年			
	中心区	近郊区	远郊区	全市	中心区	近郊区	远郊区	全市
北京	-3.38	40.46	13.12	17.20	-8.16	45.52	10.25	27.73
上海	-2.46	52.12	-1.02	6.50	-9.36	47.25	-1.20	25.47
沈阳	-6.73	31.04	3.10	16.60	-18.21	42.21	2.56	26.65
大连	-1.82	56.00	11.58	18.34	-12.25	58.22	10.05	28.31
杭州	-1.80	38.55	6.84	10.08	-5.92	38.51	3.12	28.32
苏州	-8.92	75.13	13.27	17.48	-8.02	38.66	3.65	20.55
广州					-16.23	50.16	11.20	25.60

资料来源：张文新、田辉的《中国大城市郊区化对城市可持续发展的影响分析》，载于《中国人口资源与环境》2003年第6期，第67页。

从表3.3可知，我国北京、上海、沈阳、大连、杭州、苏州、广州等大城市已经进入了居住郊区化阶段。除广州缺乏数据外，其他几个大城市早在20世纪80年代即已开始了居住郊区化。1982~1990年期间中心区人口下降最多的是大连（-11.82%），其他依次为杭州、苏州、沈阳、北京、上海，而近郊区人口则大幅增长，增长最多的依次是苏州（75.13%）、大连、上海、北京、杭州、沈阳。由于同期内各城市迁往其他城市或省区的人口数量较小，说明各城市中心区人口下降主要是迁向了近郊区。1990~2000年期间，各城市中心区人口仍在下降，各城市近郊区人口均有较大增长，增长最大的是大连（58.22%），依次为广州、上海、北京、沈阳、苏州、杭州。

（二）旧城改造

我国旧城改造的强力推动以及相关的政府优惠政策，加速了中心城区居民的外迁。

如从1995~2002年,上海市城市核心区居住建筑面积仅仅增加18.77%,而中心城边缘区和近郊区增幅分别达到67.82%和139.60%。据有关资料显示,仅内外环间就已建成了6 000万平方米住房(见图3.2),至少可以吸纳二百万多人口。由此可见,城市住房制度改革和旧城改造成为上海市人口居住郊区化的引擎,而郊区新住宅的大量兴建又为人口居住郊区化提供了可能。

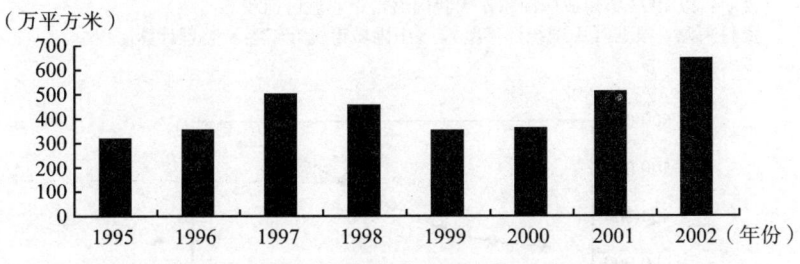

图3.2 1995~2002年上海市动迁完成情况

资料来源:上海市房屋土地资源管理局的《上海房地产市场》2004年。

(三) 住房制度改革对城市郊区化影响的实证分析

我国自1999年取消福利分房制度,开始实行住房货币化。这一制度变革对城市郊区化产生了怎样的影响,下面通过全国地级以上城市郊区面积的变化与住房制度改革的关系的实证分析,说明住房制度改革和我国郊区化进程的关系。

从全国郊区面积变化图(见图3.3)和全国郊区面积增速变化图(见图3.4)可以看出,全国郊区面积在住房制度改革前的1998年、1999年两年增长速度比较平缓,而在住房制度改革后的2000年、2001年、2002年增长速度明显加快。2003年全国郊区面积增长速度又转趋平缓,显示住房制度改革在对郊区化的连续三年的强拉动作用之后逐渐减弱。

表 3.4　　1997~2004 年我国地级及以上城市郊区面积变化情况

万平方米

年份	市辖区面积	建成区面积	郊区面积	环比增速（%）
1997	349 651	13 613	336 038	0.0
1998	362 730	14 658	349 117	3.9
1999	385 661	14 907	372 048	6.6
2000	441 225	16 221	427 612	14.9
2001	489 421	17 605	475 808	11.3
2002	544 840	19 844	531 227	11.6
2003	565 104	21 926	551 491	3.8

说明：以 1997 年建成区面积作为我国城市中心城区面积。
资料来源：根据《中国统计年鉴》、《中国城市统计年鉴》整理计算。

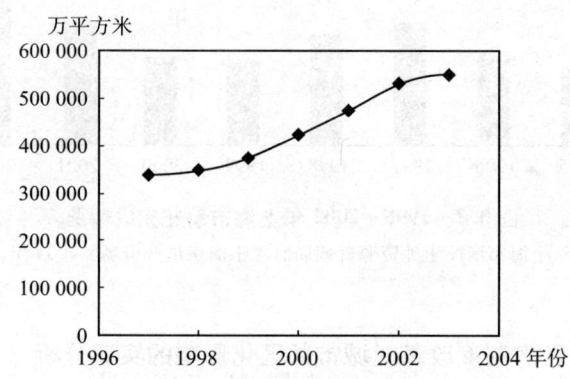

图 3.3　全国郊区面积变化

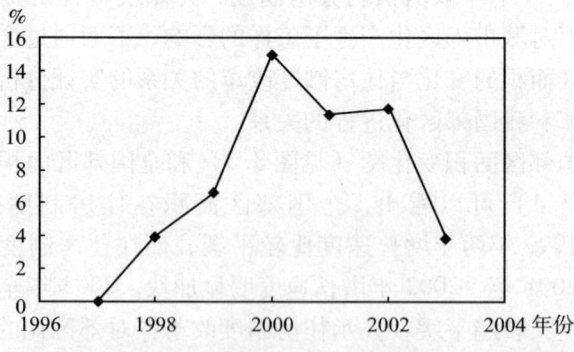

图 3.4　全国郊区面积增速变化

为考察住房制度对我国城市郊区化的作用,以住房制度为自变量(改革前为0,改革后为1)对1997～2002年的郊区面积增速作方差分析,P值$=0.026$,说明住房制度改革对我国郊区面积增长速度的影响较为显著;$R^2=84.8\%$,显示我国郊区面积增长速度的84.8%可以由住房制度的改革来解释。

三、户籍制度演变的影响分析

户籍管理制度是国家有关机关依法收集、确认、登记有关公民年龄、身份、住址等公民人口基本信息的法律制度,是国家对人口实行有效管理的一种必要手段。自1958年《中华人民共和国户口登记条例》颁布后,国家又先后颁布了一系列配套措施,形成了我国计划经济模式下一套较完整的户籍管理制度。这种户籍管理制度从某种意义上已经演变为一种身份制度,它将农村和城镇人口人为地分割为性质不同的农业人口与非农业人口,国家对这两种人的就业、教育、医疗、住房、社会保障等实行有差别的社会福利待遇,客观造成农村人口与城镇人口两个不同身份阶层。在这种制度下的我国户籍管理机关不仅进行户口登记,更重要的是限制户口迁移,户口迁移的审批权在政府。而户口的异地迁移要付出较大的成本,在许多情况下甚至是不可能的。通过户口迁移制度、粮油供应制度、劳动用工制度、社会福利制度、教育制度等,造成了城乡人口的隔绝。严格地限制农村人口向城市和非农产业转移的政策,使城市化原生机制中的城市的"拉力"和农村的"推力"未能充分体现和有机结合,城市化的动力机制不健全。[①]

我国城市化过程中最为直接的障碍就是造成人为城乡分割的户籍管理制度。这种人为地将中国公民分为"城里人"和"乡下人"

---

① 陈明森、李金顺:《中国城市化进程的政府推动与市场推动》,载于《东南学术》2004年第4期,第26页。

的"二元化"户籍制度,严重阻塞了农村人口城市化的途径,抑制了劳动力作为生产要素在城乡之间和地区之间的自由流动,使城市化水平长期得不到相应提高。传统的以户籍制度为核心的一系列具有歧视性制度安排,使得中国的城市化远远滞后于工业化,城乡就业以及人口的比例与城乡经济结构的比例脱节严重。根据 Au 和 Henderson(2002)的研究,由于户籍制度等因素的限制,中国的城市化远远滞后于国民经济整体结构的变化,不仅表现在城市化的水平偏低,而且表现在城市的集中度不足,整体规模偏小。

从1984年开始的我国户籍管理制度改革,放宽了对人口自由流动的控制,大量流动人口拥入城市,这些流动人口由于某些原因多集中在城市边缘区,使郊区人口增长很快,同时也促进了郊区经济发展。另外,户籍制度的改革也减少了城乡户口在劳动就业、社会福利等方面的差别,减弱了人们的恋城心理,有利于人们迁居郊区。

四、社会保障制度不完善的阻碍分析

广义的社会保障包括社会保险、社会福利、优抚安置、社会救助和住房保障等。在城市化过程中,与迁移人口和失地农民特别相关的是社会保险、社会救助和住房保障。社会保险主要包括养老保险、失业保险、医疗保险等,是社会保障体系的核心;而社会救助在我国主要表现为面向城市居民的最低生活保障,局部发达省区最低生活保障也开始覆盖到农村地区。社会保险与社会救助一个主要区别在于前者需要通过单位或个人缴费才能够获得资格,而后者则是根据收入水平需要而决定是否享受。除此之外,城市居民的福利还包括子女平等进入城市公立学校的权利。

社会保障制度的缺失,导致城市郊区农民对土地流转的担心。长期以来,土地之所以作为农民赖以生存的最重要的生产资料,同我国长期以来没有建立面向农村的社会保障体制密切相关。离开了土地,进城务工的农民一旦找不到工作,就处于无法生存的状态。

因此，即使已经离开农村进城务工，但由于种种的担忧，他们对自己的口粮田也看得很重，对土地的变更、流转有着强烈的抵制心理。这势必会对城市郊区化的土地需求形成阻碍，从而减缓城市郊区化的进程。

另一方面，社会保障制度的不完善，也使城市居民对未来信心不足，从而抑制了消费的倾向，这在一定程度上抑制了城市居民到郊区购买住房和汽车的冲动。

第二节 开发区建设与城市人口、社会、空间重构

一个国家的发展战略直接关系着经济社会的发展。从新中国建立初期的自力更生到1978年开始的改革开放，再到现在与国际社会的全面接轨，我国的发展战略发生了重大的转变。特区和开发区的设立正是我国发展战略转变的结果，也是我国发展战略对城市发展直接作用的最有代表性的体现。

随着开发区的发展建设，与之相伴随的空间开发、经济要素重组、人口聚集流动、土地利用变化、新旧城区及中心与边缘区的相互作用等，对所在城市和地区经济、社会、实体空间的演化具有强烈的催化、带动效应，从而可引发或加速整个城市层面的空间重构。

一、开发区的区位类型

开发区一般都依托城市发展，然而每个城市所具有的特点各不相同，开发区本身也有着性质、内容规模与侧重点等方面的差异，因此，开发区的选址会产生各式各样与城市空间的结合方式。根据其在空间关系上的不同，可以分为以下几种布局类型。从区位上看，我国的开发区分为三种类型：

内含型。开发区位于城市内部，为城市所包围，是对城市局部地区的空间结构调整和功能更新，我国部分高新区选址均属于这种类型。这种形式有"利"也有"弊"。"利"指的是开发区可以直接利用城市的道路交通、水、电等基础设施和生活服务设施，从而降低了前期开发建设的成本。"弊"表现在开发区由于布置在建成区内，其规模的进一步发展受到了限制，难以满足长远发展的需要。

近郊型。开发区选址在现有老市区的边缘。这类开发区的位置与原有中心城较接近，受中心城作用相对较大，能充分利用老城区的基础设施和生活服务设施，使开发区与建成区融为一体，从而节约开发区初期投资，使之能够将重点放在发展生产性项目上。这样既可减少开发和经营成本，取得较好的经济效益，也有一定的发展余地，反过来还可带动城市周边建设薄弱、亟待开发地带的发展，加快其城市化的进程。即使在功能单一、规模较小时仍能正常、高效地运转。我国多数城市的已有经济技术开发区、高新技术产业区、工业区均属此种类型。如烟台经济技术开发区，厦门湖里加工区，秦皇岛、烟台、湛江、汕头等地的经济技术开发区，青岛高新技术开发区等。它们毗邻市区，交通便利，开发区的公共交通、邮电通讯、能源、给排水，环境保护等基础设施以及行政管理、商业、外资、金融、咨询、宾馆、办公楼、医院、教育、文化娱乐等服务设施系统完全依托母城，并且随着开发区的发展可能对城市本身的发展产生影响。

远郊型。这类开发区往往离老市区有较远的空间距离，选址于城市中、远郊，对母城发展布局的影响小，基本上不受中心城边缘扩展的影响。但是由于这类开发区远离老市区，对母城的基础设施和服务设施依托很困难，因而必须进行新建基础设施的建设，以及新建整套生活服务设施。但开发区的整体投资环境往往较好，其形成规模较大，发展的后劲足，往往发展成城市的另一个核心。这种开发区一般是有一定规模、综合性强的新型经济技术开发区和高新技术产业开发区，如天津市经济技术开发区、青岛市黄岛经济技术开发区、宁波经济技术开发区、大连金州开发区及威海高新技术产业开发区。

二、开发区不同的发展阶段与依托城市的相应关系

开发区与其所依托的城市（母城）的关系，虽受其空间位置、层次等级、规模、类型以及所在地区经济基础、城市与区域总体规划、国内外社会经济大环境等因素的综合影响，但在相当大程度上也取决于其发展阶段。在不同的发展阶段，开发区有着不同的增长机制及不同的功能，因而与母城之间的相应关系也有所不同。王慧从成型期、成长期和成熟期三个阶段来说明二者的关系。①

（一）成型期阶段

这一阶段从开发区的设立开始，到开发区发育成为一个新兴工业园区，成为城市经济增长极局面的形成为止，一般需要五年左右的时间。在我国沿海最早的那一批试点城市，这一过程在20世纪90年代初已基本完成。

这一阶段最显著的特征是：开发区如雨后春笋般涌现，并且以超常规速度增长。这种超高速增长本质上反映的是我国经济蓄积已久的内在能量，在新体制下得以释放而表现出的巨大爆发力，而推动这种超高速增长的最直接动因是国家和地方赋予开发区的各项优惠扶持性政策。这些优惠扶持性政策，形成了开发区在投资与发展环境方面的比较优势，使得开发区在对资金、技术、人才及其他资源的争夺战（亦即发展权的竞争）中更具竞争力，能够在向市场经济转轨的进程中抢占先机，因而很快便后来居上，一跃成为所在地区主要经济增长点。开发区建设成为一场轰轰烈烈的"人工造极"运动，而且总体上看是相当成功的。城市决策者的注意力以及大量

---

① 王慧：《开发区与城市相互关系的内在机理及空间效应》，载于《规划研究》2003年第3期，第76页。

的开发建设投资都倾注到了开发区,在有限的城市财政能力下,甚至不得不以放缓旧城改造的步伐、牺牲老城区的利益为代价。

这一阶段开发区对母城的反馈是微弱的。[①] 所以,这一阶段开发区与母城的相互作用的合力方向是从母城指向开发区的(图3.5a)。

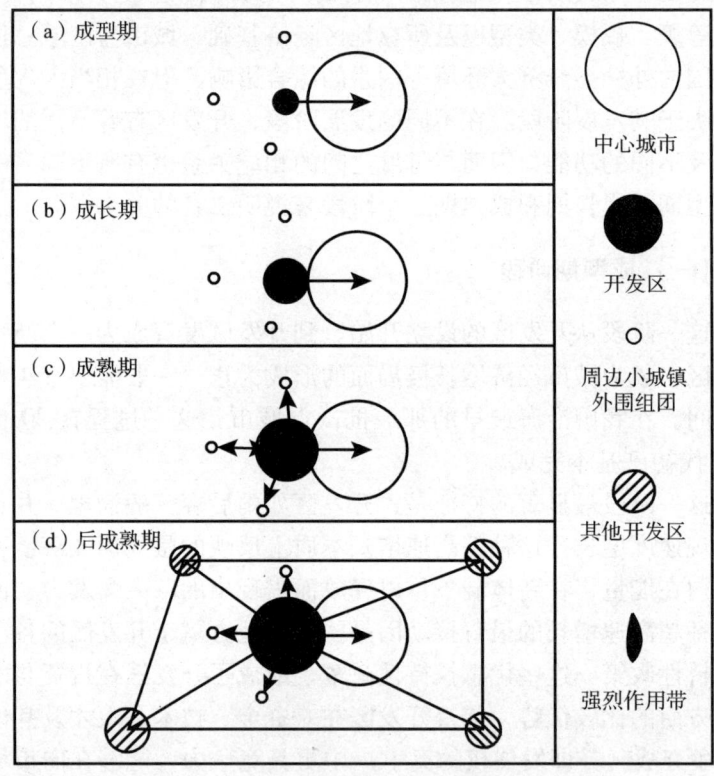

图3.5 开发区发展阶段与城市相互关系示意

资料来源:王缉慈的《高新技术产业开发区对区域发展影响的分析架构》,载于《中国工业经济》1998年第3期,第36页。

---

① 王缉慈:《高新技术产业开发区对区域发展影响的分析架构》,载于《中国工业经济》1998年第3期,第36页。

（二）成长期阶段

成长期是以开发区逐步进化成为初具规模的新城区（或新城镇）为标志。从我国各地的情况来看，大多数开发区目前正处于这一阶段的中、后期。到这一阶段完成时，绝大多数开发区的空间开发规模约为十几个平方公里，少数可达到 20~30 平方公里。在这一阶段，经过初期阶段超高速的聚集增长（即极核强烈发育的阶段），作为区域增长极核和优势极点，引发了开发区与周边之间人口与资源流动，相应产生的社会活动与经济活动等，刺激开发区开始向二、三产业并行，内、外资并重方向转化。开发区与母城中心区的联系日见密切，开发区与中心城市互动的局面出现（图 3.5b）。在此过程中，开发区逐渐发育成为初具规模的新城区或新城镇。

（三）成熟期阶段

开发区成熟的标志是其人口密度、设施水平、功能种类等日益趋于一般意义上的城市化地区。目前，我国东部沿海地区那些起步较早、发展较快的开发区，以及中西部地区个别几个发展条件较好的开发区，已陆续进入到这一发展阶段。

成熟期是开发区对母城全面反哺的时期，开发区与母城之间的互动及深层次的功能整合全面展开。随着开发区结构与功能的不断完善化，开发区已经有能力承接、分担母城的许多功能，因而可以协助母城的城市结构调整和转型，在母城旧城改造、人口疏解、功能疏散、退二进三、产业升级等方面予以配合。这一时期开发区经济二、三产业并行，内、外资并重的格局已形成，开发区与周边前、后、侧向产业联系链不断延伸并且不断分支，所波及的产业门类和企业等级不断增多，尤其是向第三产业日益广泛地渗透，这不仅使开发区与中心市区之间的融合更加紧密，而且也使得开发区与周边小城镇和外围组团建立联系成为了可能。开发区在中心城市边缘的快速增长能够对城市外围组团和邻近城镇产生激活、引导效应，因而能够成为联结中心市和外围城镇的空间纽带，促使都市区域空间"网络化"、"密实化"（图3.5c）。在此过程中，还可促进以区域为基础的城市化进程，使开发区一直落后于工业化功能的城市化功能得到了发挥和释放。① 在从成熟期向后成熟期过渡阶段，各开发区之间"一体化"、"网络化"的趋势将越来越强烈（图3.5d）。

三、开发区建设催化带动下的城市空间重构效应

开发区成长的各个阶段对城市社会、经济、空间各个方面的影响效应，最终都将外部化地表现为城市的空间重构。

（一）开发区与城市的空间增长及空间形态演变

根据我国城市开发区发展实践，张晓平、刘卫东将开发区与城市空间结构的演进分为三种类型。②

1. 双核式。

这种城市空间结构的形成是由于开发区远离中心城区，随着经济活动在开发区的集聚，开发区的功能逐渐完善并向综合性的新城区发展。天津市的城市空间结构属于此类型。以天津经济技术开发区和天津保税区等开发区为依托的滨海新区正在逐步形成（图3.6）。此外，张家港、青岛等也呈现出双核式的结构。

2. 连片带状。

这类空间结构的形成是由于开发区与原有中心城区的距离较近，受中心城区的辐射影响作用也较大。随着开发区经济的发展和空间范围的扩展，开发区逐渐与原城区连成一体，使原城区向带状

---

① 王文滋：《再论我国经济技术开发区城市化功能的开发》，载于《城市开发》1999年第1期，第41页。

② 张晓平、刘卫东：《开发区与我国城市空间结构演进及其动力机制》，载于《地理科学》2003年第2期，第144页。

扩展。如重庆市（见图 3.7）。

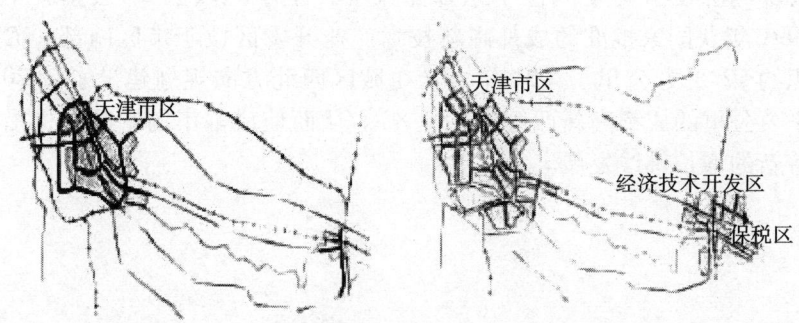

图 3.6　天津开发区与城市空间结构演进示意
资料来源：张晓平、刘卫东的《开发区与我国城市空间结构演进及其动力机制》，载于《地理科学》2003 年第 2 期。

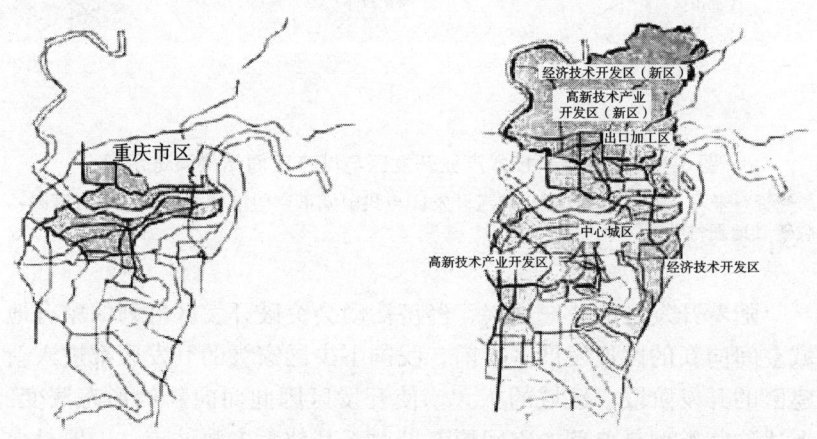

图 3.7　重庆开发区与城市空间结构演进示意
资料来源：张晓平、刘卫东的《开发区与我国城市空间结构演进及其动力机制》，载于《地理科学》2003 年第 2 期。

3. 多极触角式。

如果开发区位于近郊地区，并呈现多区位的特征，则会促进城区结构的扩散，从而在空间上形成多极触角式向外延伸的形态。如成都经济技术开发区位于东郊龙泉驿，距中心城区 20 公里。于 1991 年获国家批准的成都高新技术产业开发区位于市区南部，面积约 12 平方公里。2001 年，又在城区西北方向规划建设了近 20 平方公里的成都高新西区（图 3.8）。从而使成都市的空间结构沿着新的增长轴线发展。

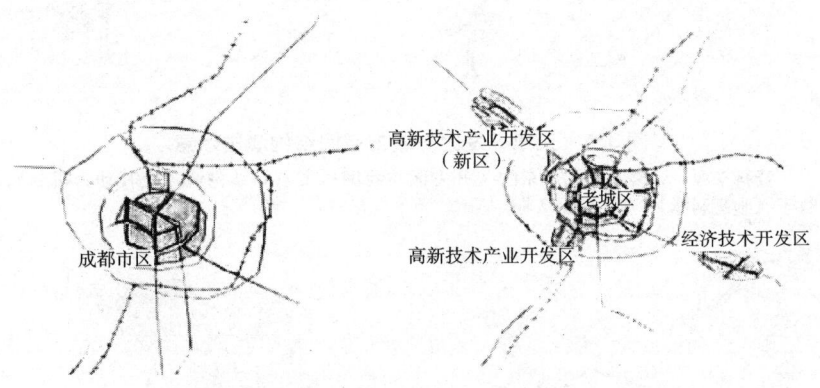

图 3.8　成都高新技术产业开发区与城市空间结构演进示意

资料来源：张晓平、刘卫东的《开发区与我国城市空间结构演进及其动力机制》，载于《地理科学》2003 年第 2 期。

随着开发区的快速发展，经济活动会突破开发区规划的原有地域空间向新的区位发展。目前，我国不少国家级的开发区都进入新建区的开发阶段。区域的扩大，使开发区因此而向新的形态演变。上述这些类型是典型的空间形态，对于其他大多数城市，一般是上述各类型的综合形态或过渡形态。

（二）开发区与城市产业空间重组

开发区带动下的城市空间增长与空间形态演变只是开发区发展的外在表象，其内在的根本性动力来自开发区经济活动的集聚与增长。

开发区的发展过程从经济学角度来看，就是特定性质（如外贸出口企业）或特定技术（如信息技术）产业及其相关的上、下游产业在某个享有优惠扶持政策的特定区域聚集、增殖的过程。开发区类型的不同，或者说所优惠、扶持、优先发展的产业类型不同，势必会导致不同类型的产业分别在不同的区域或不同的城市区段聚集，从而产生经济活动的空间重组，并在这一过程中实现经济结构的转型。

开发区带动下的城市产业空间重组主要表现在：在开发区优惠政策诱导激发下，开发区成为投资与企业聚集速度最快的区域；开发区是外资及其他非公有制经济最为集中的区域；开发区作为新兴产业的孵化基地，而成为城市当中新型产业最集聚的地点；开发区开发主题差异及入区条件限制对于产业类型的组合、分选效应及对不同产业空间分离化的导向效应；开发区对城市外迁产业的接纳能力，从而与城市中心区"退二进三"及整个城市产业布局调整的协调联动效应等。开发区产业在城市经济中的"高位势"特征和"引擎"作用，决定了开发区的布局与发展的任何动态都直接关系到城市产业空间的调整与演化。①

（三）开发区与城市人口空间变化

开发区带动经济结构与产业空间调整的结果，势必连锁性地引发城市就业结构及其空间分布的变化。工作地点的转移，居住、工作空间关系的变化，对配套服务业的需求以及开发区内住宅开发建设等因素，会引发区内人口数量与结构的变化以及区内外的人口流动、人口分布的变化。

上海浦东新区是我国人口增长最快的新兴开发区之一。据第三次全国人口普查，1982 年浦东地域范围内总人口为 105.83 万人，

---

① 王慧：《开发区与城市相互关系的内在机理及空间效应》，载于《规划研究》2003 年第 3 期，第 77 页。

占全市总人口的 8.9%。1990 年第四次全国人口普查时，浦东新区常住人口增长到 138.82 万人，占全市常住人口的 10.4%。1990 年浦东开发启动后，投资拉动、就业接纳、房产导入、景观吸引四大动力推动浦东新区人口总量的进一步激增。2000 年第五次全国人口普查时，浦东新区常住人口已达 240.23 万，占全市总人口的 14.35%。1994～2000 年的 10 年间，浦东新区人口一共增长 101.41 万人，年均递增率高达 5.45%。2003 年，浦东新区常住人口进一步增长，达到 260.29 万人。浦东新区的人口增长绝大多数源自人口迁移。据第五次全国人口普查，2000 年浦东新区人口自然增长率仅为 0.15%，接近零增长。区际迁移导致的机械增长远远超过自然增长，成为人口增长中的绝对优势成分。①

开发区良好的增长态势、优越的基础设施条件和生态环境条件，使得开发区也成为城市商品住宅开发最活跃的区域，而且开发商瞄准的正是这些高购买力人群，因而开发了不少高级公寓、花园别墅项目，其结果是在开发区内形成了由白领阶层和中上富裕人群为主体的高档社区。由于开发区大都建在城市郊区，而其人口主体又多来自于开发区之外的城市中心区，所以开发区的建立事实上促发和带动了城市郊区化进程。

开发区建设催化带动下的城市空间重构过程，实质上是在市场经济条件下，一次以政策创新为触发机制的城市结构与功能的演进。② 开发区的发展经过了一个先搞工业开发，再推进城市化的过程。工业的郊区化带来人口、商业的郊区化，随着这种演化的深入，开发区将逐渐成为建成区，在其周围又形成了新的郊区，从而有可能带来新一轮的郊区化。

---

① 刘振宇：《上海人口郊区化的时空节律研究》（硕士学位论文），上海师范大学，2005 年。
② 张庭伟：《20 世纪 90 年代中国城市空间结构的变化及其动力机制》，载于《城市规划》2001 年第 7 期，第 7 页。

第三节 政府对城市郊区化的作用和偏差性

综观近二十多年来我国城市郊区化进程可以看出，中国城市郊区化具有浓重的政府推动的行政色彩。主要表现为：城市郊区化服从政府经济社会发展目标，与政府的经济社会发展战略和发展方针密切相关，具有浓厚的政治色彩。如20世纪80年代的旧城改造和开发区的设立，都是在改革开放的背景下，由政府通过政策、行政手段推动进行的，其本质上主要是政治性和社会性的，而非经济性的。

一、城市规划与郊区功能和土地利用变化

现代城市规划兴起于19世纪末，早期的城市规划理论偏重于疏解大都市的人口和功能，以创造一个良好的居住环境。20世纪80年代，西方社会开始关注由此带来的各种环境问题及其经济社会后果，认为"以小汽车为导向的交通方式、低密度的城市扩张，这种城市蔓延方式是一种不可持续的增长方式"。美国学者因此提出了"紧凑型城市"和"精明增长"的概念，提出城市发展应该采取TOD模式，即以大运输量的轨道交通系统为导向，以站点为中心建设半径合理的居住区，并提供办公、商业服务业等多项功能。1998年，美国波特兰开始实行一种新的城市发展计划——LUTRAQ计划，目的是在城市开发中尽量减少土地的消耗、机动车交通和空气污染；强调街道的相互联系，使公共交通更加便利和舒适；强调混合功能以及符合人性尺度的设计和宽敞空间。近年来西方国家在城市土地利用规划方面的理论和实践表明，未来城市规划发展的主流应该是"集约和精明"地使用土地，以实现人类居住区的可持续发展。

与西方相比较，我国大中城市的郊区规划刚刚起步，但影响巨大。因为城市郊区是城乡建设中最复杂、最富变化的地区，规划直接影响着城市土地的利用状况和人口的空间变化。

（一）使郊区具有城市功能

城市郊区是一个最先感受到城市化并不断被城市同化的敏感区域。在此区内域原来并不具备完善的城市基础设施，随着城市扩展，首先在位置较优越的地段建设城市的市政工程和基础设施，然后相继成片布局工厂、居住区和学校等。这样在城市郊区由于城市发展的需要而不断地产生新的具有城市形态的用地生长点或轴线，并以这些生长点或轴线为依据不断地扩散。这种扩散遵循距离衰减规律，但在实际过程中更多地表现为不规则的资源区位效应，并在很大程度上受到由道路系统、市政公用设施构成的可达性模式影响，因而形成了城市郊区内城市型与农村型轮廓复杂的空间形态。

近年来一些大城市把郊区作为城市的组成部分进行规划设计，从而使郊区的城市功能不断完善。如武汉市把处于郊区的江夏区纳入城市空间发展范畴，建设既与武汉主城融合，又具有完备功能和鲜明特色的新区。具体是以城市新区、产业发展基地和生态环境调节为目标，形成具有时代特色，充满发展活力，与武汉主城合理分工、呼应的新区。由于该地带的低地（房）价，近年来江夏区地带的房地产业发展很快，住宅用地数量迅速增加。济南市在城市规划上把历城区、长清区以及章丘市放在一个大济南的框架下进行统一规划，从道路设施、供水供电、交通节点等方面与城市城区按统一标准进行建设，使这些郊区具备了城区的功能。

（二）改变了郊区的土地功能

在我国由于有农地和建设用地的严格界限，因而郊区土地的功能转换是影响城市郊区化进程的一个重要变量。土地利用是一种比较直观地反映城市郊区化发展变化的自然要素，城市郊区的土地利用兼具城市用地和乡村用地二重特性。随着城市郊区化进程的加速，该区域土地利用变化频繁。城市规划的变化，可以改变土地的功能，使在郊区进行大规模的小区建设成为可能。

深圳市把土地全部规划为城市和工业用地后，城市空间形态出现了快速转变的形态。到 2004 年，深圳的城市建设用地总量已达到了 660 余平方公里，接近新加坡的国土面积；另据统计，原先的城市郊区——特区外工业和居住用地已占所有建设用地的 43.7%。

二、基础设施投资与企业和人口迁移

增进基础设施的投资，对城市郊区化的发展是很有意义的。在大多数发展阶段，城市内部企业的迁移和人口的迁移，改善基础设施是进一步发展的条件。特别是大量的公路铺设是中国城市郊区化最为重要的技术前提。截止到 2005 年底，全国公路总里程达到 192 万公里。2000~2005 年，中国累计完成公路建设投资 19 505 亿元。"十一五"期间，我国将新增 38 万公里公路总里程，其中高速公路增加 2.4 万公里，与过去五年相当；另外，二级及以上公路 13 万公里。按照规划，到"十一五"期末，我国公路总里程将达 230 万公里，高速公路总里程达 6.5 万公里，基本形成国家高速公路网骨架，全部建成"五纵七横"国道主干线和西部开发省际通道。其中，东部地区基本形成高速公路网；长江三角洲、珠江三角洲和京津冀地区形成较完善的城际高速公路网；中部地区承东启西、连南接北的高速公路通道基本贯通。

随着我国公路的大规模建设，许多大中城市的城际公路网也逐渐完善。济南市自 1990 年以来公路建设发展迅速，路网结构进一步优化。"十五"期间，全市交通固定资产累计投资达 89.1 亿元，年均增长 44%。公路密度由 66.8 公里/百平方公里增加到 108.74 公里/百平方公里。全市初步形成了以国道、省道为骨架，以县、乡、村公路为基础的干支相连、布局合理、四通八达的公路交通网络，全长 100 公里的济南绕城高速公路全线贯通。另外，路网建设有了长足发展。先后完成了经十东路、燕山立交以及国道 309 线、105 线、220 线，省道 104 线、243 线等 9 条干线公路的改造工程，总里程达 235.1 公里。一、二级公路在路网中的比重达到 30.45%，比"十五"初期提高 5.26 个百分点。站场基础设施建设步伐加快，集疏运能力显著增强。公路客运站场建设快速发展。"十五"期间，济南市新建了火车站广场客运站、段店客运站；对济南客运总站、甸柳庄客运站进行了改扩建。到 2005 年底，全市共有不同规模的公路客运站 11 个，其中主枢纽站场 6 个。全市公路客运站场总占地面积达到 18.66 万平方米，设计日旅客发送能力 12.41 万人，分别比"十五"初期提高 30% 和 35%。开展农村客运站的建设，五年共建设乡镇客运站 15 个，公路客运班线达到 536 条。与村村通沥青（水泥）公路同步实施"村村通客车"工程。这些道路的修建大大便利了城市与郊区的通勤，为郊区化的迅速发展创造了条件。

对我国来说，基础设施尤其是交通设施的大力建设，将改变城市形态，并导致主要城市空间的戏剧性增长。

三、城市郊区化进程中公共物品的有效供给

改善公共服务和教育的可达性，在城市各区域的相对吸引力方面起着重要的作用。这些改善，有助于吸引城市居民从城区迁往郊区。因为在我国，一般的城市居民要比郊区和农村的居民生活好，因为城市比郊区和农村可提供更充分的教育和医疗保健服务。政府的公共行为可以打破这个结构，利用对高层次公共物品的提供提升和再造郊区功能。

城市郊区化并不是简单的城市人口居住区位的变化，而是城市空间扩展、生活质量改善、文明程度提高等方面的综合体现。在城

市郊区化不断推进的过程中，将产生出对新的城市公共产品的需求。[①]

设公共物品的需求函数为 $F(X, R)$，其中 R 是影响公共产品需求的收入，X 是影响公共物品需求的其他因素变量。影响公共品的需求一般是富有弹性的，$Fc(X, R)R > 1$，而生活必需品一般比较缺乏弹性，因此，随着人们收入水平 R 的提高，在满足基本生存需要的前提下，将对生活质量提出更高的要求，即 $Fc(X, R)R > 0$，导致人们对公共物品的需求也会进一步增加。于是对原来需求不多的公共物品，如艺术馆、歌剧院等的需求数量和质量以及对信息化所要求的信息基础设施的供给需求将大大增加，同时，对生活环境的要求也逐渐提高，对居住建设、生态环境的追求应运而生，对众多新兴的、更高层次的公共产品的需求不断凸显。

在城市郊区化过程中，要求城市空间规模不断扩展，即城市外延扩张。而城市的空间扩展是以城市土地不断由其他用途转变为城市建设用途为基础的，而且在这种转变中，必然要求相应的城市公共物品供给范围和数量的增加，要求政府增加对公共物品供给的投入。正如马斯格雷夫在解释财政支出不断增加的原因时描述的那样：在经济发展早期，政府投资往往要在社会总投资中占有较高的比重。[②]

按照不同层次的公共物品有效供给原理，城市公共物品主要靠地方各级政府提供，一方面从近年来中央和地方财政的收支情况看，地方财政收入大幅增加，地方财力逐渐增强，可用财力增加。同时，传统的城市公共物品供给模式——城市公共物品单纯由政府投入的方式开始转变。政府开始充分利用市场力量，对政府可调控资源进行市场化运作，将政府的财力与私人资本有机地结合起来，

---

① 李霞、王军：《城市化进程中的城市公共物品供给》，载于《西南民族大学学报》2004年第9期，第83页。

② 王晶：《城市经济结构的空间演变与城市财政》，载于《财政与税务》（复印报刊资料），2002年第1期，第57页。

有效缓解城市公共物品需求增长与资金不足的矛盾,在郊区建立了大量的学校、医院和公园等,满足了城市郊区化进程中对公共物品需求的增长。

四、中国城市郊区化进程中的政府角色定位

对于政府在城市郊区化中的作用,当前学术界主要有两种主张。第一种主张,认为中国城市郊区化应完全放弃政府干预,让城市随经济的发展自由成长。其主要理由是城市郊区化从本质上看,是生产要素所有者为追求更高收益(经济效益和社会效益)而在城郊间重新配置要素的过程,只要要素的自由流动没有人为障碍,城市郊区化就能与工业化和经济发展相适应。他们根据发达国家的经验,即高度城市化水平就是靠市场机制直接推动的,并联系我国过去在推进城市化过程中的教训,即政府的干预导致城市化滞后,得出结论:在当前城市郊区化进程中,政府不适当的直接介入不但不能解决城市化中出现的问题,反而会导致城市更多问题的出现。第二种主张,认为中国的城市郊区化进程必须加强政府干预,其理由是:在很多领域,中国经济的市场化程度还不高,市场机制还不够健全,信息流通渠道不畅通,此时若单纯依赖市场力量将难以实现资源的最佳配置,从而不能起到加快城市发展的作用。若政府不加管制,人口的自然流动会使城市郊区发展的环境进一步恶化,导致原本不够合理的城市结构体系更加"雪上加霜"。

以上两种主张各有其合理的成分,但略加分析就会发现都有失偏颇:第一,我国城市郊区化不能走完全市场化的道路。因为目前我国的人口就业压力大、工业化积累基础不够强大且第三产业对劳动力的吸纳能力不充分,加上城乡经济形势差的客观存在,若政府对城市郊区化进程放任自流,不仅会加剧城市的现存问题,而且会引发新的农村问题。所以城市郊区化进程不可脱离政府的宏观调控。第二,我国的城市郊区化也不能走政府主导的道路。随着市场

化取向改革的推进，市场机制在我国经济活动中发挥越来越大的作用，目前我国城市郊区化的加速若脱离市场的力量将会失去最重要的推动力量。因为目前我国的城市工业具备相当的资本积累和自我发展能力，城市居民的收入也大幅增加。若政府不注意通过市场调动民间的力量，城市的加速发展将是一句空话。

政府推动是我国城市郊区化进程重要动因。中国城市郊区化进程由政府推动为主，既有其社会历史发展的必然性，又有其独特政治经济体制背景。

1. 中国的基本国情。

中国的土地问题、环境问题，使得城市郊区化这种大规模、大范围的人口流动与迁移，如果单靠市场机制的调节，而没有政府一定的参与与援助，不仅旷日持久，而且也将会造成社会混乱与震荡。因此中国这种特殊的国情决定了中国城市郊区化必须有政府介入，中国的城市郊区化过程若离开政府的政策指导和规范，必然带来一系列意想不到的后果。中外城市郊区化模式比较研究表明，那种原始自发型城市郊区化模式，是随着经济的发展、人口的迁移而自发进行的，政府缺乏必要的调控和干预，其后果必然是"城市病"和"郊区病"并存。

2. 市场失灵。

城市郊区化过程是与大量的市政基础设施和城市服务设施建设相联系的。而这些设施，包括城市道路、桥梁、供排水系统、通讯系统、草坪绿地、广场等基础设施和消防、环卫、城市管理等服务设施，是属于外部经济性很强的公共产品，处于现代经济学认定的"市场失灵"的边界内，市场"看不见的手"并非总是能有效地提供市政基础设施等"公共产品"的。因此，城市发展需要政府参与调节，提供必要的制度安排，对于市场机制不健全、二元经济结构严重存在、尚处于经济制度转轨中的中国来说，尤为如此。

3. 我国现行体制下政府掌握着大量的公共资源。

中国政府推动型城市郊区化的主要基础在于政府掌握着巨大的

社会资源，如土地、财政资金等。在城市中，政府只能作为市场的补充手段，并与市场形成合理的"分工协作"关系，其职能应是催化与提升市场力量，并努力消除"市场失灵"，扮演维持市场秩序、保证社会公平的角色。为此，政府应从城市资源的市场经营领域退出，成为服务性政府。政府不能影响市场在城市郊区化过程中的主导作用，因为市场能实现资源的优化配置，促进城市主导产业的形成和城市空间区位的优化。政府的职能主要是为进入城市的各类投资者和消费者提供有效率的市场制度，并提供和经营市场无法供给的公共产品。政府对城市发展的作用应该是市场机制下的"制导"作用，即引导企业、居民的行为按照符合客观规律的方向发展，纠正和控制不符合客观规律的行为。

第四章　中国城市郊区化市场力的内在驱动作用

从中央集权的计划经济体制转向现代市场经济体制，是中国经济制度转型的主要内容。市场经济体制改革涉及到诸多方面，如市场主体的明晰；市场价格体系的确立；资本、土地、劳动力要素市场的建立；所有制形式和收入分配方式的变化等。市场化的改革，松动了国家计划经济体制下对城市空间的规制和塑造约束，市场机制、经济动力正在城市空间的再构建中起着越来越重要的作用。作为城市化进程中的一个阶段的城市郊区化，无疑会随着我国市场经济的逐步完善，也要遵从市场与城市相互促进和成长的规律。

第一节　企业郊迁与城市空间变化

德国经济学家、社会学家阿尔弗雷德·韦伯（Alfred Weber）1909年出版了他的《工业区位论》一书，书中分析工业区位中的价值成本和价值规律，指出了城市工业的集聚与扩散的原因。他对工业分散原因的分析是这样的："这些分散因素都随土地价值增长而增长，因为伴随集聚产生了对土地需求的增长。需要的增长不仅提高了土地的边际利用的重要性，而且提高了投机商边际利用的贴现率。分散的趋势都是从经济地租（地租）上涨开始的。因此，我们可以把分散因素作为经济地租的各种结果来分析。"阿尔弗雷德·韦伯的论述说明了传统型的城市中的产业集聚使得城市中心区域的土地价值增高,为了降低成本,企业必然到土地廉价的区位中寻找发展之路,因此,城市结构向郊区延伸的原因是郊区的发展能够为工业发展降低成本。与我国市场经济的逐步完善相伴随,城市产业与城市社会结构变迁逐渐呈现出这一规律。

改革开放以来,随着市场发育的不断成熟和企业市场主体地位的确立,我国企业的迁移变得很活跃,特别是企业在某一城市内的区位空间的变化尤为明显。工业空间是城市空间的重要组成部分,工业布局的变化是城市空间演变的主要动力之一。

1980年以后,我国一些学者在研究城市工业布局时,注意到工业在城区与郊区之间的分布与变动现象,开始探讨工业郊区化的问题。20世纪90年代以后,工业郊区化问题得到学术界高度重视,特别是胡序威、周一星等在"中国沿海城镇密度地区空间集聚与扩散研究"项目研究中,[①] 对我国一些大城市出现的工业郊区化现象进行了研究和分析后,认为工业的郊区化是当前我国大城市郊区化的主要表现形式,工业的郊迁带动了人口和第三产业的外迁,对优化城市空间结构、缓解中心城区环境问题、促进中心区功能转换和升级起到十分重要的作用。

一、我国城市企业郊迁进程的演变

我国城市企业区位变化具有十分明显的几个阶段:

(一) 城区遍地开花阶段(改革开放前)

由于土地的无偿使用政策,又由于城市的集聚优势,使街道里弄小厂在城市中心区遍地开花,固然生产成本达到了最小化,但同时造成用地的混乱、紧张,城市环境污染严重。

---

① 胡序威、周一星等:《中国沿海城镇密集地区空间集聚与扩散研究》,科学出版社2000年版。

（二）被动近迁阶段（20世纪80年代）

由于工厂的数目、规模不断扩大，使中心区的土地利用率提高到极限水平，无法提供新的工业用地，使新工厂不得不在中心区外围就近发展，而中心区原经营发展状况良好的企业也因中心区找不到新的用地而不得不把新发展部门放到就近的外围地区。这一阶段的工业外迁主要是疏散中心区的拥挤，就业人口大多仍在城市中心区居住，工业主要布局在中心区外围，它虽然暂时疏解了工作压力，但并未疏解人口压力，因为它并非为主动的工业外迁，而是一种被动式的，企业重心仍然位于中心区，如上海当时的状况就说明了这一点（见表4.1）。所以它从另一方面增加了城市就业的通勤量，造成较重的交通压力，也造成了城市用地的粗放式蔓延和"千层糕"式的城市格局，随着工业区离中心区的距离增加，就业与居住分离的矛盾、城市用地的浪费、交通的恶化也日趋严重。

表4.1　　　　1987年上海中心区和卫星城工业指标比较

地区	工业企业		企业职工		工业总产值	
	数量（个）	比重（%）	人数（万人）	比重（%）	总数（亿元）	比重（%）
中心区	5 603	47	216.24	60	610.28	66
七大卫星城	555	4.70	33.73	9.3	110.38	11.9
八大工业区	514	4.35			101.8	10.9

资料来源：陈怡星《20世纪90年代上海城市郊区化现象研究》（硕士学位论文），上海同济大学，2003年。

（三）大规模外迁阶段（20世纪90年代）

重新选择离中心区有相当距离、一般位于近郊或远郊的地方建立工业区，并按相对独立的方式进行建设。工业布局方面，城市中心区外围工业区总体较分散，还有部分工业区位于远郊地区。

到20世纪90年代末期，新一轮的企业外迁开始出现，原边缘区位型、资金密集型的大中型企业尽管在当初选址时位于郊区，但随城市规模的迅速扩大，几乎或已经和城市建成区连在一起，已不符合城市环境、规划等各方面的要求。所以企业进行新一轮的外迁也势在必行。从中我们也可以看到，这类原老城区的街道企业外迁的距离也相对较短，大多位于近郊区，相当部分工业基地随着城市建成区的迅速扩大，与城市中心区又迅速连成一片，此时的工厂外迁是在政策等各方面因素压力下的一种被动的迁移。中心区对这类工厂企业仍然具有强大的吸引力。但是，向远郊另辟工业区的趋势也以出现，这类新建的工业区更多的是在土地级差地租、扩大生产规模及生产类型等因素作用下的积极外迁，是企业主动的外迁行为。所以工业郊区化趋势显现出了与以往不同的特征，并表现出与西方发达国家更为相似的过程。但不能忽视的是，郊区在改革开放政策的推动下，外资的大量引入以及本身乡镇企业的发展，使本地区的工业也得到的空前的发展。我国几个较大的中心城市都出现了这种现象，如广州（见表4.2）等。中心区和郊区的主动性都很强，而不是此消彼长的关系，如果单从中心区对工业企业极化和扩散力量的对比来看，许多大城市到20世纪90年代末期才伴随经济结构的调整出现了扩散力量大于极化力量（市中心区企业退二进三）。

表4.2　广州市区和郊区工业企业单位数的变化（1985~2000年）

年　份	市　区		郊　区	
	数量（家）	占全市比重（%）	数量（家）	占全市比重（%）
1985	2 573	73.6	922	26.4
1990	11 333	51.8	10 562	48.2
1995	11 957	44.2	15 073	55.8
2000	12 542	39.9	18 874	60.1

说明：市区指2000年前广州市辖八区，郊区指番禺、花都、增城、从化4个县（市、区）。

资料来源：谢守红：《大都市区空间组织的形成演变研究》（博士学位论文），上海华东师范大学，2003年。

二、企业郊迁的影响要素

（一）企业自组织因素

企业迁移决策，取决于迁移的收益与迁移的成本的比较。企业迁移的成本，也就是企业从一个区位退出的成本，它与企业在该区位的沉没成本的大小有关。这些方面包括：企业资产的迁移成本；关系、声誉等无形资产的损耗程度以及对企业价值的影响；员工的可迁移性，以及对企业迁移成本的影响。

除了这些迁出成本以外，迁入成本也是一个很重要的方面。迁入成本同样涉及有形的成本和由于制度、文化等原因所导致的交易费用。具体包括重新建设有关生产经营设施和供应、销售网络的成本，与政府管理部门的相容性所导致的交易费用。

迁移的收入则主要是由于资源的改善所带来的收入增加，例如开发出更多的、具有技术竞争力的产品，获得更有力的产品优势，进入拥有更大容量的市场，从而带来销售收入的增加。应该说，企业迁移的收入不是一个固定的值，或者说外生的值，在某种程度上，它是内生的，与企业迁移本身就有着相关性，随着大量企业的迁入，该区域形成一个更好的品牌形象，造就一个更大的市场，资金、技术，人力资源继续流入，客观上就形成了一个强势的区域。相反，如果大量企业纷纷流出，则资金、技术，人才也会流出，市场形象继续恶化，那么结果它就真正成为一个弱势区域。这种此消彼长的关系使企业迁移与区域发展表现出互动的相互关联，使企业迁移成为一个自增强的演化过程。

20世纪90年代后，我国各大城市企业的郊迁，特别是往开发区的迁移，绝大多数属于企业自组织行为。

（二）外在因素

除了企业按照市场因素，进行自组织的迁移外，制度和政府行为也是一个重要因素。这就是我们通常所说的软环境因素。

政策追逐型迁移与市场追逐型和成本降低型迁移有很多相关之处，如政府管制政策给企业留下的生存空间大小、法制健全程度、税负的大小和收费规范程度等。它从市场和成本两方面影响企业。由于政策因素导致的企业迁移可进一步划分为诱致性迁移和强制性迁移，前者是因为更有吸引力的政策支持，从而吸引企业迁移，追求来自政府收益的增加，而强制性迁移则是由于所在地区的政策环境压力，使企业不得不迁移。

20世纪90年代以前，我国各大城市企业的郊迁，大多是外在因素造成的。

三、城市企业郊迁对城市空间布局的影响分析

（一）企业迁移与城市空间变化的理论模型

企业郊迁除了对自身经营活动产生影响以外，还有很强的外部性，改变了地区经济发展的格局，冲击了就业、经济增长、税收、居民财富，也对城市空间形态产生了重大影响。正如我们前面分析的那样，我国东部一些经济中心城市产业的空间扩散现象，表明20世纪80年代以后东部沿海的许多大城市出现了工业的郊区化现象。工业企业的外迁减轻了城区的污染，腾出了中心区高租金土地，既支持了第三产业的发展也为工业自身的发展获得了空间，加快了企业的技术改造，以及产品结构调整和生产要素的优化组合，也有力地促进了郊区化的发展。

为了更好地说明这个问题，我们用企业迁移与城市空间变化的模型进行分析。

地租额最高的土地利用方式通常是土地生产力即土地效益最大的用地。如一个城市中往往商业用地产生的地租额最高，因而商业总是有能力占据市中心及交通路口等土地效益最高的地段。如果较低级的土地利用方式占据比较好的、能产生较高经济效益的土地，那么它不可能与生产率较高的利用方式继续竞争，结果必然是它被排挤出土地效益较高的土地，而到那些它有足够能力与其他利用方式相竞争的地方。在任何一个地段位置上，总有一种用途能比任何其他用途有较高的地租报酬。从单个的经济者的经济立场和从微观

经济效益的角度来看,这种用途总是土地的最高层次和最优利用。

根据这一分析,20世纪70年代美国土地经济学家阿兰索引入区位边际均衡和区位边际收益等空间经济学理论,提出竞标地租观点,并作出了城市租金梯度曲线和同心圆土地利用模式图(如图4.1),通常称这一理论为转换边际理论。

在图4.1中,B_1,B_2,B_3,B_4用来表示商业、住宅、工业、农业等行业的四种租金出价函数,此函数由相邻的两条梯度曲线的交点处的土地边际产出价值决定。B_1,B_2,B_3,B_4说明了在任一间隔距离中某一企业为维持某种利润水平而在此距离愿意为土地支付的最大租金,而在任一间隔内的最高租金出价曲线则决定由谁使用这块土地和为此支付多少。

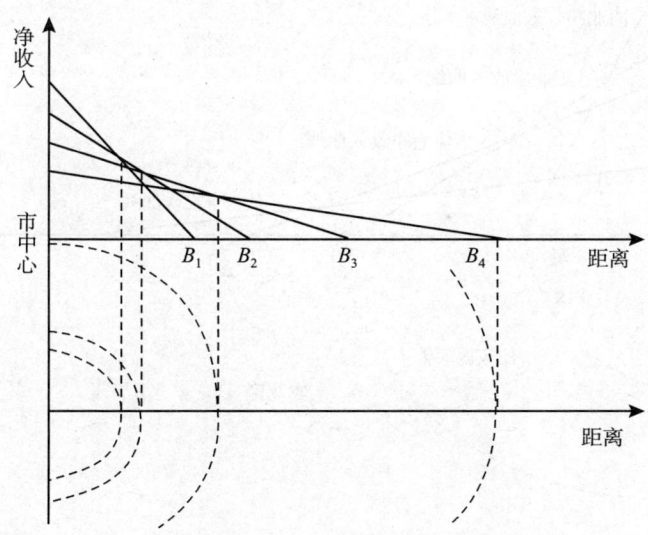

图4.1 土地利用同心圆模式

资料来源:胡序威等:《中国沿海城镇密集地区空间集聚与扩散研究》,科学出版社2000年版。

在阿兰索的转换边际理论基础上，王桥等提出一个定量分析模型。设 P 为单位产品价格，t 为距离市场 d 处的单位运输成本，y 为单位土地产量，w 为单位劳动力价格，n 为单位土地上投入的劳力，i 为单位资本费用，k 为单位土地上投入的资本，在距离市场距离为 d 处，投入劳力 n 和资本 k 时的土地净收入为：

$$R(n, k, d) = [p - td]y(n, k) - wn - ik$$

通过引入生产函数，王桥等证明出：单位土地劳力投入、资金投入、产量、净收入均随距离增加而减少，假设把各种劳务服务也当作产品来看，则不同的活动将具有不同的单位面积净收入曲线，如图 4.2 所示。

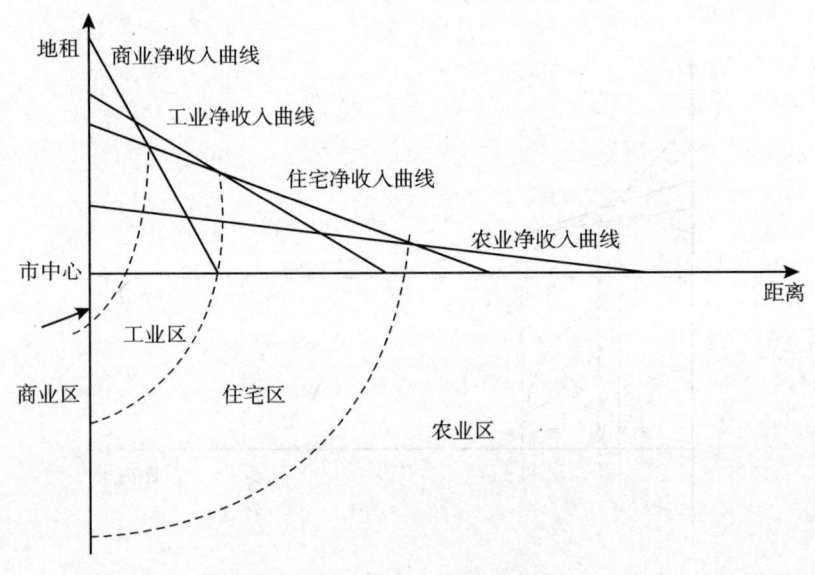

图 4.2　城市有序空间结构

商业、工业、住宅、农业净收入曲线的斜率依次为递减，若在各块土地上使净收入最大，则形成了城市有序结构模式。城市中心为商业区，向外依次为工业区、住宅区、农业区。这里的收入是广义的，既包括社会效益也包括经济效益。

（二）工业郊迁的后果及存在问题

工业郊迁的主要后果和影响十分广泛，总的来看是积极的、有效的，正面效应大于负面效应。它不仅有利于城市中心区产业结构高级化和地域空间结构优化，提高城市生态环境和居民生活环境质量，缓解市区水电、运输设施紧张局面，而且可以带动迁入地经济发展，增加就业，增强当地经济实力。同时，也使得搬迁企业有可能扩大生产空间，改善生产条件，加速技术改造和新产品开发。但是，由于政府部门对工业郊区化估计不足，缺乏统一的计划和切实可行的配套政策措施，在工业郊迁过程中也出现了一些问题和矛盾，主要有：

城市工业郊迁与规划工业区建设不配套，出现布局分散、配套设施不齐全、污染转移等现象。由于规划工业区的地价较高，很多工厂不愿搬去，而是自找厂址，选址的随意性大，科学性差，造成布局过于分散，形不成完整的工业小区，基础设施、生活服务设施很难配套，在供电、供水、通信、"三废"治理、职工通勤、子女上学等方面出现许多问题。还有一些工厂搬迁时出现严重的污染转移问题，对当地环境造成新的破坏。

二次搬迁和多次搬迁问题。二次搬迁和多次搬迁是许多城市工业郊区化过程中存在的突出问题，主要原因是随着城市空间不断拓展，最初搬到城乡结合部的企业又处于城区范围内，四周被居住用地包围，企业的污染扰民问题再次突出，不得不再次搬迁。这也与企业的选址不当及城市规划部门的目光短浅有关。企业的多次搬迁无疑会给其发展造成巨大损失。

四、企业郊迁对人口郊区化影响的实证分析

在大城郊区化过程中，人口和就业呈现出分散化。但由于有关工业分散化的原因在理论上仍然存在模糊性，因而仅有少数经验性研究试图评价不同部门中有关就业郊区化和居住人口郊区化的因果关系结构，并形成了两种不同的观点。

一种观点是以 Muth – Mills 的模型为基础的城市经济理论的预期假设，认为"就业应当吸引人口"。但在整个城市区域中，不存在有关就业空间分布的可比的理论结果。假如人口的分布依赖于就业的区位及提供劳力投入和市场的居住人口，那么人口郊区化就既是就业分散化的原因，又是就业分散化的结果。另一种观点认为"工作（就业）继人口之后"。

D. Steinnes（1982）[①] 在分别估计居住人口与制造业、零售业和服务业部门的就业方程后提出：在制造业和服务业部门中存在从人口分散到工作迁移的因果关系，即"工作（就业）继人口之后"。他发现，制造业就业分散化减少了人口的郊区化，这是因为家庭可能受到与制造业就业郊区化有关的外部效果的排斥。在后来的一篇论文中，他还考虑了不同时期的制造业就业和人口，证实了他以前的发现，即制造业工作继人口之后，制造业的郊区化延缓了人口的分散化。

而 T. Cooke（1978 年）的估计方程系[②]使用了人口和就业密度梯度的度量，而不是简单地用中心城市内的人口和就业比例作为郊区化的度量。他的实证分析则表明，不存在人口分散受到制造业郊区化的延缓的证据。D. Steinnes 和 T. Cooke 已证明人口就业分散化之间的关系因产业部门的不同而变化。但在以往的模型中，由于将

---

① 周一星：《城市地理学》，商务印刷馆 1995 年版，第 95 页。
② T. Cooke Journal of Urban (1978), Causality reconsidered: A note, Economics, 5, P. 538.

所有就业部门总合为单一回归项，考察梯度变化的时期也是持续五年或十年的而不是年度间的，因而忽视了产业间的就业影响，掩盖了人口分散化与特定部门的郊区化的相互作用的某些细节，故得出的结论难免以偏概全。

为了说明工业部门的分散与其他问题的迁移之间的可能因果关系，以及人口分散和就业郊区化之间的因果关系，以北京为例，对工业郊区化和人口郊区化的时间序列进行分析。

以 1997 年作为分析起点。北京中心城区包括东城区、西城区、崇文区、宣武区；郊区包括朝阳区、丰台区、石景山区、海淀区、门头沟区、房山区；郊县包括昌平县、顺义县、通县、大兴县、平谷县、怀柔县、密云县、延庆县。其中通县 1998 年改为通州区，昌平、顺义 1999 年撤县改区，大兴 2001 年撤县改区，平谷、怀柔 2002 年撤县改区。自 1997~2003 年，北京市虽有几个郊县相继撤县改区，但区县边界未作调整。2004 年北京市区县边界作微小调整。

（一）北京产业郊区化的时间序列

始于 20 世纪 80 年代初的北京产业郊区化，经过近十年的发展，到 1997 年北京城区的第一产业已经不存在，第二产业的比例从改革开放初期的 50% 下降到 13%，第三产业占到 85% 以上，占绝对统治地位，并且此后多年基本保持不变，说明 1997 年时北京城区的产业扩散已经完成（见表 4.3，图 4.3）。

郊区的第一产业在 1997 年时比重已经降到 4% 左右，并且此后几年稳步下降至 2003 年的 1%，在此期间，第二产业比重也从 1997 年的 45% 稳步下降至 2003 年的 31%，说明 1997 年北京郊区在行政区划上虽然仍算作郊区，但已经具备中心城区的特征，并且其第二产业也开始了向外围扩散的过程。与此同时，郊区的第三产业比重稳步增长，从 1997 年的 51% 上升到 2003 年的 68%。（见图 4.4）

表 4.3　　北京城区、郊区和郊县的三次产业比例　　　%

年份		1997	1998	1999	2000	2001	2002	2003
城区	第一产业	0	0	0	0	0	0	0
	第二产业	0.13	0.13	0.14	0.12	0.17	0.17	0.15
	第三产业	0.87	0.87	0.86	0.88	0.83	0.83	0.85
郊区	第一产业	0.04	0.04	0.03	0.03	0.01	0.01	0.01
	第二产业	0.45	0.46	0.48	0.44	0.39	0.37	0.31
	第三产业	0.51	0.5	0.49	0.53	0.59	0.62	0.68
郊县	第一产业	0.22	0.22	0.2	0.17	0.15	0.14	0.11
	第二产业	0.38	0.38	0.39	0.42	0.45	0.45	0.5
	第三产业	0.4	0.41	0.41	0.4	0.39	0.41	0.39

资料来源：根据《北京统计年鉴》(1997~2004年) 汇总整理。

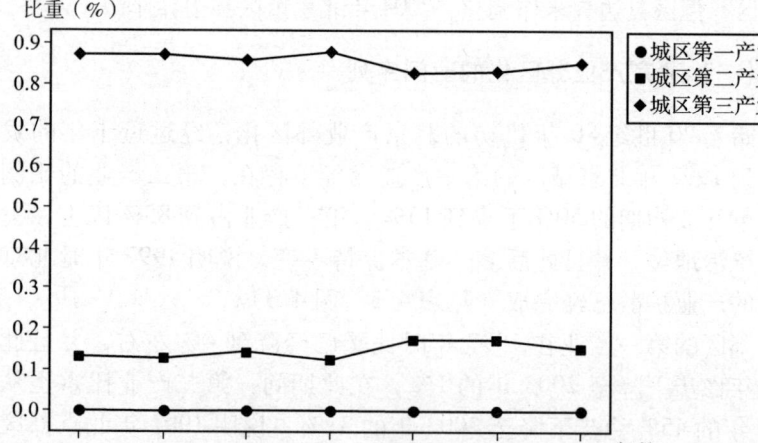

图 4.3　北京城区三次产业趋势

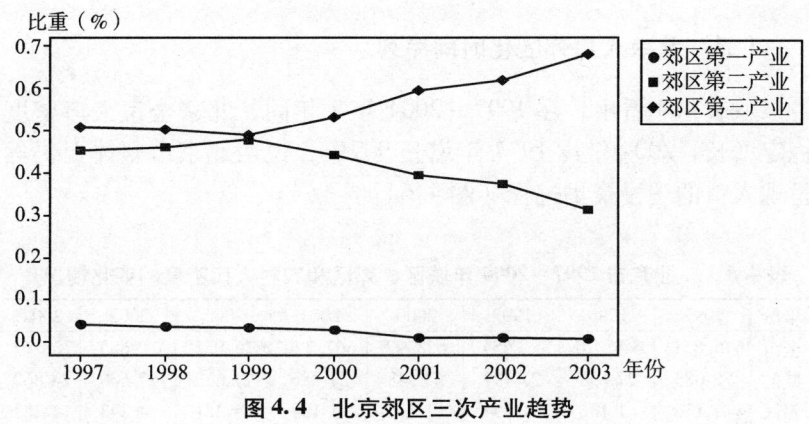

图4.4 北京郊区三次产业趋势

北京郊县的第一产业比重有较大下降,从1997年的22%下降到2003年的11%,而第二产业比重稳步上升,从1997年的38%上升到2003年的50%(见表4.3,图4.5),说明郊县承接了从郊区转移而来的第二产业,城市要素开始在郊县聚集,郊县实质上已经变成了北京的郊区,开始了郊区化进程。

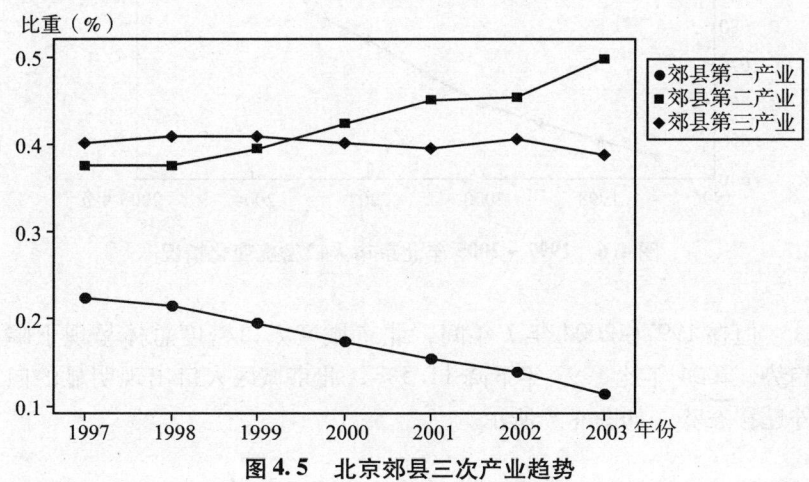

图4.5 北京郊县三次产业趋势

(二) 北京人口郊区化时间序列

从表 4.4 看出，在 1997~2004 年 7 年间，北京全市人口密度稳定增长，2004 年比 1997 年增长 9.7%，说明北京市整体上仍然呈现人口的缓慢聚集过程（图 4.6）。

表 4.4　北京市 1997~2004 年城区、郊区和农村人口密度的变化情况

年份	1997	1998	1999	2000	2001	2002	2003	2004
全市	645.8311	649.401	654	658.92	667.726	676.0552	683	708.63
城区	28 083	27 658	27 497	27 348	27 486	27 623	27 600	24 862
郊区	1 116	1 136	1 154	1 176	1 199	1 221	1 243	1 222
各县	279	279	280	280	282	285	287	308

资料来源：数据由《北京统计年鉴》（1997~2004 年）统计资料汇总整理。

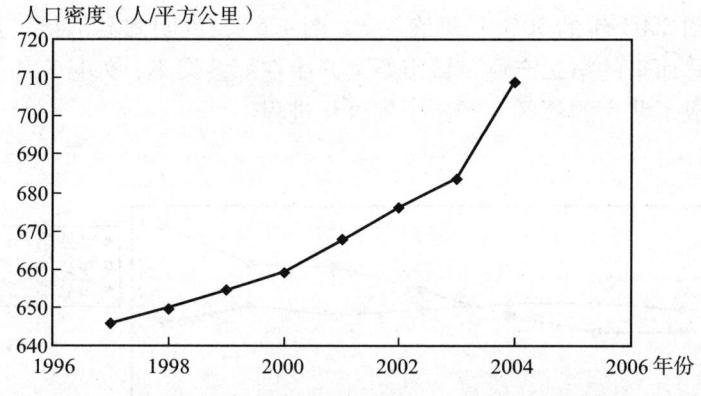

图 4.6　1997~2005 年北京市人口密度变化情况

但在 1997~2004 年 7 年间，北京城区人口密度总体呈现下降趋势，2004 年比 1997 年下降 11.5%，北京城区人口出现明显的向外迁移态势，如图 4.7 所示。

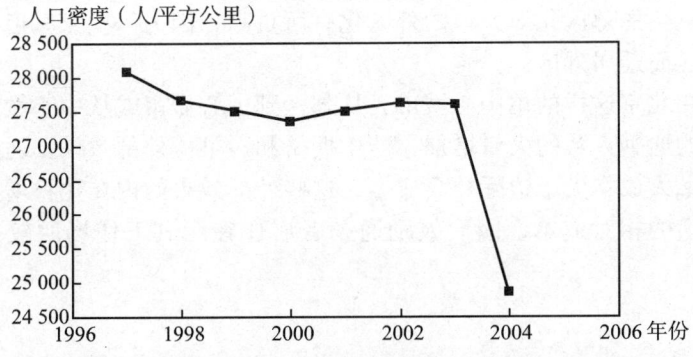

图 4.7　1997～2005 年北京市城区人口密度变化情况

结语：

从表 4.4 和图 4.8 可以看出，北京郊区人口密度除 2004 年略有下降之外，1997～2003 年一直稳步增长，2004 年人口密度比 1997 年增长 9.5%；北京郊县的人口密度稳步增长，2004 年人口密度比 1997 年增长 10.4%，显示北京的人口郊区化趋势正进一步快速向北京的远郊或郊县农村延伸。这说明北京城市人口郊区化的进程还处于正在进行时态。

从北京郊区化的时序上看，企业郊迁在先，而人口郊区化在后，

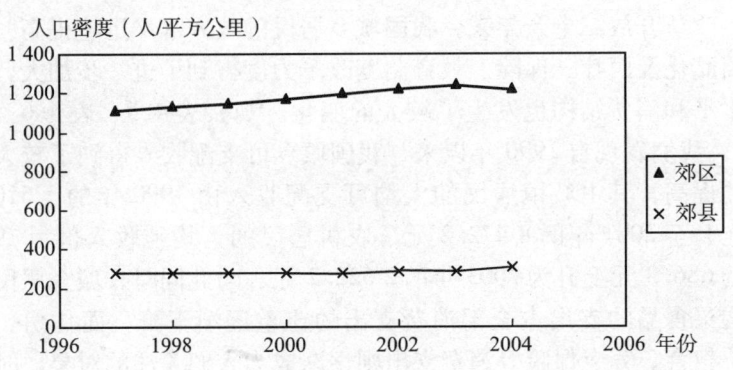

图 4.8　1997～2005 年北京市郊区、郊县人口密度变化情况

就业机会的郊区化对人口的郊区化有所贡献，因为一些家庭追随企业外迁而迁居郊区。

在北京这样的单中心城市，从郊区到中心城市或从中心城市到郊区的通勤人数的大量增加，产生拥挤和污染等外部效果，通勤的边际私人成本大于边际社会成本，这些外部效果的内在化将增加郊区生活的相对成本，因而鼓励通勤者居住在距其工作场所较近的地方。

第二节 居民收入变化与居住郊区化

城市郊区化的出现，是我国经济发展水平、城市化水平不断提高的结果。而经济发展的内在表现是国民收入的增加和人民生活的改善。居民收入的增加，带来住宅、交通、就业、通讯等方面的变化，这些变化成为了城市郊区化进程的动力。

一、我国城乡居民收入水平情况与消费支出结构变化分析

改革开放二十余年来，我国城乡居民的收入水平迅速提高，住房商品化及医疗、保险、教育制度改革力度得到了进一步加大，消费水平和消费结构也发生了较大的变化。观察表4.5、表4.6、表4.7，我们发现自1990年以来，我国城乡可支配收入得到了较大幅度的提高，其中城镇居民的人均可支配收入由1990年的1 510.2元上升至2001年的8 472.2元，农村居民的人均纯收入也由1990年的686.3元上升为2003年的2 622.2元。与此同时，城乡居民用于购买食品的支出占全部消费支出的比重逐渐下降，而住房、医疗、教育、养老保险等消费支出则逐渐成为人们关注的对象。时至今日，我国居民的消费结构已开始进入以"住"和"行"为代表

的消费结构升级阶段。

表 4.5　城乡居民家庭人均收入及恩格尔系数（1978～2003 年）

年份	农村居民家庭人均纯收入		城镇居民家庭人均可支配收入		农村居民家庭恩格尔系数（%）	城镇居民家庭恩格尔系数（%）
	绝对数（元）	指数（1978年=100）	绝对数（元）	指数（1978年=100）		
1978	133.6	100.0	343.4	100.0	67.7	57.5
1980	191.3	139.0	477.6	127.0	61.8	56.9
1985	397.6	268.9	739.1	160.4	57.8	53.3
1989	601.5	305.7	1 373.9	182.5	54.8	54.5
1990	686.3	311.2	1 510.2	198.1	58.8	54.2
1991	708.6	317.4	1 700.6	212.4	57.6	53.8
1992	784.0	336.2	2 026.6	232.9	57.6	53.0
1993	921.6	346.9	2 577.4	255.1	58.1	50.3
1994	1 221.0	364.4	3 496.2	276.8	58.9	50.0
1995	1 577.7	383.7	4 283.0	290.3	58.6	50.1
1996	1 926.1	418.2	4 838.9	301.6	56.3	48.8
1997	2 090.1	437.4	5 160.3	311.9	55.1	46.6
1998	2 162.0	456.2	5 425.1	329.9	53.4	44.7
1999	2 210.3	473.5	5 854.0	360.6	52.6	42.1
2000	2 253.4	483.5	6 280.0	383.7	49.1	39.4
2001	2 366.4	503.8	6 859.6	416.3	47.7	38.2
2002	2 475.6	528.0	7 702.8	472.1	46.2	37.7
2003	2 622.2	550.7	8 472.2	514.6	45.6	37.1

资料来源：《中国统计年鉴（2004）》。

表 4.6　　农村居民家庭平均每人全年消费性支出构成　　　　%

年份	食品	衣着	家庭设备用品及服务	医疗保健	交通通信	教育文化娱乐服务	居住	杂项商品与服务
1990	58.80	7.77	5.29	3.25	1.44	5.37	17.34	0.74
1995	58.62	6.85	5.23	3.24	2.58	7.81	13.91	1.76
1996	56.33	7.24	5.36	3.71	2.99	8.43	13.94	2.02
1997	55.06	6.77	5.28	3.86	3.33	9.16	14.42	2.12
1998	53.44	6.17	5.15	4.28	3.82	10.03	15.07	2.07
1999	52.56	5.83	5.22	4.44	4.36	10.67	14.75	2.18

续表

年份	食品	衣着	家庭设备用品及服务	医疗保健	交通通信	教育文化娱乐服务	居住	杂项商品与服务
2000	49.13	5.75	4.52	5.24	5.58	11.18	15.47	3.14
2001	47.71	5.67	4.42	5.55	6.32	11.06	16.03	3.24
2002	46.25	5.72	4.38	5.67	7.01	11.47	16.36	3.14
2003	45.59	5.67	4.20	5.96	8.36	12.13	15.87	2.21

说明：人均消费性支出 = 100。
资料来源：根据 1991～2004 年《中国统计年鉴》计算整理。

表 4.7　城镇居民家庭平均每人全年消费性支出构成　　%

年份	食品	衣着	家庭设备用品及服务	医疗保健	交通通信	教育文化娱乐服务	居住	杂项商品与服务
1990	54.25	13.36	10.14	2.01	1.20	11.12	6.98	0.94
1995	50.09	13.55	7.44	3.11	5.18	9.36	8.02	3.25
1996	48.60	13.47	7.61	3.66	5.08	9.57	7.68	4.35
1997	46.41	12.44	7.58	4.29	5.56	10.71	8.57	4.44
1998	44.46	11.10	8.24	4.73	5.93	11.52	9.42	4.55
1999	52.30	14.56	8.61	2.48	2.14	8.17	4.79	7.03
2000	39.18	10.01	8.79	6.36	7.90	12.56	10.01	5.17
2001	37.94	10.05	8.27	6.47	8.61	13.00	10.32	5.35
2002	37.68	9.80	6.45	7.13	10.38	14.96	10.35	3.25
2003	37.12	9.79	6.30	7.31	11.08	14.35	10.74	3.30

说明：人均消费性支出 = 100。
资料来源：根据 1991～2004 年《中国统计年鉴》计算整理。

二、收入变化与居住郊区化的内在关系

正如前面的分析，从城市居民的角度看，伴随收入的不断提高，住和行的问题已经成为最关注的问题。

（一）收入变化决定着个体择居行为

城市中心人口郊区化的一个重要原因是个体择居行为空间指向的郊区化。

尽管或多或少地存在着政府干预，但是住宅产权的取得是完全市

场化的，取决于消费者和开发商之间的互动与交易。对于城市居民而言，收入是影响住宅效用的主要因素之一。如收入是否与房价相适应，居住地与就业地之间通勤成本如何等。在收入可支付房价或房租的住宅分布空间范围内，城市居民可以根据效用分析自由地选择居住地。人口郊区化的宏观动力正是通过城市居民的自主择居行为而发生作用的。

20世纪90年代，中国社会经济制度向市场经济转变的步伐明显加快，对于城市人口的空间变化而言，各种动力的作用机制也随着制度变革出现了新的变化趋势。随着城市住房制度改革的深化，城市居民逐步摆脱在居住上对单位的依附，开始具有相对自由的择居权利。福利型低租金住房分配制度逐步解体，住房商品化打破了单位对新建住宅供给的垄断，使得自由择居成为影响郊区化的因素。因此，按照个人收入的择居行为将日渐影响城市人口空间分布。

随着城市人口急剧膨胀，住房拥挤，交通产生的废气、噪声等方面对环境的破坏，直接引起城市生活质量的降低，无法满足城市居民的实际要求，人们渴求蔚蓝天空和洁净空气的心情，对住房等提出了更高的要求。郊区住房越来越成为城市居民的选择。一方面，随着城市土地使用制度的改革，城市土地按照经济规律运作，居民将原来居住的土地按地价规律置换，可以得到不少的赔偿，可在郊区购置环境质量更好、价格相对便宜的住房，这就促使了中心城区的人口向郊区扩散。另一方面，收入富足的中产以上阶层追求更高的生活质量，就算没有制度的优惠也会为了健康和享受一掷千金。据国外研究，一个城市地区的人均GDP达到2500美元就可能出现人口郊区化现象。众所周知，在美国，汽车+房子=郊区化生活，由此导致的是城市人在城里上班，在小镇或乡下居住的"城市郊区化"潮流。事实上，近几年，中国东部沿海一些城市的人均GDP达到或已经超过3000美元，开始逐渐进入汽车时代，房和车、居和行之间正出现奇妙的关系。

倘若说10年前选择郊区居住的人们更多地是为了被动应对旧城改造等带来的搬迁，那么现在，选择郊区居住的人们是在追求郊区的优美环境和清静舒适。因此,随着经济的不断发展和人们收入的不断提高,居住郊区化是市场选择的结果。

(二)不同收入群体的居住区位选择

住宅商品化过程中,不同收入阶层的家庭通过"房价"的过滤作用在居住模式和居住区位上形成了明显的分化。

2005年,杭州市房管局联合浙江工业大学房地产研究所,对杭州市居民住房现状及购房需求,进行了大规模问卷调查。多达1.47余万份的有效调查问卷,内容包括居民住房产权状况、建筑面积、建筑类型、户型结构、建成年份、是否有多套住宅等多个指标,以期全面反映杭州居民住房现状。报告结果显示,收入水平与住房条件密切相关。

调查显示,居住面积在60平方米以下的居民家庭比重,随收入上升明显减少;相反,居住面积在100~140平方米、140平方米以上的居民家庭比重,则随收入上升明显增加。在家庭年收入小于3万元的低收入群体中,住房面积在60平方米以下的占64.2%,而家庭年收入在15万元以上的高收入群体,这一比例仅为16.9%;家庭年收入3万元以下的低收入家庭,居住在一室、三室和四室的住房比例分别为32.46%、13.21%、1.99%,而15万元以上的高收入家庭这三个比例分别为10.68%、36.47%、18.92%。调查数据表明,低收入家庭与高收入家庭的住房条件已经开始出现不均衡,在高收入家庭通过市场化手段改善居住条件的同时,低收入家庭的住房条件相对落后。

从消费者对住宅区位的选择看,出现中间向四周发散趋势。虽然城西仍是热点区域,有31.5%的人选择该项,但从总体上看,消费者对杭州主城区住宅的需求比例减少,而对于下沙、余杭、萧山等近郊和远郊以及近两年来发展态势较好的滨江区域的住宅需求比例上升。对下沙和滨江区域需求的比例分别从2003年的2.3%和4.6%上升到2005年的6%和10.2%。对滨江区位的需求比例已经脱离低迷状态，而对萧山和余杭两区域的需求虽有所上升，但仍旧保持低比例状态。本次被调查居民对主城区住宅需求的比例总计为76.5%，这一数字比2003年的88.6%降低了12.1个百分点；而对近、远郊的住宅需求比例则从2003年的11.4%上升到2005年的23.5%。随着杭州市交通设施、环境状况、生活配套等条件的不断完善，未来对近郊和远郊的住宅需求仍会不断增加，对市中心住宅的需求因受环境和价位的影响，将逐渐减少。另外，高收入者出现购房郊区化趋势。调查显示，钱塘江南岸未来发展潜力也逐步得到认同，在近郊区域中排在首位。而且随着收入的增加，购买郊区房产的比例也逐渐提高，年收入超过15万元的家庭中，打算购买郊区房产的比例为12.3%。①

而北京的一项调查显示，选择郊区住宅的北京市民有两个层面：一是高收入的有车族；二是较低收入的普通市民。与之相对，北京的郊区住宅也存在两个层面，一是高档住宅，即别墅（这里包括独栋、双拼和townhouse）；二是低价位普通住宅。

低收入群体不得不选择购买价格比较低郊区的房屋，居住地由城市中心地带向远的城带转移，由相对社会经济的中心向社会经济的边缘转移，而这种边缘化过程虽不是自愿选择，但也是市场选择的结果。因为，郊区许多地方的房价仍比中心区的房价低。

三、以上海为例的收入与人口郊区化的实证分析

为什么选择上海？

作为区域乃至全国经济中心城市，上海在最近十年已经开始了明显的郊区化进程，上海的城市郊区化进程对我国城市郊区化进程而言具有代表性和先导性，预示我国未来城市郊区化的发展方向。

---

① 许静凯：《杭州市民住房现状调查全面解读》，载于《杭州日报》2005年11月16日。

上海自 1997 年以来，虽然有区划建制调整，如金山县、松江县、青浦县分别在 1997 年、1998 年和 1999 年改县为区，但边界未变，南市区在 2000 年并入黄浦区，亦是整建制并入，区县边界未作调整，统计数据具有高度可比性，这就避免了定量分析中不必要的统计偏差，有些城市在最近十年区划调整时，区县边界都作了或多或少的调整，为统计数据的汇总整理带来困难。

表 4.8　　1997～2004 年上海市人口密度与人均可支配收入变化情况

人/平方公里

年　份	1997	1998	1999	2000	2001	2002	2003	2004
中心城区人口密度	21 824	21 755	21 840	21 705	21 609.7	21 484.2	21 414.1	21 401.7
中心城核心区人口密度	44 228	43 382	43 208	42 267	41 592	40 644	39 953	39 575
郊区人口密度	1 643	1 665	1 700	1 755	1 791.98	1 835.04	1 873.52	1 914.68
郊县人口密度	776	771	759	758	756.768	758.337	759.717	763.206
全市人均可支配收入（元）	8 439	8 773	10 932	11 718	12 883	13 250	14 867	16 883

我们以 1997 年作为分析起点。中心城区包括中心城核心区（黄浦区、卢湾区、静安区、虹口区）和中心城边缘区（徐汇区、长宁区、普陀区、闸北区、杨浦区），郊区包括宝山区、闵行区、嘉定区、金山区和浦东新区，郊县包括松江县、青浦县、南汇县、奉贤县和崇明县。

为说明居民收入与人口郊区化的关系，以上海市人均可支配收入作为拉动城市核心区人口扩散化的自变量，以中心城核心区的人口密度作为衡量城市要素扩散化的因变量。

在 1997～2004 年 7 年间，上海全市人口及人口密度稳定增长，2004 年比 1997 年增长 4%，说明上海市整体上仍然呈现人口的缓慢聚集过程（见表 4.8 和图 4.9）。但中心城区人口及人口密度稳步下降，2004 年比 1997 年下降了 2%，说明了中心城区人口的外迁化趋势和城市要素的扩散化趋势；其中，中心城核心区人口及人口密度有较大幅度下降，2004年比1997年下降11%，人口外迁和郊区化趋势十分明显（见图4.10）。

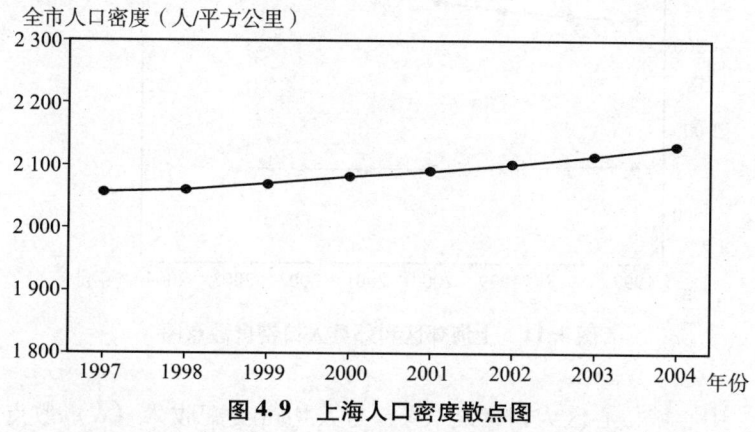

图4.9　上海人口密度散点图

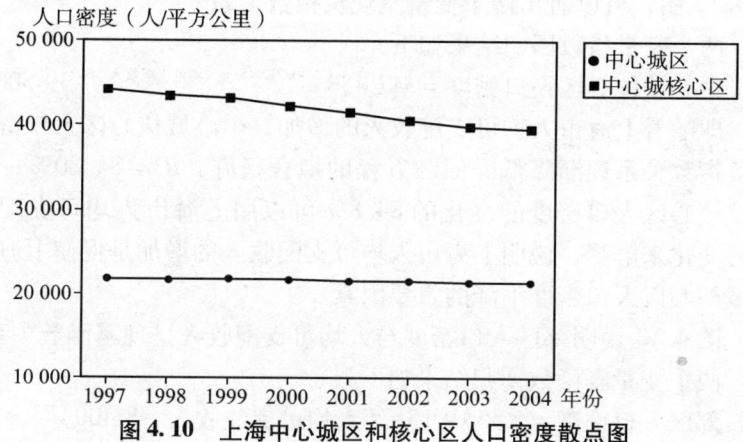

图4.10　上海中心城区和核心区人口密度散点图

与中心城区的人口下降相反，郊区的人口及人口密度却在稳步增长，2004年比1997年增长了17%，郊区城市要素的聚集态势极为显著。上海郊县的人口及人口密度同期下降2%，变化不大，下降部分极有可能向郊区聚集（见图4.11）。

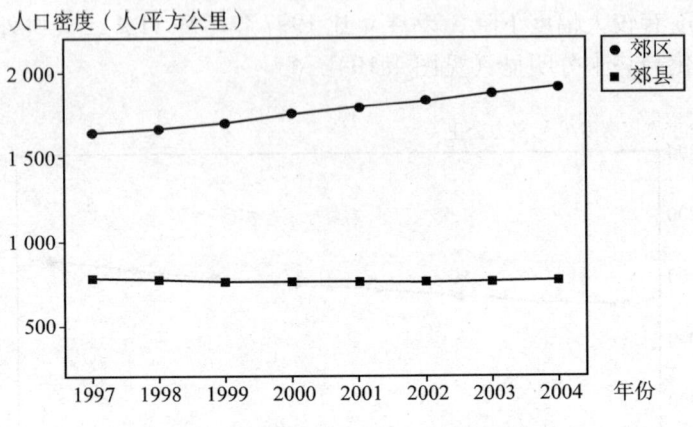

图 4.11　上海郊区和郊县人口密度散点图

中心城核心区人口密度（Y）与人均可支配收入（X）散点图如 4.12 图，可以看出两个变量呈现负指数关系。

两个变量指数回归结果如下：

中心城核心区人口密度 = 347 458 $e^{-0.000451 \times 人均可支配收入}$ + 39 500

即随着上海市人均可支配收入的增加，中心城核心区人口密度以负指数关系逐渐降低。回归方程的拟合很好，$R^2 = 84.80\%$，中心城核心区人口密度的变化的 84.8% 可以用上海市人均可支配收入的变化来解释，说明上海市人均可支配收入的增加是促使上海中心城核心区人口密度下降的重要因素。

图 4.13 说明郊区人口密度与人均可支配收入呈现幂函数关系。

两个变量幂函数回归结果如下：

郊区人口密度 = 1 553 + 15.7(人均可支配收入 − 8 400)$^{1/3}$

即随着上海市人均可支配收入的增加，郊区人口密度以幂函数关系逐渐增加。回归方程的拟合好，$R^2 = 85.3\%$，郊区人口密度的变化的 85.3% 可以用上海市人均可支配收入的变化来解释，说明上海市人均可支配收入的增加是拉动上海郊区人口密度上升的重要力量。

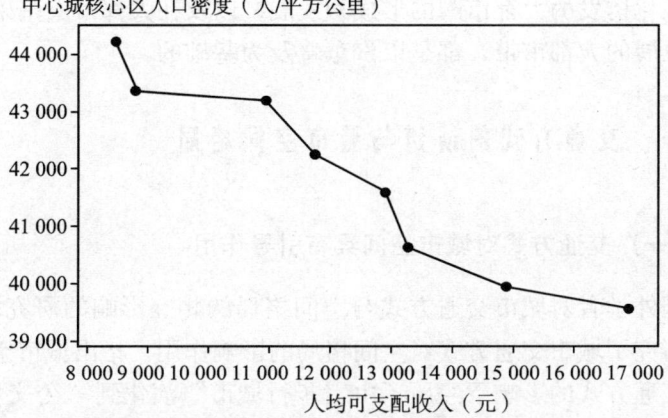

图 4.12　上海郊区和郊县人口密度散点图

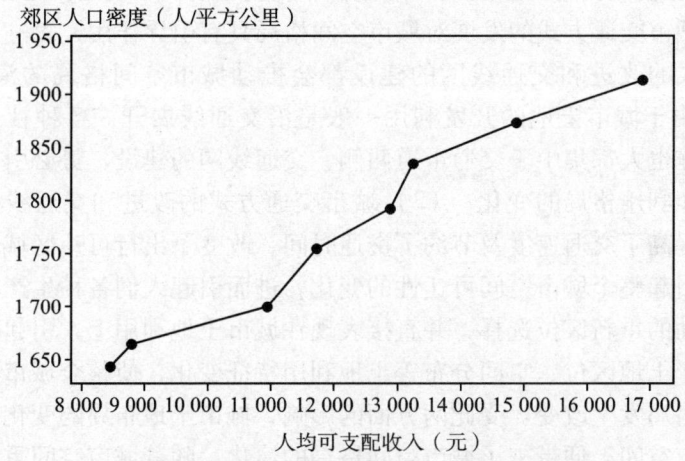

图 4.13　上海郊区人口密度—人均收入散点图

第三节　交通工具发达与居住郊区化

交通工具的变化是整个城市化进程中出现的重要内容。西方国家郊区化诱发的大都市圈的形成和发展,以及在大都市圈基础上形成和发展的大都市带,都是以汽车普及为基础的。

一、交通方式的演进与城市空间格局

(一)交通方式对城市空间具有引导作用

国外学者对城市交通方式与空间格局的相互影响的研究较早,不仅研究了城市交通方式对空间格局的影响作用,指出城市空间格局在交通方式的影响下经历了由"步行城市"演化到"公交城市"直至最终"汽车城市"的过程;而且考察了城市空间格局变化对交通方式的影响,发现交通方式在空间格局的影响下不断更新完善。

城市交通方式的发展对城市空间格局具有引导作用,每一次交通方式的改进和交通线网的建设都会推动城市空间格局的演化:(1)由于城市土地的开发利用一般是沿交通线展开,各种社会基础设施也大都集中于交通干道两侧,交通线网的建设,势必引起城市土地利用格局的变化;(2)城市交通方式的改进和交通线网的建设提高了交通速度及节约了交通时间,改变了出行可达区域的大小,引起整个城市空间可达性的变化,进而引起人们各种生产、生活活动的重新区位选择,并直接表现在城市土地利用上,引起土地价格、土地区位、空间分布等土地利用特征变化,使整个城市土地利用格局发生改变。受此两方面的影响,城市土地布局的变化投影到城市空间上便带来了城市空间格局的演化。随着城市空间重构日益平稳,便逐渐形成了稳定的城市空间格局,又开始孕育下一轮城市空间格局的演化。[①]

根据西方城市地理学者对城市发展历史的研究,马车时代的城

---

① 毛蒋兴、闫小培:《城市交通系统与城市空间格局互动影响研究——以广州为例》,载于《城市交通》2005年第5期,第46页。

市用地范围从未超过3英里的半径（约4.8公里）。城市的用地规模（按圆半径计算）与按当时的交通方式计算的城市居民所能接受的平均出行时间有直接的联系。随着城市汽车，尤其是私人汽车的广泛使用和快速公共交通的发展，城市空间的扩展基本上沿着汽车干道的方向迅速蔓延开去，引发了城市郊区化运动（urban sprawl）。据统计，从1950~1970年的20年间，从大城市市中心区迁到城市郊区的美国白人达1 700万人。城市郊区化的扩展使得许多城市的空间形态逐渐向带状发展。如波士顿长约30公里、洛杉矶长约160公里。以几个大城市为核心所形成的城市连绵带其体量尺度更为惊人。以旧金山为核心的海湾城市带连绵达200多公里，波士顿—华盛顿城市连绵带长约700公里~800公里，宽度为50公里~160公里，总人口超过4 000万，这是城市产生以来从未有过的奇观。显然，其形成和发展的必备条件是先进的交通方式节约了交通时间，从而使城市居民在可以接受的时间内的出行距离达到更远。可以预料，交通方式的进步、速度的不断提高必将更剧烈地改变城市形态，城市规模必将进一步扩大。①

（二）"汽车社会"推进了城市郊区化进程

国际上通常认为，一个地区进入"汽车社会"（auto society）的重要标志是每百户居民拥有汽车数量达到20辆左右。目前我国仅有北京、深圳、东莞、广州等少数发达城市达到或接近这一标准。目前国内大中城市的轿车销售正以30%甚至更高的速度猛增，可以预计，未来5~10年时间内，我国将有更多的城市进入"汽车社会"。"汽车社会"对于一个国家的经济与社会生活的影响是全面和深刻的。在这里，我们更关注的是"汽车社会"对于城市郊区化进程将产生什么样的影响。

20世纪80年代，三位美国麻省理工学院的教授在《改变世界

---

① 段进：《城市空间发展论》，江苏科学基础出版社1999年版。

的机器》一书中谈到，汽车的大规模普及极大地改变了世界的面貌，改变了人们的生活方式和社会关系。在发达国家，围绕着汽车诞生出汽车餐厅、汽车影院、汽车旅馆等消费形式，驾车旅游、休闲和度假也已经融入到人们的日常当中。汽车的大规模普及增大了人们活动的半径，以汽车为载体和工具的人类活动突破了旧的城市空间布局，促使人流、物流和信息在城市中心区与边缘区之间进行新的格局调整，都市圈和大城市带成为新的城市组织形态。

"汽车社会"为城市发展提供强劲的产业动力和增长点。城市的兴起和发展，城市规模的扩张，城市功能的扩散，都离不开城市经济规模的不断增长。汽车产业是一个高投入、高产出、长链条、高利润和集群式发展的产业部门，汽车的生产、研发、销售、服务、信贷、咨询、保险，甚至汽车影院、汽车酒吧、汽车旅游等诸多领域，都可以成为城市经济增长的推动力量。汽车大众消费推动了产业结构升级，拉动了钢铁、冶金、机械等相关产业的增长，从而为城市郊区化进程奠定了物质基础。

"汽车社会"以及"汽车文化"的渗透对于推进城市郊区化起到了重要作用。"汽车社会"以及"汽车文化"是人类围绕汽车生产和消费而产生与变化的精神产物，它首先是在城市兴起和发展的。随着汽车的普及，人们的活动空间也由城市向郊区扩展，与之相应地"汽车文化"也随着城市郊区化而繁荣起来，并被赋予了全新的内容。这样，一个以汽车为物质载体的文化形态——"汽车文化"和"汽车文明"不仅随着城市化的进程不断发展，同时也推动和丰富了城市化的精神内涵。

"汽车社会"极大地推进了城市郊区化进程，促进了城市结构的改变。进入"汽车社会"以前，世界主要城市的城市形态和城市结构存在一元化特征，即人口和人们的非农业活动基本上局限于城市内部，城市范围狭小，功能也比较单一，城市中心区的主要功能是吸收和聚集周围的物质与非物质要素，城市功能的扩散与辐射效应受到交通条件的限制。进入"汽车社会"以后，情况发生了翻天覆地般的变化。由于有了汽车这种便捷的大众交通工具，人们的活动半径大大增加，人口流动更加便利，城市功能的扩散效应开始得到强化，不仅是人口迁移到郊区生活和工作，而且商业、服务业、机关、教育等人类活动也开始向郊区扩散，城市结构得以彻底改变。

我国即将进入"汽车社会"，汽车对于我国经济与社会生活的影响将全面显现。汽车大众消费将扩大人们活动的半径，有利于城市功能的扩散和城市郊区化、郊区城市化的发展，而城市郊区化反过来又会有利于汽车大众消费的进一步扩张。由于有了汽车这种灵活便捷的交通工具，人们可以更多地向城市边缘地区迁移和定居，当越来越多的人在城市边缘地区聚集时，新的城市功能区就会诞生出来，原有的城市功能也会随之得以扩散和迁移。因此可以说，汽车是城市功能扩散与聚集的物质载体。

二、收入变化与轿车进入家庭的关系

是什么导致了汽车所有者数量的增加？汽车所有者和拥有汽车的数量都与家庭收入同步增长。

人均 GDP 判断。众多的专家一致认同，当人均 GDP 达到 1 000 美元时，是世界公认的轿车大量进入家庭的起跑线；而当人均 GDP 达到 3 000 美元时，轿车将开始大规模进入家庭。2003 年我国人均 GDP 为 1 090 美元。据此可以认为，我国尚未达到轿车进入家庭的基本线，但已处于轿车进入家庭的临界点边缘。

R 值判断（车价/人均 GDP）。国际上通行用车价除以人均 GDP 后得到的数值，即 R 值来衡量轿车市场的发育情况。当 R 值达到 2 或 3 时，即车价相当于人均 GDP 的 2～3 倍时，就是轿车进入家庭的转折点，在亚洲的日本、韩国、泰国和马来西亚都呈现出类似的规律。中国平均的 R 值为 13.3，因此，就目前的轿车价格来说，我国整体离轿车进入家庭还很遥远。但上海的 R 值为 2.7，

广东的 R 值为 2.9，北京的 R 值为 3.0，表明这些城市已到了或即将到了轿车进入家庭的临界点。Ⅱ值判断（轿车销售价格与居民家庭年收入之比）。国际经验表明，Ⅱ值在 3:1~2:1 时，轿车开始进入家庭。我国全国平均的Ⅱ值为 4.7。因此，就目前的轿车价格来说，Ⅱ值表明我国城镇居民离轿车进入家庭已经为时不远。而上海、北京、浙江和广东的城镇居民已经处于轿车进入家庭的临界点。

以中国的人均收入每年增长 6%，汽车需求弹性为 2.6 计算，到 2015 年，中国的家庭和企业每年将购买 1 000 万辆轿车。近几年随着我国体制改革的深入，我国汽车市场消费主体发生了很大变化，汽车需求增长的主要动力由原先的集团购车转变为私人购车。数据显示：从 1999 年开始，私人轿车消费开始全面提速，截止到 2003 年底，私人轿车消费占轿车消费首次突破 70%，比 1997 年增长了 54 个百分点（图 4.14）。

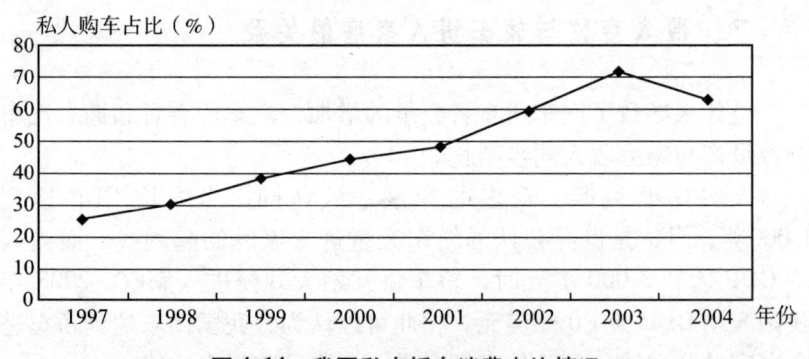

图 4.14　我国私人轿车消费占比情况

资料来源：根据汽车工业协会，国研网数据整理。

与此同时，汽车所有者数量和价格之间有一个反向关系。随着汽车价格的下降，不仅使得更多的家庭具备购车能力，即购车能力户增加，而且也使得同样收入的家庭能够购买更加高档的汽车，即购买高档车的比例增加。根据最新的研究表明，未来几年我国具备购车能力家庭的数量总体上依然呈现不断增加的态势,预计2004年年底将达到3 252万户,2008年将突破8 000万户(图4.15)。如此雄厚的潜在的具备购车家庭数量将加快轿车进入家庭的速度。价格下降了,不仅中低收入家庭买得起汽车,而且购买两辆甚至多辆车也变成了合理的消费。拥有两辆汽车给一个两口之家更多远行的自由。

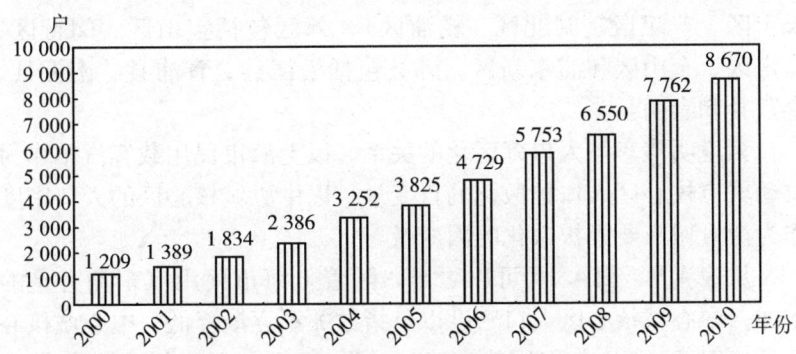

图4.15 我国具备购车家庭数量趋势图
资料来源:根据新华信汽车研究所、国研网数据整理。

经过20年的改革和发展,我国人均收入和消费结构发生了很大改变,城镇居民已基本解决了吃、穿和部分用的问题,正在向以满足住、行为重点的消费结构升级。这个时期消费量的扩大是通过消费结构的升级来实现的。1997年我国城镇居民家庭汽车拥有率仅为0.19%。据国家统计局的抽样调查资料,10%最高收入户中汽车拥有率为0.54%,10%的高收入户的拥有率为0.32%。1998年全国轿车产量为51万辆,2005年的轿车销量265万辆。"十五"期间,随着轿车进入家庭的步伐加快,中国私人汽车拥有量快速增长。中国私人汽车从2000年的625.33万辆增加到2004年的1 481.66万辆,国家统计局的统计表明,截至2000年底,中国1.82亿城镇居民家庭中，每百户平均拥有家用汽车仅有 2.18 辆，但一些沿海大城市的每百户城镇居民平均拥有家用汽车已超过 20 辆。

三、以上海为例的汽车与人口郊区化实证分析

我们仍以 1997 年作为分析起点。中心城区包括中心城核心区（黄浦区、卢湾区、静安区、虹口区）和中心城边缘区（徐汇区、长宁区、普陀区、闸北区、杨浦区），郊区包括宝山区、闵行区、嘉定区、金山区和浦东新区，郊县包括松江县、青浦县、南汇县、奉贤县和崇明县。

为说明汽车与人口郊区化的关系，以上海市民用载客汽车作为拉动城市核心区人口扩散化的自变量，以中心城核心区的人口密度作为衡量城市要素扩散化的因变量。

从表 4.9、图 4.16 可以看出，随着上海市民用汽车拥有量的增加，中心城核心区人口密度以负指数关系逐渐降低；中心城核心区人口密度（Y）与民用载客汽车（X，万辆）呈现负指数关系。

两个变量指数回归结果如下：
$\ln(Y-39\,000) = 8.71 - 0.0527(X-20)$，整理得：
中心城核心区人口密度 $= 17\,396 \times e - 0.0527$
$$\times \text{民用汽车拥有量} + 39\,000$$

回归方程的拟合非常好，$R^2 = 99.40\%$，中心城核心区人口密度的变化的 99.40% 可以用上海市民用汽车拥有量的变化来解释，说明上海市民用汽车拥有量的增加是促使上海中心城核心区人口密度下降的重要拉动力。

图 4.17 说明郊区人口密度与民用载客汽车拥有量呈现幂函数关系。

两个变量幂函数回归结果如下：
郊区人口密度 $= 1\,519 + 111\,(\text{民用载客汽车} - 22)^{1/3}$

即随着上海市民用汽车拥有量的增加，郊区人口密度以幂函数

关系逐渐增加。

回归方程的拟合非常好，$R^2 = 98.8\%$，郊区人口密度的变化的 98.8% 可以用上海市民用汽车拥有量的变化来解释，说明上海市民用汽车拥有量的增加是拉动上海郊区人口密度上升的重要力量。

表 4.9　上海 1997～2004 年人口密度汽车拥有量的变化情况

人/平方公里

年份	1997	1998	1999	2000	2001	2002	2003	2004
中心城区人口密度	21 824	21 755	21 840	21 705	21 609.7	21 484.2	21 414.1	21 401.7
中心城核心区人口密度	44 228	43 382	43 208	42 267	41 592	40 644	39 953	39 575
郊区人口密度	1 643	1 665	1 700	1 755	1 791.98	1 835.04	1 873.52	1 914.68
郊县人口密度	776	771	759	758	756.768	758.337	759.717	763.206
民用载客汽车拥有量（万辆）	23	24	28	33	37	45	54	65

资料来源：数据由《上海统计年鉴》(1997～2004 年) 统计资料汇总整理。

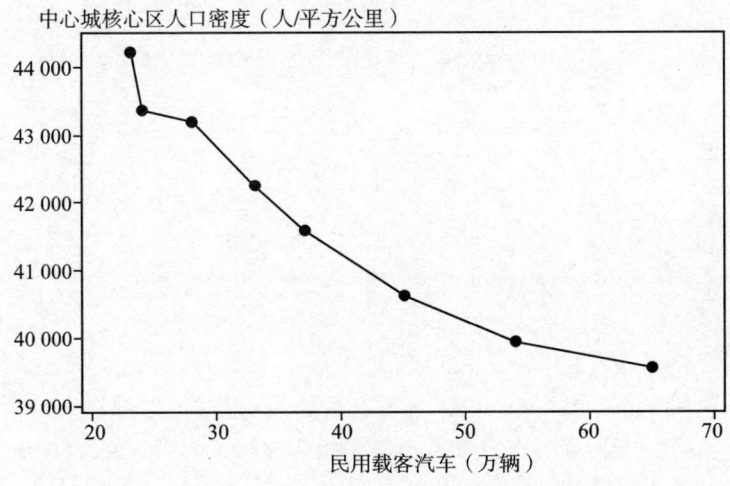

图 4.16　中心城核心区人口密度与民用载客散点图

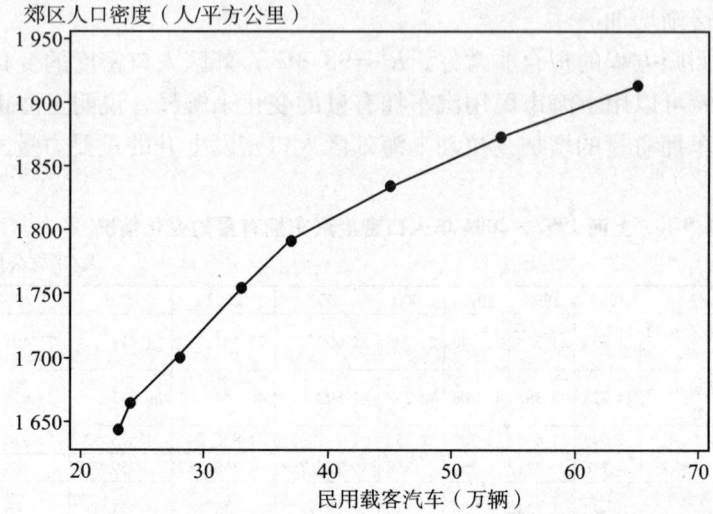

图 4.17 郊区人口密度与民用载客汽车散点图

第五章 自然力对中国城市郊区化的拉动作用分析

对城市和郊区相比较而言,二者的自然禀赋在一定的时期内是有差异的。这种差异在一定时期内会产生"凹地效用",引起城市产业、人口等要素的流动,从而对城市人口、产业的布局和城市的空间形态产生影响。

第一节 郊区土地供给对产业和人口迁移的吸力效应

城市土地的供给是地球所能提供的可被城市各类生产和生活利用的土地数量。这个量是指在各种城市土地资源的实际利用数量中,可供某一项用途使用的城市土地数量,它要随城市人口数量和城市经济条件的变化而有所增减。因此,城市土地的供给从自然属性上讲是绝对有限的。土地自然属性的供给是自然能实际供给人类利用的各种类型的土地数量,这些数量无论是某一区域或全世界而言,都是固定不变的,因此人们又称其为物理供给或无弹性供给。这同时也表明城市土地的供给从自然属性来说,它不受任何人为因素或社会经济因素的影响。

一、城市发展对郊区土地的依赖

（一）城市土地供给的限制性对产业和人口迁移产生了"推力"

城市化水平的不断提高，意味着城市人口规模的不断增长与城市经济规模的不断增大。无论是人口规模的扩大，还是城市经济规模的增大，都意味着城市用地面积的增加，也就意味着对城市建设用地需求的增加。可见，城市化进程实际上就是城市地域空间不断扩大的过程，也就是城市建设用地不断增加的过程。

改革开放给我国城市带来了蓬勃发展的良好机遇，城市数量不断上升，城市人口和规模持续上升。城市土地是城市产生和发展的场所、手段和生产资料。人类要生存和发展，就需要土地作为生存场所，没有不需要土地的部门，也没有离开土地能够生存下去的人。对于一个城市，也不例外。据中国市长协会《2001～2002年中国城市发展报告》提出的中国城市化发展目标，到2050年前后，中国的城市化水平将提高到75%以上，城市人口达12亿。也就是在50年左右的时间内，城市人口数量将增加7亿，年平均增加1 400万人左右。城市人口的增加意味着城市建设用地面积的增加。根据建设部1990年颁发实施的《城市用地分类与规划建设用地标准》规定：城市人均建设用地指标依据城市规模大小不同，从特大城市到小城市控制在60～120平方米以内。按人均100平方米计算，则平均每年全国城镇需新增居住建设用地约1 400平方公里，到2050年，合计需增加城市建设用地约7万平方公里。

显然，在现有城市空间不变的情况下，单靠城市本身的存量土地的容量是不可能的。那么，城市建设用地面积的增加只能通过两个渠道解决：城市数量的增加与现有城市用地规模的扩大。城市数量的增加反映为新城镇的出现，新城镇的出现会要求改变原有的土地资源利用状态，将农业用地等非建设用地转化为城市建设用地。而已有城市用地规模的扩大则表现为一方面城市范围的增大使得城乡边界逐渐向外拓展，正如城市郊区化一样，需要将包含农用地在内的非建设用地转化为城市建设用地；另一方面在城市向外拓展的同时，通过对存量土地的深度开发与利用，提高城市内部土地的利用效率，调整建设用地结构与利用方式，增加土地利用强度，在现有城市建设用地的基础上，挖掘土地利用潜力，在土地绝对供应量不变的情况下增加城市建设用地的产出效益，从而相对增加土地的经济供给量。

同时，城市产业的不断扩大，尤其是工业企业的发展，也需要更大的空间和土地来实施大规模的产业化生产，这在有限的既有城市空间内是无法实现的。加之近年来，城市内部土地价格的上涨、税收的增加与日趋严重的环境污染、交通阻塞等现象更加剧了城市各要素的扩散过程。迁移也就成为了一种被迫的选择。如果一个城市缺少发展的土地，没有扩张的空间，经济社会的发展就会受到巨大的影响，城市发展的内在冲动就形成了一种巨大的推力，使产业和人口实施空间迁移，即郊区化。

（二）我国城市郊区土地供给的吸力

从城市—区域的角度讲，郊区化是土地资源在区域范围内的优化配置过程。即合理规划和引导农业用地向非农产业用地的转换，进而提高土地利用效率。

城市郊区的人均土地数量远远大于城市建成区，人口密度远远小于城市建成区，并按照距离城市中心点的远近呈现出空间上的过渡性和时间上的动态性。在空间上，郊区土地随着距城区距离的增加而呈现明显的由城市土地利用类型向农村土地利用类型过渡的特征，随着距城区距离的增加，城市型用地逐渐减少，农业型用地逐渐增多。在时间上，郊区土地的利用也处于动态变化之中。随着城市地域的扩张和工业化的发展，郊区土地利用也不断发生转化，且呈现出"远郊农业用地—菜地—城市建设用地"的一般规律。

从实际的发展情况看，城市郊区由于土地要素的禀赋，正对城市的各要素产生吸力。主要表现在：

对大城市中心建成区的疏导作用。我国大城市的中心建成区经过长期的发展，人口众多，人均占有土地面积和资源数量微乎其微。在郊区土地开发过程中，中心城区人力、物力资源向城市郊区转移，同时吸纳大量农村剩余劳动力，从而从根本上缓解大城市中心城区的压力，使城市建设布局更趋合理。

对大城市物资流通具有的集散功能。郊区是区域交通网和城市道路系统的结合部，是通往城市的交通干路——公路、铁路、航空的交汇点，是城市物资流集散的良好场所。利用城市郊区土地进行仓储、物流行业，不仅成本低、效率高，同时也减少了对城市的噪音、烟尘污染。

对工业和第三产业具有接纳功能。在城市压力的作用下，城市工业不可避免地向郊区渗透，表现为购买、兼并或与边缘区乡镇工业合作发展，从而出现了大量的城郊国营企业和农工贸联合体，以及新的经济开发小区。

郊区具有发展第三产业的有利条件。比如说充足的用地空间，便利的交通，相对齐全的公共设施等。在城市土地日趋紧张的条件下，郊区必然接纳城市的部分第三产业。

从全国范围来看，我国大城市的城市化进程还在加快，许多大城市都将郊区列入了城市发展的远景规划，郊区土地已经成为城市化扩张的前沿，许多大城市通过合理利用城市郊区土地，发展了城市经济，改善了人居环境，促进了城市的可持续发展。

二、城市郊区化中的土地供给和应用分析：以济南市为例

城市郊区土地的应用的是一个复杂的过程，从宏观上是难以进行分析和把握的，需要从一个具体的城市来展开。

下面通过对济南城市用地扩展强度、模式及其空间分异特征的

分析研究，对十多年来济南地区城市用地的扩展时空特征进行分析和描述，试图为城市郊区化过程的机制研究提供依据。

济南市城市建成区扩展变化图

图 5.1 济南城市建成区扩展

资料来源：济南城市规划局。

（一）研究区域

研究区域：济南地区城市化过程及其相关的土地利用问题，故选择以济南市区为中心，包括周边大部分郊县城市化最为剧烈的区域为研究对象。本次调查范围，以济南市 2010 年规划市区为界，包括历下、市中、槐荫、天桥四区和历城区的大部分，其边界为济南绕城高速路（北边为规划中的黄河以北北外环高速路），总面积约 8.94 万公顷，其中，中心城区建成区，面积约 1.76 万公顷。

2000 年全市总人口 562.65 万人，市区人口 260.64 万人。

数据来源及处理：空间数据主要来源于济南市国土资源遥感综合调查中的航天航空遥感资料。

（二）济南用地分类和现状

1. 用地分类。

济南市城区土地利用分类系统分为 11 大类，详见表 5.1 所列。

表 5.1　济南市中心城区 1986～2000 年土地利用结构变化表

类型	2000 年用地面积（公顷）	所占总量的比例（%）	1986 年用地面积（公顷）	所占总量的比例（%）	2000 年比 1986 年增长量	2000 年比 1986 年增长（%）
居住用地	5 033	28.62	3 533	29.96	1 500	42.45
商业金融	741	4.22	440	3.73	168	38.26
文化娱乐	137	0.78	101	0.86	35	35.01
机关宣传	433	2.46	339	2.87	94	27.80
教育	1 052	5.98	808	6.85	244	30.12
医疗卫生	207	1.18	189	1.60	18	9.34
科研设计	108	0.62	85	0.72	24	27.93
工业	3 696	21.01	2 204	18.69	1 492	67.66
仓储	309	1.76	195	1.66	113	57.92
铁路	342	1.95	304	2.57	39	12.82
其他交通	426	2.42	4.23	3.59	3	0.73
街道	1 335	7.59	800	6.78	535	66.89
公用设施	298	1.69	94	0.79	204	217.94
绿化旅游	1 210	6.86	868	7.36	410	47.31
特殊用地	508	2.89	446	3.78	62	13.80
水域	243	1.38	170	1.44	73	42.85
其他用地	1 499	8.52	794	6.74	705	88.74
城区范围	17 587	100.00	11 793	100.00	5 794	49.13

资料来源：山东省地矿资源局。

2. 用地现状。

济南市中心城区面积 17 587 公顷，具体情况：

居住用地。济南市中心城区居住用地为 5 033 公顷，占城区面积的 28.6%。居住用地按建筑类型分为四类：一、二类用地主要分布在燕子山、工人新村、七里山、千佛山南北麓等区域，为开发的居住区或居住小区，市政配套设施齐全，布局较好，环境优美；三类居住用地主要分布在城区内部与南部，为早期居住建筑区，用地布局零散；四类居住用地主要分布在城区西北部、大明湖及官驿小区周围等旧城区，多为平房和四合院住宅，环境较差。

公共设施用地。公共设施用地的面积为 2 678 公顷，占城区用地总面积的 15.23%。其中机关宣传用地面积为 433 公顷，占公共设施用地的 16.17%，占城区面积的 2.46%，主要分布在老城区，如经八、纬一和历山路两侧（省级机关），以及经二路、经七路和纬二路附近（市级机关）。商业金融用地面积为 741 万公顷，占公共设施用地的 27.67%，占城区面积的 4.22%，主要沿道路及街道两侧分布。文化娱乐用地面积为 137 公顷，占公共设施用地的 5.12%，占城区面积的 0.78%。教育用地面积较大，为 1 052 公顷，占公共设施用地的 39.28%，占城区面积的 5.98%，其中包括一百多所各类院校。医疗卫生用地达 207 公顷，占公共设施用地的 7.73%，占城区面积的 1.18%。科研设计用地 108 公顷，占公共设施用地的 4.03%，占建成区面积的 0.62%。

工业用地。工业用地 3 696 公顷，占城区面积的 21.02%，主要分布于城区的周围，包括白马山、泺口、黄台、七里河等工业集中分布区，其他的工业用地分布较为零乱，多与其他用地混杂分布。

仓储用地。仓储用地面积为 309 公顷，占城区总面积的 1.76%，基本上沿对外交通线路分布，工业区内形成了一定规模的仓库区，主要集中在八里桥、泺口、白马山、黄台等四大仓库区内，另外在纬三路及工商河等处零星分布一定规模的中转库房。

对外交通用地。对外交通用地面积为 342 公顷，占城区总面积的 1.95%。济南市位于胶济、京沪铁路的交汇处，是我国 12 个路网性铁路枢纽之一，共有 14 个客货车站。区内铁路线长度为

87.40 公里。此外，其他交通用地面积为 426 公顷，占城区总面积的 2.42%，主要包括长途客运站等用地。

市政公共设施用地。面积为 298 公顷，占城区面积的 1.69%。其中供水用地主要包括近 10 个水源厂和 11 座加压站，其他市政公共设施用地面积不大。

绿地。面积 1 210 公顷，包括广场绿地、公园绿地以及生产防护绿地，占城区总面积的 6.86%。目前面积在 4 公顷以上的绿地数量达到了 36 块。

道路用地。总面积为 1 335 公顷，占城区总面积的 7.59%。

（三）用地总量扩展情况

城市规模不断扩大。1976 年城区用地面积为 4 322 公顷，1986 年扩展为 11 793 公顷，至 2000 年达到 17 587 公顷；1986 年比 1976 年城区用地扩大了 7 471 公顷，是 1976 年的 2.73 倍，年扩展速率为 17.29%，2000 年比 1986 年扩展了 5 794 公顷，用地面积是 1976 年初的 4.07 倍，是 1986 年的 1.49 倍。建设用地大部分为农耕地，少部分为菜地。随着城区范围的扩展，近郊区农用土地大量被侵占，菜地大幅度减少，并且减少的趋势逐渐向远郊延伸，详见表 5.2 所列。

城区各类用地的扩张变化。（1）工业、仓储用地迅速增长。随着改革开放的深入，工业经济迅猛增长，尤其是在 1988～1994 年增长速度最快，全市工业产值由 128 亿元增加到 989 亿元，增长了 6.70 倍，新增工业用地逐渐向外围迁移，开辟了许多处工业园区。到 2000 年，工业用地增加面积 1 492 公顷，比 1986 年增加了 67.66%。仓储用地同期增加了 113 公顷，比 1986 年增加了 57.92%，主要位于城市近郊城乡结合部，随着城区的扩展，仓储用地也逐渐向外迁移。（2）居住用地增长快、变化大。城区 1986 年居住用地为 3 533 公顷，至 2000 年增加至 5 033 公顷，增长了 42.45%，年增长速率为 3.54%。居住用地的变化主要表现为新居民区的开发与老城区的改造，对低洼区、棚户区和危房进行了大面积的改造。(3) 城区绿地面积显著扩大。1986年绿地面积为868公顷，2000年为1 210公顷，12年间绿地增加313公顷，增长了36.11%，新增绿地中面积大于4公顷的12处，主要为广场绿地。(4) 交通用地增长迅速。自20世纪80年代以来，对原有道路进行了拓宽，改造了纬二路、经四路（纬二路至西顺河街）、经七路。在内环路扩建之后又修建了二环路、五柳闸北路和经七路至北园大街的高架路。为解决一些重要路口多年拥挤的交通状况，修建了多处跨式桥与互通式立交桥，如城区高架桥、八一立交桥、全福立交桥等，初步形成了环线加放射线的道路骨架雏形。从1986~2000年的十几年内，道路总面积增加了535公顷，增长了66.89%，道路用地率为7.59%。

表5.2　　　　　　济南市城区扩展速率表　　　　　　　公顷

年份 项目	1976	1986	2000
城区面积	4 322	11 793	17 587
比1976年扩展	—	7 471	13 265
比1976年扩展（%）	—	172.86	306.92
比1986年扩展	—	—	5 794
比1986年扩展（%）	—	—	49.13
城区扩展速率（%/年）		17.20	4.09

资料来源：山东省地矿资源局。

城市实体空间扩展变化。中心城区发展进程的加速，不但表现在各类土地结构的变化，而且也体现在城市实体空间的扩张上，即城市平面形态的发展变化。(1) 城市主体扩展。利用1976年实测地形图及1986年、1998年、2000年对济南市城区实体进行解析统计，并计算出城市面积扩张的速率，详见表5.2和图5.2所示。(2) 城市实体空间扩展的方向性及土地变更情况。城市扩展轴向的研究对城市的发展与布局、规划与管理有着十分重要的指导作用。将前述三个年份的城市实体两两叠加，可以看出城市扩展主要是沿着东西方向，且扩展的地方一般集中成长，只是不同时段城市实体扩展的方位和速率有所差异。从图（5.2）中可以看出1976～1986年总体表现为东西向扩展，但东北方向扩展较快，而1986～2000年则主要表现为向东、向南扩张，向东北、西北扩展也较明显。另外，北园路与小清河之间的大片低洼耕地和湿地逐渐转化为工业和居住用地。这一阶段突出表现为居住用地和工业用地的增加。由于张庄机场的阻隔，城区只能沿着西外环路及经十路向西北和西拓展。城区扩展中大部分是占用了耕地、园地，此外是少量的林地。

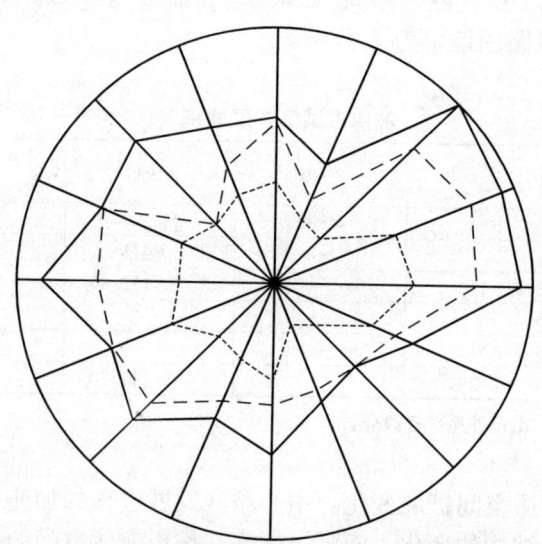

（由内向外依次为1976年、1986年、2000年）

图5.2 城区扩展变化

（四）城市郊区土地利用

随着人口集聚和工业化进程的发展，城区不断向外扩展，郊区用地不断地由农业用地向城市用地转化。各土地类型面积，详见表 5.3 所列。

济南市城市郊区土地总面积 71 767 公顷，从表 5.3 中可以看出，就各类土地类型面积、结构与分布变化而言，郊区已利用土地具有以下特点。

表 5.3　　　　　　　　城郊土地类型面积

类	型	面积（公顷）	占总量的百分比（%）
耕 地	小计	38 122	53.12
	灌溉水田	7 700	10.73
	水浇地	17 078	23.80
	旱地	12 315	17.16
	菜地	1 029	1.434
园 地	果园	796	1.11
林 地	小计	5 579	7.77
	有林地	4 871	6.79
	灌木林	7	0.01
	疏林地	701	0.98
城、镇、村用地	小计	12 858	17.92
	建制镇	1 358	1.89
	独立工矿	2 033	2.83
	村庄	9 337	13.01
	特殊	130	0.18
交 通	小计	1 615	2.25
	铁路	217	0.30
	公路	544	0.76
	高速路	854	1.19
水 域	小计	6 720	9.36
	河流	1 847	2.57
	水库	915	1.27
	坑塘	912	1.27
	苇地	1 616	2.25
	沟渠	1 430	1.99

续表

类型		面积（公顷）	占总量的百分比（%）
未利用土地	小计	6 277	8.47
	荒草地	3 952	5.51
	盐碱地	128	0.18
	沙地	108	0.15
	裸土地	139	0.19
	裸岩地	1 950	2.72

资料来源：山东省地矿资源局。

济南市城郊土地利用现状图

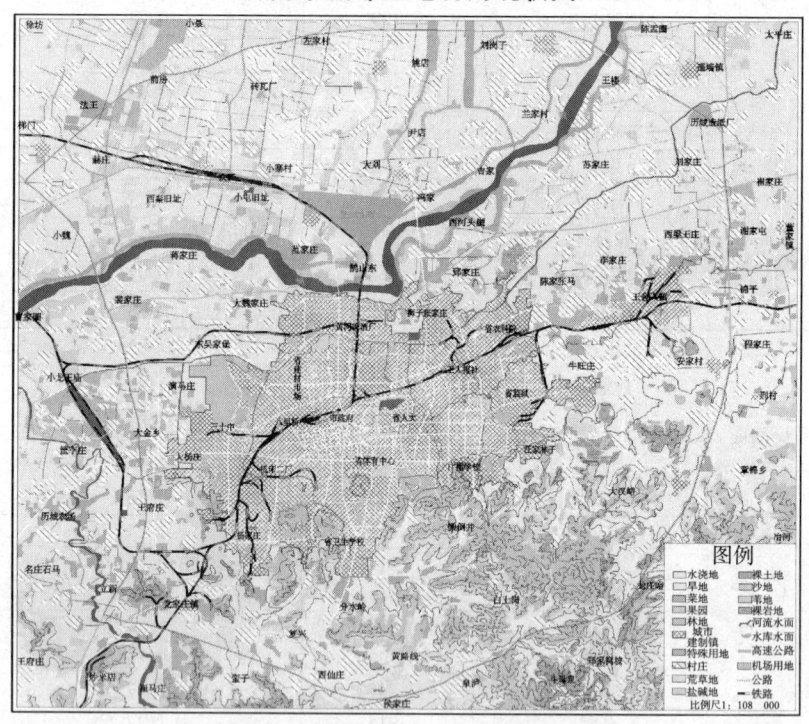

图 5.3　济南城郊土地利用变化情况

资料来源：山东省地矿资源局。

耕地是本区的主要农业用地。城郊耕地面积为 38 123 公顷，占整个区域面积的 42.74%，其中灌溉水田 7 700 公顷，占耕地面积 20.20%，水浇地 17 078 公顷，占耕地面积的 44.80%，旱地 12 315 公顷，占耕地面积的 32.30%，菜地 1 029 公顷，占耕地面积的 2.70%。耕地除少部分位于黄河北部黄泛平原外，绝大部分分布在山前平原与山间河流冲积平原及山麓地带。在城区北部和西北部黄河与小清河之间为灌溉水田和水浇地分布区。旱地主要分布于南部山区山麓地带及山前冲积平原的上缘。菜地集中分布于城区东西两侧及村镇四周。

中心城区边缘外延式扩张迅速，周边城镇发展快。一方面济南市中心城区向周边扩展速度快，另一方面受城市的辐射和拉动作用影响，城区边缘的近郊城镇发展迅速，贤文庄一带高新技术区建成区基本已与城区连接成片；沿 104 国道，党家庄城镇区已几乎与中心城区相衔接；王舍人城镇区也与城区高新技术区几近连接。但这种外延式扩张发展，也造成城郊用地粗放、土地闲置、浪费严重。

乡镇、村庄居民点占地建房，挤占大量耕地。目前济南市城市郊区城镇、村庄居民点 805 处，加上工矿用地总面积达 12 858 公顷，已接近占到全区的 1/5。由多时相遥感影像解析的结果可以看出，随着郊区农民经济收入的不断提高和人口的增长，农村占地建房的发展速度不断加快，各乡镇、村庄居民点扩展迅速，但是明显地缺乏统一布局、规划，占地面广且分布零乱，挤占了大量的周边优质耕地，这种情况尤其在条件优越的山前平原区更为突出。

交通用地数量增加明显。近几年，济南市近郊交通发展速度快，等级公路、农村道路质量提高，宽度增加，尤其是外环路和绕城高速路的建设，使交通用地数量猛增，虽说交通用地仅占区域面积的 0.85%，但其占用的大部分是高产稳产农田。

南部山区森林覆盖率偏低，荒山面积比例较大。南部山区林地面积 5 579 公顷，占到整个区域面积的 6.25%，占山区面积的 25.02%。整个山区林木覆盖率偏低，疏林、残幼林面积大，加之新植幼林较多，防护效能较差。众多民采的采石场和长期水土流失形成的大片裸岩，使南部山区地表景观破坏严重，生态环境恢复与重建的任务相当艰巨。

（五）分析

　　城市用地中 2000 年较 1986 年增长最明显的是居住用地与工业用地两项，均增长了近 1 500 公顷，比重偏大；而道路广场用地和绿化用地则所占比重较小。从城市主体扩展变化的研究得知，二十多年来，城市向东大幅度地扩展，最近几年又有向南、向西扩展的势头，但向南的速度低于向西扩展。向东扩展，主要是济南市高新技术开发区设立后，工业的带动作用明显。向南扩展的主要原因在于南部是济南自然环境最优美的地区，主要以居住为主，但由于济南市为了保泉，近些年一直实行"南控"政策，严格控制南部地域的房地产项目，从而约束了向南部发展的冲动。这种区域发展布局说明，济南地区以工业用地形式为主的新开发区建设是整个区域城市土地利用扩展的主要动因，传统的密集型居住区反射光谱（类似老城区）建设模式逐渐被具有较大开敞空间的城市新区所取代。

　　各时期建成区的扩展强度一直保持较高水平，并呈持续增加的趋势。从空间分布看，各时期建成区扩展部分呈圈层状分布于老城区外缘，较早扩展形成圈层较靠近内侧，较晚扩展形成的圈层则相对分布于外围；另外较早形成的扩展圈分布较为集中，而较晚形成的则显得较为松散，且分布幅度也较广。

　　从城市土地利用扩展的两种类型看，城镇用地与工业用地的扩展规模和速度及对城市土地利用扩展的贡献率等数量特征各时期存在着极为显著的差异。以居住区为主的城镇用地扩展速度和各时期工业用地的扩展强度则呈现迅猛增长的趋势，说明 20 世纪 90 年代以来，从空间分布上看，高密度城镇用地的分布范围仍主要围绕济南市区周缘，分布范围比上一时期明显减少，且扩展强度大部分也很低，说明这种以高密度居住区为主的、陈旧的城市土地利用扩展模式已基本被淘汰。另一方面，以低密度工业用地包括部分建筑密度较低的新住宅区为主的开发区则进一步确立其优势地位，这一时期开发区的扩展的面积继续大幅度增加，其空间分布仍大体上环绕济南市区呈圈层状排列。与上一时段相比，开发区扩展圈显得非常弥散，且范围要大得多，就建成区总体而言，其扩展速度的空间分布特征明显地取决于新开发区的扩展形态。建成区总体的扩展圈层与上一时段比更加完整，整体的扩展强度也明显增强，东西扩展轴扩展趋势明显，整个城市扩展圈显得饱满，说明城市在发展过程中迅速蚕食着中心大团与各边缘集团的非城市化部分如农田、绿地、水体等。但济南市城市郊区土地总面积有 71 767 公顷，是现在中心城区建成区面积（约 1.76 万公顷）的近 5 倍，可以满足城市扩展的需要。

第二节　环境偏好与郊区居住区位选择

随着我国经济社会发展水平和人民生活水平的不断提高，人们对住宅的需求由生存生理需求逐渐转为享受、发展需求，因此，对环境的要求越来越高，对环境价值的认识和重视程度也逐渐提高，环境成为居住区位选择的重要因子。

一、引起我国城市居民郊区居住区位选择的因素

（一）经济政策因素

随着我国社会经济的发展，住宅成为新的消费热点和新的经济增长点，住宅产业已走上健康发展的道路。城市住宅作为一种商品已进入市场，与市场经济接轨。从 1997 年起，我国开始全面取消福利分配住房制度。此后，随着国家加大房改力度和房改的深化实

施，城镇居民个人购房的比重迅速增大。

虽然我国仍属中低收入国家，2005年中国人均国民生产总值远低于世界平均水平，但随着住宅产业的发展，人民大众的住宅消费观念在改变，我国个人购买住房的比重日益增大。而居民在选择居住小区时，除了考虑房价因素外，也要考虑居住的环境：如周围安静与否，空气质量如何（有无受到污染）等，城市居民尽可能选择在具有良好绿化环境，适宜的小气候以及有利地形、地貌的地区。良好的周边绿化环境及小气候，不仅使居民受益，而且可使房产增值。"绿化就是高价格房地产"这一观念已被大多数房地产开发商和居民所接受。而郊区住宅可以满足居民的这些要求。

（二）城市中心区污染因素

近二十年来，中国各级政府通过积极调整产业结构和布局，不断提高污染控制水平，加大环境保护投入力度，避免了污染物排放总量与经济发展同比增长。1999～2004年的5年间，全国城市空气质量达到二级标准的城市比例从三成三提高到三成八，空气质量劣于三级的城市比例从四成下降到两成，城市空气污染程度有所减轻。尽管如此，当前中国的城市和区域空气质量与人民群众的要求、与国际水平相比尚有一定的差距。中国酸雨面积占国土面积的三成左右，局部地区酸沉降污染严重；城市空气污染依然维持在较高的水平，部分城市空气污染较重；空气污染构成日趋复杂。目前，中国城市空气污染包括烟尘、酸雨、光化学烟雾、可吸入颗粒物等，经过物理、化学、生物等作用和反应，形成复合型污染，造成空气能见度低的状况。中国大型城市空气污染明显重于中小城市，尤以人口规模在100万～200万的特大型城市空气污染为最重，污染特征均以复合型污染为主。中国有1/5的城市人口居住在空气污染严重的环境中。逃离城市中心，就是逃离污染，已成为无可奈何的选择。

（三）收入因素

随着人们生活水平的提高，对居住的需求越来越高，居住环境的质量逐渐受到人们的重视。据国际经验数据，人均国民生产总值在 4 000～8 000 美元之间，是住房消费的快速发展时期，住宅消费开始进入由居住生存型向舒适享受型过渡的阶段。

根据许晓晖对 1994～1995 年上海市商品住宅价格空间分布特征的分析，在影响商品住宅价格分布的区位因素中，交通条件的影响程度居第一位，而居住区的生态环境质量则对住宅价格几乎没有什么影响，在建立回归方程中被剔除了。其研究表明，城市对外交通节点，如铁路新客站、虹桥机场的房价均高于周围地区；而且交通干线对房价的影响在市中心区域表现并不显著，但在城市外围地区，出现了房价的等值线沿对外交通干线延伸的情况，如 2 500 元的等值线沿共和新路向北的延伸最为明显。但对于环境因子，小区的绿化面积与房价几乎没有相关性，房价等值线几乎不受公园等公共绿地的影响。[①] 可见，当时居住环境的生态价值还没有为人们所认识，房价中不包括环境的价值。

伴随着人们居住需求层次的提高，居住环境的生态价值逐渐为人们所认识，并且不断提高。北京市 2005 年的一项调查显示，地段、环境、价格成为购房者主要关注要素，比例分别为 50.3%、23.6%、10.6%。在往年历次市场调查中，位置与价格始终是购房者最关注的因素，而环境并不是购房者最关注的因素，但本次市场调查结果显示，被调查者对环境的关注程度有明显提升，间接反映出消费者环境、健康意识的加强。[②] 而此时期北京市的人均国民收入已达 5 000 美元。

[①] 许晓晖：《上海市商品住宅价格空间分布特征分析》，载于《经济地理》1997 年第 1 期，第 80～86 页。
[②] 见《中华工商时报》2002 年 2 月 27 日。

(四)人文因素

从人文生态观来看,城市有两大人文环境问题:

其一,城市把人与自然隔离。人诞生于自然,首先属于自然。人的最早的生活方式是与自然一体化的乡村的男耕女织的自然经济生活。现代大工业吸引人类离开乡村、离开自然,聚集到大城市。而城市生产方式、城市建设形态、城市生活却将人与自然隔离开来,使人远离自然,并尽可能地彻底非自然化。但人总是属于自然的。于是,作为对现代大城市的"反动",人类开始从城市,特别是城市中心区迁徙到城市外围的郊区乡村。

其二,城市将人与人隔离。在城市化过程中有一个近乎二律背反的历史现象:城市把人高度地聚集在一个相对小的空间里,居住的密度高了,但是人们之间的关系却疏远了,"若问对门是谁家,同居一楼不相识",这与郊区乡村中和睦的邻里关系形成了强烈的反差。

二、居住环境价值对居住郊区化的推动

(一)居住环境的生态价值

首先,居住环境是有价值的。无论从马克思主义的劳动价值论,还是从环境对人类的功效来看,居住环境都是人们改造和建设的能够满足人们居住需求的环境,所以它具有价值。其价值大小决定于它对人类的有用性,它的稀缺性(体现为供求关系)和开发利用条件。

其次,居住环境的价值在不同的社会阶段是不同的。随着社会经济的发展和人们生活水平的提高,居住环境的生态价值是越来越大的。根据马斯洛的需求层次理论,人类的需求从生存需求到自我实现的需求,是不断提高的。对于居住也是同样的,起初人们的目

的主要是获得一个满足基本生存需求的栖息地，而后来就更多地注重满足享受和发展需要的舒适性服务。因此，人们对居住环境价值的认识、关心和重视程度，以及对其进行支付的意愿，也在不断地提高。所以，居住环境的生态价值是越来越大的，在较低的发展阶段，人们对其生态价值还没有充分的认识；在解决了温饱进入小康之后，其价值迅速提高，而后继续发展，到极富阶段后逐渐趋于饱和，这种特征类似于S形的增长曲线。①

目前，我国已经进入了全面建设小康社会的时期，人民对居住环境生态价值的认识也开始进入马斯洛理论的第二层次阶段。

（二）居住环境生态价值的表现形式

具体来讲，由于居住环境的生态价值是无形的，所以无法用其直接的表现形态来衡量，而必须通过其交换过程寻找等价物。

居住环境的生态价值来源于它的效用，所以可以通过居民在享用居住环境的过程中获得的舒适效用来表现。而居民从居住中获得的总效用基本同房价是一致的，所以在房价中就包含了一部分居住环境的生态价值，环境好的地区的房价要高于其他区位同质量的房价，房产经营者从中获得了级差收入。这种差异是由于生态效用由非生产者享用之后才形成的。所以，生态环境的使用价值在无形让渡的时候，其价值就间接地获得了一种等价的形式，即级差收入。或者说，生态环境的价值是通过使用价值的实现来实现的。② 在环境较好的地区，房产经营者获得的超额利润实质上是其在住宅建设中利用和消费了生态环境的使用价值而获得的，它并不是真正的超额利润，而是房产商经营环境的使用价值所耗劳动应得的补偿，是经营生态环境所创造价值的实现。

---

① 李金昌：《关于环境价值的探讨》，载于《林业经济》1993年第4期，第1~9页。

② 梁山、赵金龙、葛文光：《生态经济学》，中国物价出版社2002年版，第33~38页。

从经济因素考虑，人们在购买住宅时，首先是根据自己的收入水平来确定愿意支付的住宅总价格。一般来讲，家庭的现有收入和预期收入确定以后，购买住宅的总支出就基本确定了，购买的房型和大小也基本确定。而且，住宅的总效用也基本确定，它同总房价的确定是一致的，这时影响人们作出选择的主要因素是如何达到最满意的居住效用。

在居住需求达到一定的层次后，人们选择住宅主要追求的是便利和舒适，因此住宅的效用主要是满足人们工作和购物的出行方便以及居住生活的舒适享受。所以总效用就由方便效用和舒适效用构成，方便效用中包含了交通的方便程度和购物的便利程度（这也体现了交通条件和距区级商业中心的距离是两个主要的住宅区位因子），其中购物的便利程度主要取决于交通的方便程度；舒适效用则主要体现了居住环境的生态价值，还包含了人们对这种生态价值的认识。

根据以上分析，得到城市住宅的生态区位模型：[①]

$$Y = P_z \cdot Z + I_r \quad (5.1)$$

$$U = U_t \cdot T + U_e \cdot E \quad (5.2)$$

$$U \propto I_r \quad (5.3)$$

其中，Y—收入；P_z—其他商品单价；Z—其他商品数量；I_r—住宅的总支出；U—居住的总效用；U_t—交通的边际效用；T—交通便利度；U_e—环境的边际效用；E—环境舒适度。

交通的边际效用（U_t）是指交通的便利程度发生单位量的改善时，消费者所感受到的满足程度的增量，如通勤时间缩短1小时，居民所得到的效用量的增量。环境的边际效用（U_e）是指环境发生单位量改善时，消费者所感受到的满足程度的增量，如居住区的绿化率提高10个百分点，居民所得到的效用量的增量。对于

[①] 曹嵘、白光润、王琳：《城市住宅的生态区位探析》，载于《人文地理》2004年第1期，第13页。

不同的经济水平，这两个量是不同的，对于不同的人而言，它们也是不同的，但是对于同一需求层次的居民群体来讲，这两个边际效用量则可以视为定值。函数（5.2）用图表示为图5.4。

从图中可以看出，交通便利度决定的方便效用和环境舒适度决定的舒适效用的不同组合构成了居住的等效用曲线 U_1，U_2，U_3（$U_3 > U_2 > U_1$），同一曲线上的任一点住宅所带来的总效用是相同的，也即房价是相同的。在同一条等效用曲线（等房价曲线）上，居民可以选择不同交通和环境条件组合的、但房价相同的不同区位的住宅，其所获得的满意程度是相同的。房价确定，如果居民追求方便的交通，其选择就偏向交通便利但环境不是很舒适的区位；如果追求优越的居住环境，就偏向环境舒适但交通不是非常便捷的区位。这就是由消费者偏好所引起的居住区位选择模型，其中体现了交通因素的经济价值和居住环境的生态价值。

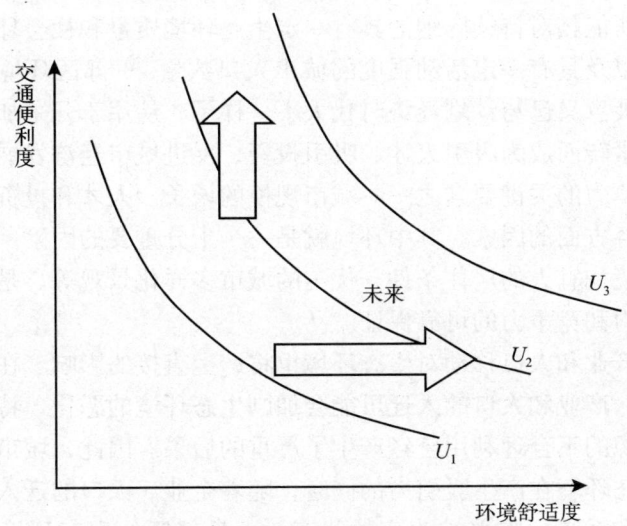

图5.4　城市住宅区位的生态模型

资料来源：曹嵘等：《城市住宅的生态区位探析》，载于《人文地理》2004年第1期。

由于人们收入的增加，居住观念的改变和居住需求层次的不断提高，对居住环境的要求越来越高，为之支付的意愿也越来越高，环境所体现出的生态价值越来越大，人们对居住舒适效用的追求也越来越大。因此，城市住宅区位的演变规律是：逐渐由偏向交通便利的区位向偏向环境舒适的区位转移，即逐渐由原来交通便捷但环境拥挤的市中心转移到环境优美但交通便利度下降的城乡边缘带和郊区。特别是高档别墅的区位会逐渐由交通相对便利的近郊区向环境优美的远郊区转移。

三、郊区生态环境的脆弱性对居住郊区化的约束

城市发展是与城市人口规模扩大和城市建设空间拓展相伴随的，而在发展过程中人口容量和空间发展秩序将受到城市客观环境条件的限制。城市人口容量是指在特定的时期内城市这一特定的空间区域所能相对持续容纳的具有一定生态环境质量和社会环境质量水平，以及具有一定活动强度的城市人口数量。[1] 郊区环境资源对城市发展意义已与计划经济时代大不一样了，从用于开采加工作为生产要素转而成为吸引人才、吸引投资、促进城市经济发展、增强城市竞争力的关键要素之一。城市规模的增长、人才和投资的吸引关系到各方面的因素，其中环境就是一个十分重要的因素。良好的发展环境如宜人的居住条件、优美的城市多样化景观等，是增强城市吸引力和竞争力的可靠保证。

但产业和人口移动对生态环境也将产生直接的影响。在生态脆弱地区，产业和人口的入迁可能会加剧生态环境的恶化，特别是对环境资源的不合理利用已经产生了严重的后果。因此，城市郊区良好的生态环境在产生吸引力的同时，随着企业、人口的迁入，生态的空间和系统面临着被改变的状态。一旦郊区的生态环境遭到破

---

[1] 沈清基：《城市生态与城市规划》，同济大学出版社1998年版。

坏，就会产生反作用力，不但会对整个的城市生态系统产生影响，而且直接影响到城市的可持续发展。

随着我国城市工业化水平的提高及城市区域的扩大，尤其是向周围郊区的迅速延伸，虽然提高了人类征服自然的能力，但与此同时也带来了对生态环境的破坏和损失，特别是在城市的郊区化过程中，不完善的管理体制和单纯追求眼前经济利益的短浅目光更造成了对郊区有限土地资源的不合理使用和对自然环境的破坏。表现为：

第一，城市扩展带来的污染的扩散。地表水资源遭受不同程度污染，饮用水源逐渐受到城市发展威胁。城市的主要景观河流，功能逐渐退化，仅起纳污功能，水质每况愈下，直接影响市民的健康。

第二，郊区化过程中，城市经济发展和城市建设，造成对自然环境和生态资源的过度开发，导致人与自然之间的关系失衡。产业发展缺乏对生态系统功能的整体考虑，导致能流转换和物流循环的一些环节脱节或中断，造成一些郊区像市区一样的人口压力剧增。人均绿地面积减少，基本建设配套设施不全，交通拥挤，居民建筑密集，大气污染、噪声扰民等情况不断出现，影响了人民的生活。

第三，郊区化过程中将城市技术水平低、污染重的工业向郊区或农村扩散，从而也连带地将城市污染向郊区农村扩散。由于城市和工业发展，加上工业污染物不断排入环境，使郊区土地环境质量下降，土壤中汞、氟等有害元素含量远远高过区域环境背景值。

第四，郊区化导致城市边缘区（城郊结合部）的大量绿地和空地被蚕食，人居环境条件恶劣。总的来看，城市郊区化的发展打破了城市的原有结构，分散了城市功能，其最大的优点是可以改善中心城区内部环境状况，为城市绿色开敞空间的形成创造了条件；但其缺点也非常明显：首先它加大了城市开发这一人类活动对区域自然生态系统的破坏及影响范围，且由于分散，不可避免地要占用大量土地资源。

第六章 中国城市郊区化发展的政策建议

城市郊区化是不以人的意志为转移的历史必然选择,顺应了社会发展和城市演变的客观规律,在现代各国城市化过程中表现得越来越明显、突出,因而也成为当今世界社会和各国政府日益重视的一个重大问题。但中国的城市郊区化在宏观背景、表现特征与动力机制等方面与西方国家存在明显的不同,因此在面对城市郊区化这个现实的基础上,应针对中国城市郊区化的实际情况,给出具有实践意义的政策建议。

第一节 城市郊区化空间的协调发展

城市是一个社会、经济、生态复合系统,存在着复杂的社会结构、经济结构、生态结构,这些结构要素最终都要以城市土地利用及空间作为载体,在城市地域空间上得以反映。同时,空间分布、空间组合和功能联系所构成的城市空间格局的优劣又直接影响城市系统功能的发挥和正常的运营。城市郊区化过程中的诸多问题正是由于地域空间不协调造成的。因此,如何选择城市郊区地域空间扩展的形态和结构模式,促进城市地域空间结构优化,对实现城市郊区化协调可持续发展的目标具有十分重要的意义。

一、城市郊区化的空间扩展形式和规律

（一）城市郊区化的空间扩展形式

1. 轴向扩展。

指城市沿主要交通干线扩展形成较窄的城市地区。它们均依附于城市本体，向周围地区放射扩展。根据发展轴的性质不同，又可分为工业走廊、居住走廊、综合发展走廊三种类型。

工业走廊：一些对交通线路依附性强的工厂、仓库沿公路、铁路和水道自由或按规划建设，连续向外伸展，形成由许多工作岗位组成的"轴"向走廊。这些走廊大都是城市工业迅速发展时期所形成的。

居住走廊：在许多城市入城主干道旁住宅成组排列，形成沿交通线自发形成的"居住走廊"，这是我国城市近郊农户区布局的基本形态之一。在部分基础设施条件较好的近郊地区，规划也利用这类优势沿线布置生活居住区，形成具有一定规模的"居住走廊"。

综合发展走廊：居住和就业沿伸展轴综合发展。

2. 蔓延扩展。

不同功能的城市建设在向城市边缘区的迁移和扩展过程中，大多选址在市区边缘，随着功能的逐渐完善又成为市区的一部分，这种方式被称为蔓延式发展。蔓延式发展主要是依托不断延伸的城市公用设施和城市的生活福利设施，谋求自身生存和发展的外部条件，维系与市区协作的便利条件。这样使城市边缘区不断向外扩展，也使城市边缘区用地功能不断转化。可以说，在聚集效益的影响下，城市在郊区化的进程中都或多或少地具有这种蔓延式扩展的特征。

如北京郊区化的发展就具有这样的特征。随着城市空间由边缘向外围不断渐进发展，其空间增长过程也表现出一定的规律性。大

的工业设施、校园、医院、交通设施、市政公用设施往往是向外扩的先导，随后是相继建设的生活居住区和商业中心。整个城市用地类型由内向外表现为城市的商业中心区—城市住宅区—郊区—普通农村的渐变交替过程。

3. 飞地式扩展。

开发区和一些重大投资项目，由于其特殊要求（需占用大量土地、对城市环境有污染等），选择在离建成区有一定距离的地方建设，形成"飞地"。飞地式扩展与中心城区的联系在初期往往不密切，主要是靠自我的投资来发展，在市区外形成相对独立的新城，随着其不断地成长壮大可成为城市的另一个核心。如天津经济技术开发区就属于此种类型。

（二）城市郊区化地域空间扩展的一般规律

1. 地域分异和职能演化规律。

城市社会经济的发展是城市郊区化空间增长变化的根本原因，由于社会经济发展具有一定程度的不均衡性，体现在城市建设上是新扩展的城市地域，总是由初始扩展时的较为单一的用地性质逐步转化为较为复杂的城市用地构成。在一定时期内，新扩展地域的职能都有一个完善和提高的过程，直至最终演变成完全的城区。新扩展地区除具有由单一职能向综合职能转化的趋势外，还表现出由于不同因素的长期作用而呈现出的明显的地域差异规律。

2. 渐进推移规律。

一般来说，城市郊区化空间扩展过程是按照距城市中心的距离渐进推移，或多或少地呈现出某种程度的向心圆状扩展之势。形成这种空间扩展规律的基本原因，一是由于聚集效益所致，二是由于我国城市居民的出行方式是以公共交通和自行车为主，出行距离受到限制。

3. 伸展轴形成—填充—蔓延空间扩展规律。

这往往是一个多次循环往复过程。它首先以某种职能为主形成城市伸展轴，伸展轴的宽度有限，后随着城市经济的发展，伸展轴宽度增大，此时期主要为填充式发展时期。随后由于建设量增长，相邻伸展轴逐步被蔓延扩展所填满，原有的伸展轴已不明显，在城市蔓延扩展到一定阶段，沿主要对外交通干线又形成新一轮空间扩展的循环过程。

4. 轮形团块—分散组团—带形城市空间演化规律。

由于交通、区位、政策和社会心理等城市外部因素的影响，城市用地矛盾的激化，新的城市边缘区产生。最终彻底打破原有城市地域空间结构系统的平衡，由原来的同心圆圈层式发展形态走向分散组团和轴向发展形态，乃至最后形成带状城市。

二、城市郊区化空间发展结构模式选择

（一）单中心模式

这是向心力驱动为主的城市集聚化发展阶段的空间组织表现形式，反映城市化过程中的规模经济与交通技术变化集中型同心圆模式和轴线带状发展模式是单中心块聚式模式的主要表现形式。

集中型同心圆模式，是以已形成的主城区为核心，以同心圆式的环形道路与放射形道路作为基本框架的"圈层式"分层扩展，俗称"摊大饼"式的扩展，是我国城市空间增长的典型模式。集中型同心圆模式的优点主要表现为城市各区域的发展机会相等；城市紧凑度高，边界明确，定型性好；市中心地位突出，可能获得较高的集聚效益；可以有效地减轻市中心穿越交通的压力，便于加强城市各区域之间以及城乡之间的交通联系。但这种"摊大饼"式的结构模式也暴露出自身的缺陷和弱点。首先，它不利于城市土地资源的有效使用，分散投资机会，抑制某些新区迅速提升其经济容量的可能性和力度，实际造成低水平重复建设、到处"铺摊子"的不利局面。其次，使本来就落后而不敷使用的各项设施还要承受

更大的压力。这种单中心的城市空间结构过分突出现有的城市中心，容易导致经济容量和城市功能的过分集中，同时又造成新区开发的相对分散，这样的反差既不利于城市新中心的迅速形成，也影响城市中心区的更新与改造。

轴线带状扩展模式。轴线带状扩展是由交通沿线具有潜在的高经济性所决定的，同时，城市两侧可能受地形、地物的限制，城市增长过程中主要沿着对外交通体系的主要轴线方向成带状发展的形式轴向扩展，以现代化交通手段为物质条件，通过建立大容量交通线路如地铁、轻轨来助长城市扩展，它能缓解成块扩大市区引起的拥挤的矛盾和压力；另外，沿轴线扩展是解决城市新开发用地与中心城区交通联系的有效方式之一。此外，城市沿对外交通线路走廊式放射扩展，可以在扩展轴间留出农田、森林等形成楔形绿地，有利于城市生态环境的保护，为市民就近提供游乐环境和场所，也避免对农田和绿地的侵占和破坏。

（二）主次中心组团模式

这是城市郊区化发展阶段的空间组织表现形式。当城市发展到较大规模以后，单中心块聚式的布局形态已经不适应城市发展，不断地向外层"摊大饼"式地发展，势必导致人口过密、交通拥挤、环境恶化等一系列严重弊病，向多中心城市过渡成为经济发展的客观需要和人类生活的普遍要求。跳跃性组团模式和卫星城是主次中心组团式扩展的主要表现形式。

跳跃性组团模式。跳跃性组团扩展是一种不连续的城市扩展方式，这种扩展方式通常是在人为的规划指导下，有计划地将人口成组、成团向城区外围分散，随着郊区人口的增多，制造业也开始向郊区迁移，随之零售业、服务业、教育娱乐设施乃至很多公司、金融机构也纷纷出现在郊区，原来集中于中心城市的多种经济活动日益分散到郊区的各个中心点上。这样在郊区又形成功能较为完备的中心区，它们与原城市中心相互联系，使大城市出现多中心格局。

依靠这些新的城市中心对原有城市中心功能上的有效分散和疏解，减轻和转移后者在人口、交通、设施、环境等各方面的压力。它是我国一些大城市规划中为解决或避免"城市病"而采用的常用模式。这种模式的特点是打破原有的圈层模式，变集中为分散，培育和发展几个城市分中心，将原来单中心的一些功能合理分散配置到各个分中心，并结合它们各自原有的优势和特点制定其发展战略，以实现城市地域功能结构的合理重组。多中心发展对于缓解和消除由于高度集中集聚对中心城区造成的各种城市问题所起的作用自不待言，同时，分中心的建设可以集中力量进行发展，充分发挥城市基础设施的效应，避免投资的分散和低水平的开发建设，有利于社会经济容量的迅速提升。

卫星城模式。卫星城建设，是第二次世界大战后世界范围城市规划实践的主要内容之一。值得注意的是，它常与城市圈层划分及环行绿带控制同时实施。卫星城既分担中心城市的部分功能，又承担本地区的综合功能，和中心城市形成分工与协作的关系，从而构成功能强大的整体。但卫星城普遍规模较小，配套设施不足，与市中心区生活水平存在一定差距，没有真正起到吸引市区人口的"反磁力中心"作用，而实际上市中心区成了卧城，人们往返通勤中心城与卫星城之间，反而给城市交通带来更大的负荷。

（三）多中心模式

目前，在发达国家城市化比较饱和的地区，各城市间只有你增我减的变化。在相当一段时间内，大都市区范围趋于稳定，主要是对现有城市的调整、改善和提高，达到高质量服务。主要包括边缘新城和城市带模式。

边缘新城模式。边缘城市实际上反映了倾向于分散的后现代郊区。在这个过程中，郊区占整个大城市地区住房和就业岗位的比例不断上升。由于集聚经济和公司间的联系，使就业岗位在郊区重新聚焦，尤其沿郊区高速公路这种集聚尤为明显。毫无疑问，写字楼和服务业就业岗位在分散的郊区集结,形成所谓的边缘新城。边缘新城的主要内涵包括:位于大都市的郊区;发展极快,就业岗位多;工作用地多于居住用地;不以制造业为主,主要以商业、第三产业、公司总部为主;与中心城市同构,两者互补性下降。

三、城市郊区化空间结构优化

一个城市的合理发展,实质上取决于它的结构形态能否有效地满足各种人口和产业的快速增长,其中包含着在城市快速和持续地调整与发展,它必须能灵活地应付不同阶段、不同水平的社会、经济、技术发展的需要。换言之,城市的合理发展要求其结构形态必须具有更大程度的灵活性和适应性。由于中国城市郊区化的发展还处于初级阶段,不同类型的城市的发展速度、规模差异较大,因而应根据各个城市发展的具体情况,选择城市郊区化合理发展的地域空间发展模式。但随着城市郊区化的不断发展,当进入小汽车与高速公路时代后,城市间的距离限制被进一步弱化,并引起城市空间的过度蔓延,出现单中心的巨型城市,致使城市运行效率低下,因而城市问题层出不穷。对功能绝对分区的追求使生产与生活分离,导致出现城市结构性问题(如钟摆式人流等),大大加重了城市内部的交通问题。新型工业区与老工业区相比,其空间形态和区位有着明显不同,随之而来的是传统老工业区的迅速衰落。解决这些现实中出现的新问题,需要对城市和城市郊区的空间实施重组。在空间组织模式上,由明确的功能分工逐步走向功能混合;在城市内部空间结构上,使城市不再是等级式的布局,工作与生活界限的模糊化,使多功能社区成为城市功能重组的重要空间载体,城市空间不再是单纯的、严格的功能区划,而是综合性功能的集合体;借鉴"新城市主义"、"混合社区"、"成长管理"、"可持续发展"等新理念,参照东京、巴黎、莫斯科等城市的空间组织模式,倡导城市由"单中心"向"多中心"转换。因此,笔者认为,跳跃式组团和多中心扩展模式可能是中国大城市未来的空间组织方向。应根据这个方向,对郊区化地域功能空间、社会空间、生态空间等进行优化及布局。

(一) 引导城市由单中心结构向多中心结构演进

在郊区化过程中,应注重引导城市由封闭型的单中心结构向开敞的多中心结构演进,通过调整城市区域的城市功能、产业结构和产业布局、土地利用布局,在郊区化地域建设发展次中心,建立就地平衡结构,引导中心区人口和产业扩散,形成具有与城市中心区互补和竞争的郊区次中心的现代多中心城市网络结构模式,满足城市人口规模增长以及环境改善的需要。

如有目的地在郊区建设集工业生产、居住、娱乐、商业教育于一体的综合区,带动城市郊区化的发展。特别是将高新技术产业布局于郊区化地域,以群体形式布点,形成工业集聚规模,培植支柱产业体系,可以起到控制中心区工业规模,完善产业结构转换的作用。

(二) 交通网络郊区与市区同步

城市发展与交通发展密不可分,交通系统的逐步改善,可促进中心区与郊区化地域的联系日益紧密。以现代交通方式为基础,通过建立大运量快速运输系统和完善的城市干道网络,发展城市远程快速接运,提高城市综合服务能力,将有利于促进大城市郊区化地域空间的合理扩展。在城市对外交通建设方面,要适当提高郊区域的道路网密度,注意郊区化地域与中心城区道路的衔接,合理疏导中心区的人流和物流;公路建设要注意在郊区化主要开发地区适当预留出入口,改善郊区化地域的对外交通条件,吸引城市中心区人口和产业郊迁。

随着经济发展水平的提高和小汽车进入居民家庭,在大力发展建立大运量远程快速便捷系统的同时,要加快路网建设,按照城区的标准建设郊区公路。为未来郊区的通勤便利提供保证。

（三）调整企业及产业区的分布与组织

企业及产业区的布局，对功能空间结构的形成起着基础性作用。企业外迁，以及部分新兴产业在郊区选址建设，是我国郊区化发展的先导，规划需从郊区化合理发展的整体角度，优化其产业分布及产业区的组织。

建设生态产业园区是实现这种产业布局优化的重要方式，其实质是根据一定地域内的资源优势、产业优势和产业结构，通过模拟自然生态系统，进行产业间的组合、链接和补充，使之形成互为关联和互动的产业生态链或生态网，采用废物交换、清洁生产等手段把一个产业主体产生的副产品或废物作为另一个产业主体的投入或原材料，实现物质闭路循环和能量多级利用，达到物质能量利用最大化和废物排放最小化的目的。生态产业园区是一种能够实现经济效益和环境效益双赢的产业布局模式。

另外郊区化的产业分布要有利于促进周围农村的社会经济发展。例如利用城市扩散的先进技术，实现农业现代化，建设好"菜篮子"工程，多选择在近郊区作为城市副食品农业基地、花木园艺基地等；利用城市工业、技术辐射和交通等基础设施环境，沿公路干线建设工业走廊，发展无污染或低污染的高新技术工业园，构成城市工业扩散腹地及乡镇企业发展功能区；利用原有农田和林地，发展和控制保留大片绿地或环城绿带，构建生态屏障功能区；依托建成区在近郊建设各类市场，建设城乡商品流通枢纽；远郊建设卫星城，吸纳农村城镇化人口及市区疏散人口，等等。

（四）构建社会空间合理组织

郊区化过程中，城市人口和工业的郊迁带动郊区化地域由农村社会逐步向工业社会转变，使其社会组织形态和社区结构发生变化。社会空间分异涉及土地利用与建筑环境、邻里与社区组织的空间分异和社会阶层分化等多个层面，集中体现于城市居民居住空间的分异，极易引起社会不平等和城市贫困化等问题的出现。

郊区化社会空间合理组织包括两个方面的内容：其一，要注意郊区化地域次中心和卫星城综合功能的培育，促使就地平衡的建立，实现居住与就业之间的动态平衡；其二，郊迁人口的主体是富裕阶层以及早先郊迁的工薪阶层，局部地域已出现了社会空间分异的现象，结果有可能导致社会的不平等。在此问题上，我们应避免重蹈西方发达国家城市的覆辙，从规划手段上合理引导社会空间组织。如在城市规划中注重物质空间和社会空间的协调，提倡运用社区和邻里单位的规划理念；搞好外来人口聚居区的规划管理；发展郊区化地域的基础设施建设，保证该地域居民享受到一致的公益性服务等。

第二节 城市郊区化的土地路径选择

尽管中国也在逐步走向城市郊区化，但中国城市郊区化的土地选择路径和西方存在较大差别。

前面所述的功能、数量和制度三大约束，决定了我国无法模仿追求西方国家的城市郊区化的用地模式，我们不得不重新思考城市郊区化发展的道路、方式。如果脱离我国的现实国情，则势必造成城市规模的无限向外扩张、伸延，郊区周围宝贵的土地尤其是耕地资源被大量侵占，城乡人地矛盾更趋严重，最终不仅使我国的城市郊区化变味，异化为城市正常发展的一大障碍，而且也将影响我国土地资源要素的优化配置和可持续利用。

一、郊区化土地利用的生态规划

所谓生态规划（Ecological Planning），就是在自然综合体的天然平衡不作重大变化情况下，自然环境不遭破坏和一个部门的经济活动不给另一个部门造成损失的情况下，应用生态学原理，计算并合理安排资源的利用及组织地域的利用规划。

制定科学的郊区土地利用生态规划，不但能够强化郊区土地的用途管制与用地计划供应，优化土地利用结构，提高利用效益，而且还有利于郊区土地生态功能的发挥，保证城市郊区整个区域的可持续发展。

从目前我国郊区土地利用存在的问题可以看出，规划滞后是其产生的主要原因之一。为此，必须以城市总体发展规划为指导，根据生态优先原则，因地制宜，制定郊区的土地利用生态规划，调整各项用地的数量比例和空间结构，促进土地生态效益和经济效益的协调统一。在制定城市郊区土地利用生态规划时，应遵循整体功能原则。把城市和郊区当作一个复合生态系统，统筹兼顾，使郊区土地利用既有利于城市功能的发挥，又适应郊区经济发展的需求，合理解决城市郊区用地矛盾，推动城市郊区一体化发展。另外，还要考虑综合效益。郊区作为城市建成区的外围地带，既是城市空间拓展的地域，具有较高的经济效益，又是城市的"生态屏障"，具有良好的生态效益。因此，在进行郊区土地利用生态规划时，要将郊区作为城市功能的地域组成部分，从城市与郊区复合生态系统的角度出发，以获得土地利用的经济、生态和社会效益的统一。由于城市郊区内各地距离城市中心区的远近不同，近郊区与远郊区在自然条件和社会经济条件等方面均有着显著的差异。应根据城郊不同区域功能、基础状况特点进行相对功能分区和土地用途管制，以提高土地利用的个体效率。[①]

郊区土地利用生态规划是一个庞大的系统工程，郊区化发展预测是规划编制的基础，而其又往往难以驾驭，原先城市规模预测诸

---

① 唐晓莲：《基于生态城市的广州市郊区土地生态利用研究》（硕士学位论文），广东工业大学，2004年。

如相关分析、劳动力平衡、城市化水平之类的方法本质上都是一种"以人定地"的思想，即以城市人口发展规模套用地发展需求，这种单向的线性思维模式是以城市发展为首位考虑因素的，显然难以继续适应，必须转变为"以地定人"的预测模式：根据区域可供建设的土地资源容量作为城市郊区化规模发展的上限，再辅以其他方法具体测算合理容量及分时段规模，在一些特殊地区，还应将水资源等制约要素的环境容量一并加以考虑。

土地利用总体规划必须依法实施，禁止随意进行企业布局和违法用地的行为，扩大区域产业结构集聚规模效益，推动城乡经济的全面协调发展。就具体的房地产开发项目而言，要考虑现代城市发展和居民生活内在质量的变化需要，注重郊区房地产开发的长远目标和综合效益。在郊区用地开发上需避免短期行为和布局无序分散化，协调城市政府规划、土地、工商、市政、电信等各部门利益，明确城市郊区房地产开发的长期目标和思路，合理规划布局各功能区，防止郊区用地开发的低效和反复性。

二、高密度集约开发模式选择

高密度的土地开发是基于国情的一个无奈选择。

如何提高城市郊区化的土地产出效益，如何实现疏密有致的建设，保证清洁的环境、交通的可达性、足够的住房与良好的社区，是非常棘手的任务。提高开发强度关键是用地结构调整与提高工业、行政办公、商业设施的容积率，在合理提高居住容积率的同时，集中建设大片的城市公共绿地，勒·柯布西埃的集中主义城市模式在此是有一定借鉴意义的。高密度开发还要求对城市郊区化的重点地段作出有相当强制性与可实施性的城市设计，而不再停留于以前缺乏约束力的"景观构想"水平。

本质上说，住房消费是一种空间消费，而空间或土地资源的有限性决定了住房不可能无限供给。因此，总体上说，住房不同于一般商品，不是消费者只要有钱就能无限制地得到住房。基于这种理由，住房面积的增长除受到经济水平的制约之外，还具有极大的刚性。在人类开发利用土地资源的技术水平既定的条件下，土地资源丰裕，住房面积水平就可能很高；反之，土地资源紧缺，住房面积水平就可能很低。这一点已为国内外的经验所证明。以国内情况为例，城镇居民的平均收入水平远远高于乡村居民的平均收入水平，从经济条件或支付能力来说，城镇居民有条件得到比乡村居民更多的住房，而事实上却是城镇居民的住房面积水平普遍低于乡村居民的住房面积水平。导致这种现象的根本原因在于城镇与乡村在建设用地数量水平上的差异或者城乡土地资源供给条件的不同。有关资料表明，我国城镇和乡村人均建设用地分别为78平方米和154平方米，后者几乎是前者的2倍。[1]

从国际比较来看，日本的人均收入水平很高，可是日本的人均住房面积水平却比较低；所以如此，关键在于日本的人均耕地占有量很低，尚不及美国人均耕地占有量的1/18。尽管住房需求始终是日本人生活中追求的重点内容，而且日本人的收入水平居世界前列，不可谓没有支付能力；但因土地资源有限，其住房面积水平不可能很高。这充分表明土地资源对住房面积水平的严格约束。所以，住房面积水平的提高不是无限的，应该有个度。这个度就是住房面积水平应当与我国的土地资源条件相适应。[2]

就耕地而言，最新调查显示，我国共有耕地19.51亿亩，人均占有耕地1.76亩，仅为世界人均数的47%。[3] 在人口超过2 000万的48个国家中，我国人均耕地占有量排在倒数第7位。排在倒数第1位的国家是日本，倒数第6位的是英国。有关研究预测，即使

---

[1] 国家土地管理局保护耕地专题调研课题：《变化情况及中期发展趋势》，载于《中国社会科学》1998年第1期。
[2] 施梁：《由土地资源约束看未来我国城镇居民住房面积水平定位》，载于《建筑学报》2002年第8期，第4页。
[3] 国土资源部、国家统计局、全国农业普查办公室：《关于土地利用现状调查主要数据成果的公报》。

现有耕地一分不减，随着人口的增加，到2010年和2030年，人均耕地也将降至1.43亩和1.34亩。水平将明显低于目前英国的人均耕地水平。

基于土地资源对住房面积水平的刚性约束，未来我国城镇居民的住房面积水平应当向土地资源同样紧缺的日本和欧洲一些发达国家看齐，绝不应该与土地资源异常丰裕的美国这样的发达国家盲目攀比。进而，未来我国城镇居民的住房面积水平可以超过日本的水平，但不宜超过英国的水平，建议定位在人均住房建筑面积40平方米左右为宜。对于三口之家来说，一套建筑面积150平方米左右的住房已是发达国家的居住概念了。因此，郊区的住房规划，应对一些占地规模较大的别墅项目有一定的限制。

三、建立市场取向下的城市郊区化土地制度

从上述的分析中可以看出，无论是中国城市发展还是城市郊区化的发展，都与中国的土地制度的变革息息相关，可以说，土地制度是未来中国城市郊区化发展的重要变量。随着城市的发展和郊区化进程的加快，建立市场取向下的城市郊区化土地制度成为必然。

（一）市场化取向的土地产权制度

产权制度是制度集合体中最基本、最重要的制度。诺斯认为，离开产权，人们则很难对国家作出有效的分析。因此，离开产权，不可能对我国的征地制度作出有效的分析。市场经济的基础是产权明晰化、具体化，因此，需要探索土地公有制下的有效产权形式。

产权制度的资源配置功能，要求这种制度的建立和运行都必须遵循效益标准，即尽可能地促进成本的减少和产出的增加。产权的法律保护应产生有效利用各种资源的激励机制，产权的界定应力求减少因权利与权利之间的冲突而造成的交易成本，产权的规则应有

利于财产的自由转让。

土地的收益是在其产权的流转（这里的流转包括交易和处置两层含义）中实现的。土地征用的实质是土地产权的转移及其在经济上加以实现的问题。实现合理的流转，就要彻底实现土地所有权与使用权的统一。

从我国实际看，目前土地的终极所有权是国家所有，集体所有权的体现只是收取提留和签订承包合约，集体没有最终处置权，所以集体也只是名义上的所有者，或者说只是所有者的代理人，真正的所有者仍然是国家。当土地承包权长期化（即实行土地家庭永包制）以后，集体也不需要签订合约了，其所有权主体地位更加名不副实了，不如名正言顺回归土地代理人的位置，又符合地权的发展趋势，而且还有利于土地管理和土地生产要素在社会范围内发挥作用，可以更加有利于保护农民的承包权。只有实行农地永包制才能从根本上摆脱对土地管理和处置（包括征地）的随机性、权宜性，才能在合理划分集体和农民土地权益的基础上将农地划入市场化的轨道。穆勒在谈及自耕农制度时说：不以事实上的永佃权或某种许诺为前提，就不会有勤劳和效率，也不会有真正的市场（永佃权是大陆物权法理论中一种典型的物权形式）。

由上分析不难看出，集体所有制下的"永包制"只是一种过渡态或表象，其发展趋势或本质上就是国有制下的"永佃制"。[1]

（二）市场化取向的征地制度

就中国目前和未来的土地制度改革来看，由于受计划经济的影响，土地制度已经越来越不适应市场经济发展的要求。

征地的本质属性是政府的强制性，征地权是典型的公权力，征地制度只能、实际上也是由国家（政府）这样一个特殊的组织来

---

[1] 张慧芳：《土地征用问题研究——基于效率与公平框架下的解释与制度设计》（博士学位论文），南开大学，2005年。

制定和实施。因此,对于征地制度改革,"成也政府,败也政府"——这一点毫无疑义。但是,从市场取向的改革看,"政府也是经济人",政府只不过是一个国家中占据强势地位的特殊的利益集团,"政府非中性"、"政府非善良",一切有关政府的改革尤其是征地制度改革均应在此假定或理念下进行。

政府征用土地因其具有义务强制性,从而可能带来"使财产从高评价的使用转向低评价的使用"的无效率的问题;同时,政府通过低价征用、高价出让获取收益,而农民没有得到公平补偿,这种现实偏离了征地作为强制买卖关系应给予价值补偿的要求,也与农民追求自身利益最大化的目标不一致,因而在实际中才出现了大量集体非农建设用地(目前全国集体非农建设用地大约为0.17亿公顷)"黑市"或"灰市"交易的现象,导致老百姓"违法生存"。

市场化取向的征地制度改革要求限制国家的征地权力,具体讲,就是要打破目前这种国家垄断非农用地一级市场的局面,允许集体非农建设用地流转;就是要承认农民作为一级市场主体所具有的充分理性,让市场或价格指导农民的一系列行为。这实际是目前征地制度改革中遇到的最大课题之一。开放集体非农建设用地产权市场包括集体土地所有权市场和集体建设用地使用权市场。集体土地所有权市场是集体土地所有者与国有土地使用者在符合土地利用规划和用地计划的前提下,依市场原则将集体土地所有权转为国家土地所有权,缴纳出让金并取得国有土地使用权的过程。土地所有权价格是市场价格。集体建设用地使用权市场是集体土地所有者或集体建设用地使用者在符合土地利用规划和用途管制的前提下,依市场原则将集体建设用地使用权作为市场客体进行交换的过程。土地使用权价格是市场价格。具体讲,就是对工商业等经营性建设需使用农村集体土地、又符合土地利用总体规划的,不再实行国家先征用、再出让的办法,而是在依法办理农用土地转为建设用地后,允许农村集体土地进入土地一级市场,允许土地的所有者以土地使用权入股、出租等方式直接参与土地开发、土地收益的二次分配，从而获得长期稳定的土地收益。集体土地产权进入市场，实际上是消除集体土地产权歧视，通过"两种产权，一个市场"，实现农民土地（包括农民宅基地和集体土地两个方面）产权与国有土地产权在法律上的平等地位。这是无论多复杂、多艰难，都迟早必须要解决的问题，但"宜早不宜迟"，以免产生"路径依赖"及"路径依赖"的依赖，增大制度变迁的成本。

从具体层面来讲，发挥市场机制对土地资源配置的基础性作用。第一，土地对于企业来说，是生产要素；对于居民来说，是生活资料；在市场经济体制中，土地使用年期是商品。放开土地和房产的交易，形成土地使用年期财产权和房产的出租和交易市场。农民的耕地、宅地、"四荒"，投资者投资的山林、草场、农场、牧场、林场，乡镇和城镇企业的土地年期使用权，居民的房产，都可以进入出租和交易市场，并可以抵押融资。第二，发展土地使用权和房产交易出租交易中心、土地价格和房产价格评估事务所、土地和房产经纪公司、房地产同业协会、房屋物业管理同业协会等中介组织和同行业协会，将政府的一些管理职能转移给这些中介组织和同业协会，将政府直接管理变成中介管理和同行业自律。

第三节 城市郊区化进程中的环境保护

生态环境问题是我国大城市郊区化发展过程中面临的一个主要问题。工业化水平的提高及城市化区域的扩大，尤其是向周围郊区的迅速延伸，虽然提高了人类征服自然的能力，但与此同时也带来了对生态环境的破坏和损失，特别是在城市的郊区化过程中，不完善的管理体制和单纯追求眼前经济利益的短浅目光，更造成了对郊区有限土地资源的不合理使用和对自然环境的破坏。

一、应对环境问题的措施

如何在城市郊区化发展的同时改善生态环境,保持城市及其郊区的持续发展能力,是城市发展中要着力解决的主要问题之一,这个问题解决不力或不当,会使我国城市的发展走入困境。在大城市郊区化进程中,要缓解环境问题,除了继续加大对生态环境治理的投入外,还应做好以下几个方面的工作:

(一)合理的郊区化地区生态环境目标定位

大城市郊区化地区是生态环境最容易受到破坏的地区,但同时它也是城市空间地域内最有条件和最需要进行生态绿化补偿建设的地区。郊区化地区应具有比城市中心城区更高的环境标准,并以此作为城市中心区生态环境不足的补充;同时它也不同于城市郊区农村,因为它毕竟还是城市型设施占主导地位,对自然生态系统破坏更大。合理的郊区化地区生态环境目标包括两个方面的含义:

第一,保持该地区的自然生态平衡。既要防止因郊区化的发展和开发建设破坏环境,又要满足当地居民对物质生活水平提高的期望。

第二,该地区生态环境建设还应承担改善和提高整个城市生态环境质量的任务。由于历史原因,目前我国城市建成区普遍的情况是建筑密集、绿化及开敞空间有限,而有限的财力使得在旧城改建中不可能留出大片的开敞空间。提高城市绿地率、改善城市环境质量还需从整个城市地域去解决,在城市的郊区化地区进行补偿性建设。

(二)郊区化地区规划设计应具有环境导向性

对于城市发展问题,必须改变传统的经济发展观,而代之以新的、以生态学为基础的可持续发展观。对郊区化地区的生态环境目标进行合理定位，最终目的就是在城市可持续发展思想指导下，更好地开发利用和管理好这一地域，促进城市在此阶段的合理发展。规划作为人类有意识、有目的的活动，是为实现这一目标而预先安排行动步骤，具体的规划控制应根据现实情况，以宏观上的生态观念来指导规划设计。

郊区化地区规划设计应具有环境导向性，具体落实到土地利用上，郊区化地区土地使用设计应努力实现经济、社会、环境利益的潜在平衡。经济系统和生态系统的运行和发展需要借助于土地来实现，合理的土地利用功能组合可以帮助两个系统尽量达到地域空间上的合理性。

规划要有利于形成城市绿色开敞空间与完整的园林绿地系统。规划考虑到自然、土地的生态环境的保护与合理利用，并满足未来人们对城市环境的要求及其进一步改善的可能性。

规划应达到足够的量化环境指标。规划应妥善安排城市型用地与郊区农村用地，根据我国城市土地资源高度紧缺的特点，对各类用地均应倡导适度的土地集约高效利用（如乡镇工业区要集中，确定一个合理的城市设施密度标准以及合理控制郊区化地区开发区的规模等）。

规划应有利于调整城市用地结构，使其适应郊区化过程中城市产业结构的调整需要，综合平衡工业、交通、居住和绿化对土地的需求，适应于城市对环境的高质量和对城市基础设施的高效能要求。

（三）制定郊区化地区合理的环境保护对策

从理论上讲，自然生态环境是一个开放的系统，而城市建设所营造的人工环境是一个封闭的系统。为保持好这两个系统的平衡，就要保证人工环境系统输出物的量不致超过自然生态环境系统的自我调节能力和容量，加大人工系统输出物的重复利用率。制定郊区化地区合理的环境保护对策,就是通过各种引导与控制措施,将在郊区化过程中的人类活动控制在环境容量及生态承载力容许的范围内。

加强城市环境规划,建立合理的环境质量分区控制标准,防止工业活动、土地开发、能源利用以及其他人类活动对城市环境的污染。如对郊区化地区内的"三废"污染的排放制定严格的质量标准,城市工厂及乡镇企业的"三废"通过治理,达标后才能排放。

确定合理的郊区地区人口密度和开发强度,使人们的生产、生活活动不至于破坏自然环境,高效组织社会生活,提高人居环境质量。

完善居住区排水系统和污水处理设计,建立污水回用等潜在水资源处理系统。

通过改变燃料结构和采用集中供暖方式来控制废气污染。因势利导、适度开发自然资源,合理高效使用能源,提倡可再生能源的开发和应用,推广使用太阳能、风能和生物能。

完善交通系统,发展节能、无公害的交通体系,发展清洁高效的交通模式。如根据我国特点,大力发展城郊公共交通,鼓励居民采用自行车或步行的出行方式。

在郊区化地区产业的选择与控制上,要服务于城市产业结构调整的需要,妥善安排中心城区外迁企业,要大力发展绿色产业,大力发展高新技术产业,鼓励采用工业园区及乡镇企业园区方式布置生产性用地。

保持生态平衡,加强对土地资源的合理利用,实行土地用途管制,在郊区化地区实行"并村撤点集约化、农业生产大田化、乡镇工业园区化、农民住宅小区化",重视荒地的开垦和复耕,发展高效农业。

提高城市绿地率,结合农业及林业用地的保护,形成城市生态环境支持圈,建立城郊复合生态系统,改善城市生态环境质量。

二、建立经济机制的生态化模式

生态时代中的城市发展最根本的动力机制仍是经济驱动力，关键是经济发展机制的生态化影响了城市空间的拓展。城市发展不单局限于经济总量的上升，还包括维护经济增长的生态潜力增加等更广阔的内涵。这就意味着城市产业（特别是二产）发展不是一味地侵占城市边缘农田或自然生态空间，而是城市经济发展与城郊生态服务潜力同时提高。这就需要城市空间拓展时能做到保护自然界提供的资源和环境条件，保障经济增长和人类福利有一个稳定的生态环境基础。

笔者认为，影响城市空间拓展的力可分为动力与阻力，而一直受到忽视的自然生态因素对城市空间的作用更多地表现为约束和引导。在城市快速拓展阶段，城市空间变迁总是以新生长空间不断占用周边土地为表现方式的，同时周边土地的自然生态属性也制约着城市空间的发展。其中，空间拓展总是遵循自然生态应力给予阻力最小的方向发展，阻力大的方向则发展较慢，甚至难以发展。空间扩展阻力模型可表达上述观点。城市空间拓展阻力：

$$W = f_{\text{mix}}(D_{ij}R_i)$$

其中，R_i 表示从 i 点到城市中间的某个自然要素产生的阻力；D_{ij} 表示从城市 i 点到 j 点的距离。该模型表达了阻力是各自然生态因子产生的阻力之和的观点，并且阻力大小与自然要素特征及距离相关。

传统的规划理论中缺乏对生态的全面认识，只是简单地把生态阻力因素简单地认为只是地形、地质等有限的几个因素的制约，如地势太高，城市难以修建，地质太差，城市营建代价较高等。若只对这种显见的因素（我们可称之为显性阻力因素）关注，远远不足以涵盖生态因子的全部内涵。城市空间的生物多样性、植被覆盖状况、景观多样性、水资源因素等具有的生态服务价值（隐性阻力因素）更应加以考虑。城市规划应该表现为根据重要程度将生态阻力因素（包括显性和隐性的）综合体现在空间发展决策中，使生态条件敏感或生境良好的场所免受破坏，从而使之成为城市中的有机组成部分。并以此为依据，有目的地选择引导城市空间发展的方向和拓展模式。①

第四节　城市郊区化与统筹城乡发展

经济中心（城市）、经济腹地（郊区和农村）、经济网络作为经济区域的基本构成要素，彼此是一个有机联系的整体。城市作为区域经济的核心，它通过经济网络联系广大农村，而郊区作为位于城市和乡村之间的、具有城乡过渡性质的区域，其特殊的区位条件使其处于城市辐射的前沿，便于接受中心城市强有力的经济辐射和地域空间扩散，往往成为现代化程度较高的地区。同时，由于郊区地处城市和乡村的结合地带，城市的扩展又往往是以郊区功能逐渐完善的形式实现的，郊区的发展将会对农村发展起到十分重要的示范作用。城市郊区化的发展，有利于促进农村市场与城市市场衔接，加快城乡要素市场（尤其是劳动力市场）的形成和完善，扩大城市对农村的投资，推动城市基础设施的延伸与扩展，从而推动城乡协调可持续发展。

一、城市郊区化发展与统筹城乡发展目标和内涵的衔接

（一）统筹城乡发展的目标和内涵

统筹城乡发展，是针对传统计划经济体制和二元经济社会结构

---

① 杨培峰：《城市空间拓展动力机制及生态模型》，载于《重庆大学学报》2004年第3期，第141页。

下工农分割及城乡分治的发展状态而提出来的。随着社会主义市场经济体制的逐步完善和二元经济社会结构消极影响的日益显露，国民经济和社会发展内在地要求城乡统筹，实现工业与农业、城市与农村发展的良性互动。因为，作为国民经济系统的两个重要组成部分，工业与农业、城市经济与农村经济是相互联系、相互依赖、相互补充、相互促进的关系。只有两个方面协调发展，才能够促进整个国民经济持续快速发展。

我国的城乡差别大，不仅仅表现在城乡经济收入差距悬殊，还表现在生活环境、生活方式、生活质量、政策待遇、文化教育、观念形态及政治等方面的差异。因而，统筹城乡发展体现在经济和社会发展的方方面面。

农业和农村经济结构战略性调整。城乡产业之间是有联系的，产业链条关系紧密，产业依存度高，经济发展活力就大。统筹城乡产业，重点是统筹城乡的产业布局。在发展方向上，城市产业要与农村进行合理分工，实现梯次发展。城市要加快科技进步和产业结构调整，促进产业升级，尽可能把适用于农村和小城镇发展的产业转移到农村。目前农村第三产业发展相对滞后，发展空间很大，要结合所依托城市的实际，发展现代流通方式，积极培育流通中介组织。

资源和生产要素的城乡互通。在市场经济条件下，土地、资金、技术、劳动力是支持经济发展的重要要素，平等的市场主体应该享有平等地接近和享用这些经济要素的权利。但长期以来，由于二元结构的障碍，城乡在资源的利用上一直处于不平等地位，甚至在政策偏向的支持下，农村的资源被无偿地剥夺，用于城市经济的发展，资源的短缺限制了农业和农村的发展。因此，统筹城乡发展必须统筹城乡资源配置。为此，必须坚持以市场为取向的改革，取消政府对市场不合理地干预城市空间结构变化的渗透带动效应和管制，建立城乡沟通、统一、有序的产品和要素市场，逐步解决城乡市场失灵问题，实现城乡市场对接。市场的发育和壮大，有利于城乡之间商品、资金、信息、人才等要素的流通，促进城乡资源的优化利用与整合，使城市和乡村通过市场发挥各自的比较优势，享受市场带来的利润，实现优势互补和协调发展。

农村富余劳动力转移。长期以来，大量富余劳动力滞留农村，已经成为制约农村经济增长、农业劳动生产率提高、农民增收的主要因素。要从根本上改变农村面貌，必须有效地实现农村富余劳动力的转移。要把农民就业问题的着眼点从局限于农村内部转移到放眼全局，实行城乡统筹；分工、分业扩大农村劳动力的就业总量，即由单一的农民转变为农业工人、农场主、非农产业的生产者、非农产业的经营者和城市市民。

提高农民的综合素质。如果说城乡经济发展差距大的话，那么城乡的社会事业发展差距更大。要加大对农村教育、卫生、文化等事业经费的投入，建立多元化的投入机制，加快农村教育、卫生、文化等社会事业发展，使农民能够享受更多的公共产品。加强农村劳动力的技能教育，逐步建立起职业培训与农民分工、分业相衔接的机制。城市要将先进的科学技术通过有效的传导机制向农村转移，提高农村的科技水平。

城乡生态环境的保护。实现城乡生态环境的融合是统筹城乡发展的一个重要组成部分。生态环境一体化就是要将城市与农村生态环境统一纳入到一个大系统中考虑，全面治理、彻底改变城乡生态现状，努力形成城乡生态环境高度融合互补、经济社会与生态协调发展的城乡生态格局，使城市与农村、人类与自然生态和谐相处。

（二）制定郊区和乡村统筹发展的科学规划

科学规划是城市郊区化建设的基本依据。规划在先，发展随其后，这是我们应遵循的一个基本原则。事先要进行科学、全面而系统的规划，运用现代技术和手段汇集第一手资料，在全面分析的基础上制定该地区的城市郊区化和乡村统筹发展规划，是政府的一项重要工作。

发展规划不能简单地理解为城市规划，它应是一个广义的、宽泛的概念，既包括城市郊区化过程中不同领域的规划，如产业发展、城镇发展、人口增长、土地利用等方面的规划，也包括把城市郊区的集镇和村庄要纳入城市总体规划的范围，作为城市的一个功能区域进行规划。对远郊的集镇，要研究其在郊区化进程中的功能定位。城市郊区化规划中不仅要考虑现行体制下人口资源状况，还要考虑体制改革对人口资源流动的影响；既要考虑经济的发展，还要注意生态、环境的改善。总之，城市郊区化规划要发挥政府宏观调控的作用，并贯彻可持续发展的原则，同时政府应具有开放式眼光，兼顾经济、社会、环境效益，引导城市郊区化和乡村的有序发展。

城乡一体化规划是将规划的重点从规模转向结构。而规模成为一个参考性的指标，空间结构的弹性成为规划追求的核心目标。传统的规划认为空间规划是经济计划的空间注释，经济发展的特征是已知的，城市规模是经典规划模式中必须回答的问题，并且人口规模和空间布局存在着严格的一一对应关系。城乡一体化规划则假设规划面对的是不确定、多样化的发展可能，城市的空间秩序是可生长的，城市各部分的增长可能是不均衡的，人口和规划的空间范围不存在严格的对应关系。在我们设计城市空间这个容器的时候，我们不知道它将作什么用：是盛饮料还是开水，精确的数量是多少？[①]

在规划中，要注意"刚性"与"弹性"的结合。规划中的"刚性"与"弹性"有两层意思。一层是政府掌握的这一部分基本上应该属于刚性的，就是指基础设施用地、公益设施用地，政府一定要控制好，要保留下来，为该区域的整个发展作出贡献。这是不能变的，是不能动的。规划中"刚性"与"弹性"的另外一层意

---

① 赵燕菁：《城乡一体化规划若干问题》，载于《理论与实践》2001年第1期，第24页。

思是，在规划中，特别是在规划技术上，"刚性"是指有一些指标不能变，比如绿地或者绿地率，停车的车位数，蔬菜保护区，划定不可建设用地等，以保持广阔的绿色开敞空间。对于郊区的风景区开发，要注意与环境的协调和合理的环境容量，避免破坏性开发。这些是不能变的。但有一些指标就有一定的"弹性"，像容积率。在美国的规划中，就有容积率奖励制度，所谓奖励制度就是如果建筑前面设计一个广场，把广场给公众使用，就可以获得一点额外的容积率，这也是在具体技术上体现"刚性"和"弹性"的问题。

二、发挥城市郊区化对农村的渗透带动效应

郊区经济是在郊区这一特定地域空间载体上进行的、联系城市与乡村的人类经济活动，包括人们在郊区进行的物质资料的生产、分配、交换和消费等全部经济活动，是一种既有别于城市经济又有别于乡村经济的区域经济。它既是城市经济与农村经济的结合，又是多种部门经济在城郊的结合，是城市经济发展的基础和乡村经济发展的先导。郊区由于其空间范围的动态、过渡性特征，经济发展中一方面受到毗邻的城市区域的影响，成为部分城市产业扩散之地；另一方面作为城乡交接地域，它所有的农田依然生产着大量农副产品以供城市之需。这样，在郊区经济结构中既有第二、三产业的内容，又包括高水平的农业，实质上是在原有的乡村经济基础上又叠加城市经济成分，表现出明显的复合型特征。因此，郊区经济是统筹城乡发展、实现城乡一体化的重要渠道。其作用主要体现在以下几个方面：

1. 有利于农业产业化经营和产业链条的合理空间布局。

郊区区位独特，一方面自身可作为城市市区重要的农副产品生产基地和供应基地，甚至在有条件的地方，通过建立"农业高新技术产业园区"，形成以果品、精细加工、花卉等为主的适合城市消费需求的产业链；另一方面，通过大规模地开展农副产品和轻工

原料的加工、深加工与精加工，并尽可能拉伸其加工转换环节，延伸该产业链，建设成为面向城市需要和国内、国际市场需要的现代农业产品加工转换大营地，拉动广大乡村农副产品和轻工业原料的扩大生产。同时，郊区特定的经济区位决定了其经济活动主体是从事加工转换。当这种转换一方稳妥地联系广大农村，一方积极地融入中心城市之后，既较好地解决了困扰乡村的"三农"瓶颈制约，实现了农业产业化经营，又很好地实现了贸—工—农产业链在城市—郊区—乡村这一特定地域空间上的合理布局。

2. 有利于转移农村剩余劳动力。

目前，我国农村剩余劳动力的转移基本上遵循刘易斯－拉尼斯－费景汉模式，从欠发达区域流向发达区域，从农村流向城市。在中国特定国情下，从农村流向城市的一部分剩余劳动力也大多在郊区积存下来。这是因为，郊区毗邻市区，容易获得有关城市就业的信息，就业风险较小，迁移成本也比较低。郊区在经济发展、制度和技术创新方面对广布于农村的小城镇具有较强的示范效应，可以在乡镇企业发展、产业结构调整、生产力布局、城乡经济融合等方面为农村提供经验和模式。

3. 利于农村信息化的发展。

信息化是实现现代化的必然选择。我国信息化经过了十多年的发展，其先行领域有一个共同的特点，就是重心集中于城市，集中于工业，无论是信息产业的发展、城市信息化的发展，还是用信息技术改造传统产业，都是城市为先导，在农村和城市之间出现了明显的差距。统计资料表明，中国网络用户城市普及率为农村的640倍，农民用户只有0.3%，信息匮乏已成为制约经济发展的瓶颈，对农村发展的制约尤其突出。同时城乡之间还存在着信息不对称、农村信息化建设和农产品市场信息体系建设滞后等问题，从而使农民无法迅速全面地获得准确的信息，使得农业结构调整和农产品销售受到严重影响。城市郊区化的发展可以构筑信息共享平台，促进农村网络普及和应用，加强信息交流，实现资源共享，从而推动城乡经济社会协调发展。

4. 增加了就业机会。

最先向郊区转移的经济活动是制造业。继制造业之后，商业活动也追随着消费者向郊区转移。郊区从居住区转变为拥有完善商业和服务业职能的发达城市结构地区。在这个转变过程中，一方面创造了广大的就业机会，成为吸收新增加劳动力的主要途径；另一方面又追随着富裕居民的迁出而扩散到更远的地方。

5. 利于农村社区向城市社区转变。

由于郊区这种独特的人口分布模式，导致富裕阶层在郊区的逐步汇合，使郊区社区具有鲜明的同质性特点，从而逐步形成了一种郊区生活方式和郊区文化。从郊区的社区环境来看，郊区的公共设施、商业设施、学校制度、住宅设计等，都按高标准的要求建立。从家庭生活的角度看，居民注重子女的成长，注重家庭生活，比较注重礼节，讲求仪表的端庄和举止优雅。这种郊区生活方式和郊区文化与郊县农村的生活方式和价值观念互相影响，彼此渗透，逐渐认同。农村社区被城市社区侵入，导致整个社会的组织结构发生变化，最后由农村社区向城市社区彻底转变。

三、防止城市郊区化的负面效应

城市郊区化在对农村的发展起到带动作用的同时，也可能会带来一定的负面效应，主要有以下几个方面。

1. 社会问题增加。

郊区化地域由于其特定的地理位置，流动人口大量涌入，各种社区文化混杂，管理体制脆弱，易成为社会问题孳生的温床。主要表现为社会犯罪率远远高于城中心区和农村地区，计划外超生等问题严重，卖淫、嫖娼，不法分子为非作歹和流窜作案等违法现象增多。

2. 社会差距拉大。

在郊区化过程中，郊区化地域成为人口流动、人口增长的主要地区,"人户分离"现象大量存在:一些人已在城市中心区居住,但农村户口不能及时转入城市;一些人因工作岗位的迁移已长期生活在郊区,但不愿意放弃城市中心区的户口而不将户口落在郊区。郊区化地域居民总体文化程度低于城市中心区,高于农村,表现为由城市到农村呈梯度分布规律。在城市郊区化过程中,在部分大城市,出现了贫富差距明显的人口分布。如北京的城市边缘区,贫、富两极人口的郊区化导致一些暴发户和高工资雇员、演员等已趋于居住在城市的东北方向,形成北京最富的一个扇形;而一些无技术、低工资的人则选择居住在东南角,形成北京最穷的一个扇形;西北角和西南角则分属于大多数中等收入的知识分子家庭和中等收入的技术工人。总之,城西将成为中等收入家庭集中区,城东北为高收入家庭集中区,城东南为低收入家庭集中区,社会空间地域分异初显端倪。

3. 失地农民问题。

城市郊区化不可避免地要占用大量的土地,从而催生出一个急剧膨胀的社会群体——失地农民。这种情况在大中城市的城乡结合部和人多地少的经济发达地区尤为突出。据统计,在1987~2000年间,国家非农建设实际占用耕地272万~295万公顷。从经验数据看,一般每征用0.067公顷耕地,就产生1.5个失地农民。据此推算,目前,我国失地农民人数应在5 100万~5 525万之间。[①] 失地农民的安置已成为事关经济发展、社会稳定和城市化进程中的不可忽视的大问题。

失地农民的困境,主要是滥用征地权、忽视土地的财产功能、土地产权制度存在缺陷和缺乏城乡统一的社会保障体系造成的。因而,在城市郊区化进程中,要推进农村土地的合理流转,制定科学的土地流转游戏规则,切实保障农民的土地财产(即土地使用权)

---

① 何格、欧名豪、张文秀:《合理安置失地农民的构想》,载于《农村经济》2005年第1期,第42页。

权利,科学测定征地补偿标准。征地补偿标准应根据被征地所承载农民安置的实际社会成本来确定,而不是以土地用途来确定。依照城乡统筹的思想,逐步建立城乡统一的社会保障体系。应该利用城市快速发展的推进之机为失地农民建立社会保障,将失地农民纳入城市社会保障体系之中。

第七章 结 论

第一节 研究总结

伴随着城市的不断发展,中国城市郊区化引起了越来越多学者的关注。自20世纪80年代以来,出现了一系列文献从不同角度对城市郊区化进行了研究。但总的看来,文献中对中国城市郊区化动力机制的关注还是相对缺乏。造成这种现象的原因主要在于缺少有效理论的指导,更重要的是很多对城市郊区化进行研究所需的数据无法获得。

由于中国城市郊区化产生、发展的独特性,决定了这项研究本身就很有意义。本书试图从经济学的视角,揭示中国城市郊区化的内在机制,从而为未来中国城市及郊区化的发展提供理论参考。

本书主要研究结论如下:

1. 中国城市郊区化的产生发展具有不同于西方国家的独特性。相对于发达国家的郊区化,中国城市郊区化具有自己的特色,主要表现为:被动性,基础差,双向性,步伐快。郊区化在西方国家是一个自发的过程,而在我国主要是在政府的强制推动下,有组织的、被动的过程和行为。同西方国家城市郊区化的自然演进过程不同,在中国城市郊区化初期阶段,主要推动力来自于政府,是完全被动式的郊区化;在发展时序上,呈现出工业郊区化拉动人口郊区化的特征。这也是中国城市郊区化产生于城市聚集阶段的主要原因所在。

2. 中国城市郊区化是制度力、市场力、自然力相互博弈的结果，体现出了体制转轨时期的市场和非市场因素相互作用。其中制度力是中国城市郊区化的主导力，市场力是内在驱动力，自然力是拉动力。并且这三种力量在不同的发展阶段呈现出不同的作用特征。

3. 城市郊区化对城市发展的作用是巨大的。与城市郊区化相伴随的空间开发、经济要素重组、人口流动、土地利用变化、新旧城区及中心与边缘区的相互作用等，对所在城市和地区经济、社会、实体空间的演化具有强烈的催化、带动效应，从而可引发或加速整个城市的空间重构。

4. 中国城市郊区化中的市场力呈现趋强的态势。虽然在城市郊区化发展的过程中，制度力的影响起着主导作用，但随着我国市场经济的不断完善，市场力正在对城市郊区化产生影响。

5. 中国城市郊区化对城市发展战略和政策具有启示意义。中国独特的国情，决定了中国的城市郊区化在宏观背景、表现特征与动力机制等方面与西方国家存在明显的不同，因此在面对城市郊区化这个现实的基础上，针对中国城市郊区化的实际情况，给出具有实践意义的政策建议无疑是重要的。

第二节 创新总结

本研究的创新之处主要有以下几点：

1. 构建了中国城市郊区化动力机制的理论框架。本书在界定郊区、郊区化概念的基础上，通过对中国城市郊区化的内涵、特征、发展阶段和影响因素的分析，首次提出了中国城市郊区化的动力主要集中在三个方面：制度力，市场力，自然力。制度力的主导、市场力的驱动、自然力的拉动构成了中国城市郊区化的动力机制。

2. 借助于竞标租金模型的机理，形成了城市郊区化产生、发展新的理论解释。笔者用土地利用的动态模型，应用供求原理来把握土地价格并进而对土地结构变动作解释，分别从竞租曲线上移和斜率变小两个角度分析了城市郊区化现象出现的机理。透过这一新视角，笔者提出，城市郊区化实质上是城市土地利用结构的一种变动，是随着城市的扩张，城市用地（如商务用地、工业用地、住宅用地等）逐渐由原来的城市中心区向郊区转移的一种过程。

3. 进行了实证分析。本书以全国地级以上城市为例，尝试对住房制度改革与城市郊区化的关系进行了实证分析；为了说明工业部门的分散与人口分散和就业郊区化之间的因果关系，以北京为例，对工业郊区化和人口郊区化的时间序列进行分析，验证了中国郊区化企业郊迁在先，而人口郊区化在后，就业机会的郊区化对人口的郊区化有所贡献的观点；对企业郊迁的地租效应、收入变化和汽车进入家庭引发的人口郊迁效应进行了实证分析，作出了中国城市郊区化开始出现遵从市场规律的迹象，市场力作用趋强的判断。

4. 尝试对中国城市郊区化进行了阶段划分。笔者认为，从郊区化的内推力看，中国城市郊区化具体表现为：政府强制推动，政策引导，市场作用三个阶段。从郊区化进程的时序特征看，具体可分为：工业郊区化为先导，工业和人口郊区化并存，同步郊区化三个阶段。

第三节　本研究的局限和不足之处

1. 城市郊区化在中国的发展还处于初始阶段，因而作为一个前沿问题的中国城市郊区化动力机制研究在许多地方还缺乏相应的实践支持，特别是市场力对城市郊区化的作用功能还有待于进一步深入和完善。

2. 由于国内没有城市郊区的行政区概念，各种统计数据大多没有把郊区单独分列出来，而且中国行政区划调整频繁，因而数据获取是相当困难的。本书中的数据大多是笔者自己整理出来的，难免存在不准确和误差。

3. 受资料和时间的限制，本书没有对中国和发展中国家的城市郊区化进行比较，也没有考虑县（市）级城市的发展。随着城市化进程的加快，这些城市与郊区化的关系值得进一步探索。

参 考 文 献

[1] 江莹：《我国城市郊区化及发展对策研究》，载于《中国软科学》2003 年第 5 期。

[2] 蒋达强：《大城市人口郊区化与住宅空间分布的效应研究》，载于《人口与经济》2002 年第 3 期。

[3] 张越、韩明清等：《对我国城市郊区化的再认识——从城市化阶段谈中国城市发展》，载于《城市规划汇刊》1998 年第 6 期。

[4] 石忆邵：《上海郊区城市化问题研究》，载于《财经研究》2003 年第 3 期。

[5] Jackson, Kenneth T. Suburbanization. The Reader Companion to American History. college. hmco. com/history/readerscomp/rcah/html/ah_083400_ suburbanizat. 2004, 1, 30.

[6] 张秀生等：《区域经济理论》，武汉大学出版社 2005 年版。

[7] Launhardt, W. (1993), Mathematical Principles of Economic (M), translated by Holda Schmidt, Edward Elgar, Brookfield, CT.

[8] Launhardt, W. (1900 – 1902), The Principles of Railway Location (M), translated by A. Bewley, Lawrence Asylum Press, Mdras.

[9] 韦伯：《工业区位论》（中译本），商务印书馆 1997 年版。

[10] 阿瑟·奥沙利文：《城市经济学》，中信出版社 2002 年版。

［11］沃尔特·克里斯塔勒：《德国南部中心地原理》（中译本），商务印书馆 1998 年版。

［12］陈文福：《西方现代区位理论述评》，载于《云南社会科学》2004 年第 2 期。

［13］Thisse, Jaques-Fracois Location Theory, Regional Science, And Economics. Journal of Regional Science, 1987（4）.

［14］Hakimi, S. L. Optimum Location of Switching Centers and the Absolute Centers and Medians of a Graph. Operations and Research, 1964（12）. 450 – 459.

［15］Erlenkotter. A Dual-Based Procedure for Uncapacitated Facility Location. Operations Research, 1978（16）. 992 – 1009.

［16］藤田昌久等：《空间经济学——城市、区域与国际贸易》，中国人民大学出版社 2005 年版。

［17］安虎森：《空间经济学原理》，经济科学出版社 2005 年版。

［18］周伟林、严冀等：《城市经济学》，复旦大学出版社 2004 年版。

［19］张文忠：《经济区位论》，科学出版社 2000 年版。

［20］埃德温·S·米尔斯主编，郝寿义等译：《区域和城市经济学手册》，经济科学出版社 2001 年版。

［21］保罗·贝尔琴等：《全球视角中的城市经济》，吉林人民出版社 2003 年版。

［22］周伟林、严冀著：《城市经济学》，复旦大学出版社 2004 年版。

［23］江曼琦：《城市空间结构优化的经济分析》，人民出版社 2001 年版。

［24］Stanback, T. M. Jr. and R. V knight, 1976 Suburbanization and City, Allanheld, Osmun&Co. Publishers, Inc, Montclair, N. J.

［25］奥沙利文著，苏晓燕等译：《城市经济学》，中信出版社

2003年版。

[26] 保罗·切希尔、埃德温·S·米尔斯主编，安虎森等译：《区域和城市经济学手册第3卷（应用城市经济学）》，经济科学出版社2003年版。

[27] 孙群郎：《美国城市郊区化研究》，商务印书馆2005年版。

[28] 高向东：《中外大城市人口郊区化比较研究》，载于《人口与经济》2004年第10期。

[29] 陈波翀：《对比中美城市郊区化》，载于《小城镇建设》2005年第1期。

[30] 周一星、孟延春：《北京的郊区化及其对策》，科学出版社2000年版。

[31] 陈文娟、蔡人群：《广州城市郊区化的进程及动力机制》，载于《热带地理》1996年第2期。

[32] 周敏：《杭州城市郊区化问题初步分析》，载于《经济地理》1997年第2期。

[33] 陈浮：《苏州市人口郊区化初步研究》，载于《人口研究》1997年第6期。

[34] 刘秉镰、郑立波：《中国城市郊区化的特点和动力机制》，载于《理论学刊》2004年第10期。

[35] 柴彦威、周一星：《大连市居住郊区化的现状机制及趋势》，载于《地理科学》2000年第2期。

[36] 曹广忠、柴彦威：《大连市内部地域结构转型与郊区化》，载于《地理科学》1998年第3期。

[37] 周一星、孟延春：《沈阳的郊区化：兼论中西方郊区化的比较》，载于《地理学报》1997年第4期。

[38] 高向东、江取珍：《对上海城市人口分布变动与郊区化的探讨》，载于《城市规划》2002年第1期。

[39] 蔡俊豪、陈兴渝：《城市化本质含义的再认识》，载于

《城市发展研究》1999年第5期。

[40] 库兹涅茨：《现代经济增长》，北京经济学院出版社1989年版。

[41] 沃纳·赫希、刘世庆等译：《城市经济学》，中国社会科学出版社1990年版。

[42] 杨重光、刘维新：《社会主义城市经济学》，中国财政经济出版社1986年版。

[43] 郭书田、刘纯彬：《失衡的中国》，河北人民出版社1990年版。

[44] 蔡孝箴：《社会主义城市经济学》，南开大学出版社1988年版。

[45] 张贡生：《学术界关于城市化问题的研究综述》，载于《兰州商学院学报》2003年第2期。

[46] 杜文贞：《城市经济学》，中国经济出版社1987年版。

[47] 高佩义：《中外城市化比较研究》，南开大学出版社1991年版。

[48] 谢文蕙、邓卫：《城市经济学》，清华大学出版社1996年版。

[49] 王红扬：《对新时代背景下中国城市化研究方法的思考》，载于《城市规划》2000年第6期。

[50] 许学强等：《城市地理学》，高等教育出版社1997年版。

[51] 王放：《中国城市化与可持续发展》，科学出版社2000年版。

[52] 侯蕊玲：《城市化的历史回顾与未来发展》，载于《云南社会科学》1999年第2期。

[53]《中国大百科全书（地理学）》，中国大百科全书出版社1990年版。

[54] Kenneth T. Jackson, Crabgrass Frontier. 13.

[55] The Encyclopedia Americana, international edition, Ameri-

cana Corporation, 1980, 25: 829.

[56] William M. Dobriner, The Suburban Community, New York: G. P. Putnnam's Sons, 1958: 97 – 103.

[57] Dsvid. C. Thoms: Suburbia. 32.

[58] 周一星:《就城市郊区化的几个问题与张骁鸣讨论》,载于《现代城市研究》2004年第6期。

[59] 周一星:《沿海城市密集地区经济人口聚集和扩散的机制和调控研究》(2000)。

[60] 张骁鸣:《从区域的角度来理解城市郊区化》,载于《现代城市研究》2003年第5期。

[61] 周一星、孟延春:《中国大城市的郊区化趋势》,载于《城市规划汇刊》1998年第3期。

[62] 顾朝林等:《聚集与扩散——城市空间结构新论》,东南大学出版社2000年版。

[63] 柴彦威:《郊区化及其研究》,载于《经济地理》1995年第2期。

[64] 吴国兵:《中外城市郊区化的比较》,载于《城市问题》1999年第6期。

[65] 冯健:《杭州城市工业的空间扩散与郊区化研究》,载于《城市规划汇刊》2002年第2期。

[66] 于彤舟:《北京工业结构与用地布局调整之我见》,载于《北京规划建设》1999年第3期。

[67]《北京市总体规划》1991~2000年。

[68] 梁兴辉:《城市规模成长经济的边际分析》,载于《人口与经济》2004年第5期。

[69] Hawking. A Brief Histroy of Time. Toronto: Bantam Books.

[70]《马克思恩格斯全集》第25卷,人民出版社1997年版。

[71] 野口悠纪雄:《土地经济学》,商务印书馆1997年版。

[72] R·T·伊利等:《土地经济学原理》,商务印书馆1982

年版。

[73] 藤田昌久等著,刘峰等译:《集聚经济学》,西南财经大学出版社2004年版。

[74] 《中国建设报》,2004年8月31日。

[75] 美国商业部人口普查局:《美国历史统计——从殖民地时代至1950年》,华盛顿1957年版。

[76] 国务院新闻办公室:《2003中国人权事业的进展白皮书》2004年版。

[77] 陈甬军、徐强等:《政府在城市化进程中的作用分析》,载于《福建论坛》第228期。

[78] 彼得·尼茨坎普主编,安虎森等译:《区域和经济学手册》,经济科学出版社2002年版。

[79] 张慧芳:《土地征用研究——基于效率与公平框架下的解释与制度设计》(博士学位论文),南开大学2005年。

[80] 常修泽、高明华:《我国国民经济市场化的发展》,载于《经济研究》1998年第12期。

[81] 周天勇:《土地制度的供求冲突与其改革的框架性安排》,载于《管理世界》2003年第10期。

[82] 张应运:《北京城市化进程中郊区住宅发展现状及趋势研究》(硕士学位论文),首都师范大学2005年。

[83] 张文新、田辉:《中国大城市郊区化对城市可持续发展的影响分析》,载于《中国人口资源与环境》2003年第6期。

[84] 陈明森、李金顺:《中国城市化进程的政府推动与市场推动》,载于《东南学术》2004年第4期。

[85] 王慧:《开发区与城市相互关系的内在机理及空间效应》,载于《规划研究》2003年第3期。

[86] 王缉慈:《高新技术产业开发区对区域发展影响的分析架构》,载于《中国工业经济》1998年第3期。

[87] 王文滋:《再论我国经济技术开发区城市化功能的开发》,

载于《城市开发》1999年第1期。

[88] 张晓平、刘卫东：《开发区与我国城市空间结构演进及其动力机制》，载于《地理科学》2003年第2期。

[89] 刘振宇：《上海人口郊区化的时空节律研究》（硕士学位论文），上海师范大学2005年。

[90] 张庭伟：《20世纪90年代中国城市空间结构的变化及其动力机制》，载于《城市规划》2001年第7期。

[91] 李霞、王军：《城市化进程中的城市公共物品供给》，载于《西南民族大学学报》2004年第9期。

[92] 王晶：《城市经济结构的空间演变与城市财政》，载于《财政与税务》（复印报刊资料），2002年第1期。

[93] 胡序威、周一星等：《中国沿海城镇密集地区空间集聚与扩散研究》，科学出版社2000年版。

[94] 陈怡星：《20世纪90年代上海城市郊区化现象研究》（硕士学位论文），上海同济大学2003年。

[95] 谢守红：《大都市区空间组织的形成演变研究》（博士学位论文），上海华东师范大学2003年。

[96] 周一星：《城市地理学》，商务印刷馆1995年版。

[97] T. Cooke Journal of Urban (1978), Causality reconsidered: A note, Economics, 5, P. 538.

[98] 许静凯：《杭州市民住房现状调查全面解读》，载于《杭州日报》2005年11月16日。

[99] 毛蒋兴、闫小培：《城市交通系统与城市空间格局互动影响研究——以广州为例》，载于《城市交通》2005年第5期。

[100] 段进：《城市空间发展论》，江苏科学基础出版社1999年版。

[101] 许晓晖：《上海市商品住宅价格空间分布特征分析》，载于《经济地理》1997年第1期。

[102] 《中华工商时报》2002年2月27日。

[103] 李金昌：《关于环境价值的探讨》，载于《林业经济》1993年第4期。

[104] 梁山、赵金龙、葛文光：《生态经济学》，中国物价出版社2002年版。

[105] 曹嵘、白光润、王琳：《城市住宅的生态区位探析》，载于《人文地理》2004年第1期。

[106] 沈清基：《城市生态与城市规划》，上海同济大学出版社1998年版。

[107] 王宏伟：《中国城市增长的空间组织模式研究》，载于《城市发展研究》2004年第1期。

[108] 唐晓莲：《基于生态城市的广州市郊区土地生态利用研究》（硕士学位论文），广东工业大学2004年。

[109] 国家土地管理局保护耕地专题调研课题：《变化情况及中期发展趋势》，载于《中国社会科学》1998年第1期。

[110] 施梁：《由土地资源约束看未来我国城镇居民住房面积水平定位》，载于《建筑学报》2002年第8期。

[111] 杨培峰：《城市空间拓展动力机制及生态模型》，载于《重庆大学学报》2004年第3期。

[112] 赵燕菁：《城乡一体化规划若干问题》，载于《理论与实践》2001年第1期。

[113] 何格、欧名豪、张文秀：《合理安置失地农民的构想》，载于《农村经济》2005年第1期。

后　　记

此书是在我博士毕业论文的基础上完成的。每当回顾在南开求学和写论文的日子，我总是难以抑制内心的激动。

依稀中，与导师——南开大学经济发展研究院副院长刘秉镰先生相处的日子是那样的珍贵。在我读博士期间，知道我底子浅、理论功底差，导师用他的渊博学识和深厚修养给了我许多特别的指导和关爱，永远忘不掉与导师的促膝长谈，忘不掉他那高屋建瓴的点拨，这一切会让我受益终生。

依稀中，国务院研究室综合司司长陈文玲教授带着我到外地考察的情景浮现眼前。陈教授作为我的第二导师，不仅关心我的学业，而且时常关心我的工作，她那宽广的知识面和敬业精神令我感动不已。

依稀中，我看到了这三年来一个个给我帮助和为我付出心血的老师、同学和朋友。蔡孝箴教授、郭鸿懋教授、季任钧教授、江曼琦教授对论文提出了许多非常宝贵的修改建议和意见；郭鸿懋教授还在百忙中给予了有针对性的指导。金相郁，这位韩国籍的副教授，在我论文的写作过程中给予了我大量无私的帮助，一次次地帮我论证、修改，付出了大量的辛勤劳动。我的同门师弟刘勇，在我遇到困难的时候，默默地为我做了许多令人感动的事情；王家庭、潘文达、李兰冰、刘慧敏、左慧、赵金涛等众多的师兄、师妹，我的挚友——山东大学的王元亮、钟耕深、陈志军老师，都曾以不同的方式给予我了支持和帮助。特别让我须臾难忘的还有天津市政法管理干部学院杨明光副院长，这位我在南开读本科时的恩师，多年

后记

来兄长般的厚爱伴随至今。

感谢大众报业集团给了我良好的学习工作环境，尤其要感谢报业集团党委书记、董事长、总编辑傅绍万，那份真诚的教诲和关爱，成为我在求学和成长路上的宝贵财富。

感谢山东省委常委、青岛市委书记阎启俊，山东省人大常委会副主任曹学成，山东省政协秘书长毕泗生，山东省地矿局党委书记、局长郑金兰，正是你们的鼓励和厚爱增添了我前行的动力。

我的家人——挚爱的妻子孙明伟和女儿郑唯一，我慈祥的老父亲，在我求学和人生的征途中，给了我无限的爱。

感谢与我共同走过这段时光的朋友们，在我困难的时候，扶过我一把的你，我都记得。我深知这本书里，包含着你们给我无言的帮助，在这里请接受我诚挚的谢意！

路漫漫其修远兮，吾将上下而求索。在南开的 7 年是艰苦的，也是快乐的、充实的。这段日子，给了我探索社会的知识，给了我看待社会的思维，也给了我人世间最真挚的师生之情、同学之情、朋友之情。在今后的人生旅途中，我会倍加珍惜这些财富，倍加努力，来回报这些厚爱。我深知，自己今后不论走向哪里，有两个字始终萦绕在心中，那就是：南开。

郑立波

2007 年 12 月

责任编辑：吕　萍　陈　静
责任校对：徐领弟
版式设计：代小卫
技术编辑：邱　天

中国城市郊区化动力机制研究

郑立波　著

经济科学出版社出版、发行　新华书店经销
社址：北京市海淀区阜成路甲28号　邮编：100036
总编室电话：88191217　发行部电话：88191540
网址：www.esp.com.cn
电子邮件：esp@esp.com.cn
北京汉德鼎印刷厂印刷
德利装订厂装订
880×1230　32开　7.75印张　190000字
2008年3月第1版　2008年3月第1次印刷
印数：0001—2000册
ISBN 978-7-5058-6885-4/F·6137　定价：15.00元
(图书出现印装问题，本社负责调换)
(版权所有　翻印必究)